KB216260

본회퍼 신학사상

본회퍼 신학사상

유 석 성

STUP
서울신학대학교출판부

추천사

나는 서울 신학대학교 총장 유석성 박사를 잘 알고 있습니다. 유석성 총장은 독일 튀빙겐 대학교에서 1990년 나의 지도하에 디트리히 본회퍼에 관한 논문으로 신학박사학위를 받았습니다. 유석성 총장은 그후 본회퍼에 관한 연구를 계속하여 논문과 글들을 발표하였으며, 한국 본회퍼학회 회장을 맡고 있습니다. 그는 또한 한국 기독교학회 회장, 전국 신학대학협의회 회장, 한국 신학대학 총장협의회 회장 등 여러 학회와 단체의 회장을 맡아 일하였습니다.

유 총장은 정의와 평화, 한국의 남북한 통일문제에 대해서 한국, 독일, 미국, 일본, 중국 등 세계 각처에서 강연을 한 바 있습니다. 그는 독일의 현대신학과 한국의 전통사상과 신학에 대해서 잘 알고 있으며, 중국철학과 한국사상 그리고 사회윤리학에 관련된 철학, 사회학, 역사학, 정치학, 법학 등의 분야들도 폭 넓게 공부하였습니다. 유석성 총장은 뛰어난 학자요, 우리시대의 박학다식(博學多識)한 훌륭한 지성인입니다.

유 총장은 서울신학대학교 총장직을 성공적으로 잘 수행하였습니다. 그는 앞으로 「정의와 평화(Gerechtigkeit und Frieden)의 관계」, 「사랑과 힘(권력)(Liebe und Macht)의 관계」 그리고 「사랑과 정의 그리고 평화의 관계」에 대하여 계속하여 연구할 것입니다.

유석성 총장이 신학계뿐만 아니라 한국사회와 한국의 평화통일과 세계평화를 위해 봉사할 수 있기를 바랍니다.

2016년 7월 10일 독일 튀빙겐에서

독일 튀빙겐대학교 명예교수
서울신학대학교 석좌교수

Jürgen Moltmann (위르겐 몰트만)

들어가는 글

디트리히 본회퍼는 행동하는 신앙인으로서 기독교와 기독교인에게 정의와 평화를 위한 책임을 일깨워 주었습니다.

본회퍼는 제2차 세계대전이 종전되기 직전 1945년 4월 9일 플로센뷔르크에서 교수형으로 순교하였습니다.

그가 처형된 플로센뷔르크(Flossenbürg)에 있는 교회벽에는 이렇게 새겨져 있습니다. "그의 형제들 가운데 예수 그리스도 증인 디트리히 본회퍼 1906년 2월4일 브레슬라우에서 태어나 1945년 4월9일 플로센뷔르크에서 죽다."(DIETRICH BONHOEFFER EIN ZEUGE JESU CHRISTI UNTER SEINEN BRUEDERN GEB 4 FEBR 1906 IN BRESLAU + 9 APRIL 1945 IN FLOSSENBUERG)

본회퍼는 그리스도인이 된다는 것은 "기도하는 것과 사람들 사이에 정의를 행하는 것"이고, 평화는 하나님의 계명이며 그리스도의 현존이라고 하였습니다.

한국에서 최초로 본회퍼 연구서인 「기독교의 비종교화」를 낸 박봉랑 박사님은 석사학위논문 지도교수님이셨습니다. 대학원을 마친 후 독일 튀빙겐대학에서 몰트만 교수님 지도로 본회퍼에 관하여 박사학위 논문을 썼습니다. 박봉랑 교수님과 몰트만 교수님께 입은 '학문적 은혜'가 큽니다. 두 교수님께 감사드립니다.

그동안 본회퍼에 관해서 쓴 논문들을 묶어서 한 권의 책으로 냅니다. 본래 초기의 저서들도 다루고자 했으나 다음으로 미루고자 합니다.

본회퍼의 사상이 교회를 교회되게 하고 참된 그리스도의 증인이 되며, 한국의 평화통일과 세계평화를 위해 기여하기를 바랍니다.

2016. 8. 17.
유 석 성

목 차

제1장 디트리히 본회퍼는 누구인가?

1. 본회퍼의 생애

　디트리히 본회퍼(Dietrich Bonhoeffer 1906-1945)는 행동하는 신앙인으로 20세기 후반 새로운 신학형성에 큰 영향을 준 신학자였다. 그의 신학은 신학적 체계와 내용보다는 그의 순교자적 죽음으로 인하여 그의 삶과 신학이 더 빛나게 되었다. 본회퍼는 그리스도를 증거한 그리스도의 증인으로서 자기의 신앙에 따라 그 고백한 신앙을 실천에 옮긴 신앙고백적 삶을 산 기독교인이었다. 본회퍼는 나치 치하에서 제2차 세계대전 중 히틀러 암살계획에 가담하였다가 발각되어 2년간의 감옥생활 후 종전되기 직전 교수형에 처형된 신학자요 목사였다. 본회퍼는 1906년 2월 4일 독일 브레슬라우(Breslau)

에서 태어났다. 아버지 칼 본회퍼와 어머니 파울라 본회퍼 사이에 8남매 중 6번째로 태어났다. 본회퍼는 7번째인 자비네(Sabine)와는 쌍둥이였다. 본회퍼가 6살 되었을 때 그의 가족은 베를린으로 이사를 하였다. 당시 저명한 정신의학 및 신경의학 교수였던 아버지가 신설된 베를린대학교의 정신의학 주임교수로 취임하였기 때문이다. 부계는 학자, 법률가 집안이었고 모계는 신학자, 목사 집안이었다. 이 가정 교육의 주요 목적은 어머니의 기독교적 가치와 아버지의 휴머니즘적인 가치에 입각하여 책임적 인간으로 양육하는 것이었다. 본회퍼는 1923년 17세, 튀빙겐(Tübingen)대학교에 입학하여 신학공부를 시작하였다. 튀빙겐 대학교에서 칼 하임, 아돌프 슐라터, 그로스에게서 신학과 철학을 공부하고, 1924년 베를린대학교로 옮겨 신학을 계속하였다. 이 대학에서 그는 하르낙, 칼 홀과 라인홀트 제베르크로부터 가르침을 받았다. 본회퍼는 1927년 21세, 제베르크 교수의 지도로 「성도의 교제」(Sanctorum Communio)라는 학위논문으로 박사학위를 받았다. 사회학적 교회론인 이 논문을 가리켜 칼 바르트는 신학적 기적이라고 극찬하였다. 본회퍼는 자유주의 신학자들인 스승들에게서 가르침을 받았지만 자유주의신학보다는 칼 바르트의 변증법적 신학, 하나님 말씀의 신학의 영향을 받았다. 1929년 「행위와 존재」(Akt und Sein)라는 제목의 교수자격논문을 제출하고 1930-31년 1년 동안 미국 뉴욕의 유니온 신학교에서 연구하였다. 유니온에서 라인홀드 니버와 존 베일리의 강의를 듣고 폴 레만 같은 친구를 사귀었다. 본회퍼는 해외경험을 통하여 에큐메니칼 운동에 대한 이해를 넓히고, 뉴욕의 할렘가의 흑인들을 보며 인종문제를 깊이 생각하게 되었다. 그뿐 아니라 프랑스에서 온 평화주의자 장 라세르로부터 기독교 평화주의에 대하여 배우게 되었고 이때부터 평화주의에 대하여 관심을 가지게 되었다. 1933년 1월 30일 히틀러는 권력을 장악하고 총리에 취임했다. 이틀 후 1933년 2월 1일 본회퍼는 「젊은 세대에 있어서 지도자 개념의 변천」이라는 제목의 라디오 방송 연설을 하였으나 이 연설은 끝나기 전에 당국에 의하여 중단되었다. 본회퍼는 이 연설에서 "스스로 신성화하는 지도자와 직위는 신을 모독하는 것"이라고 말하고자 하였으나 방송하지 못했다. 이것은 본회퍼의 반(反)나치 운동의 출발점이 되었으며 이때부터 본회퍼는 나치정권의 감시대상자가 되었다.

본회퍼는 1931년 25세부터 베를린대학교에서 강의를 하였고. 그때 강의하였던 것이 「그리스도론」, 「창조와 타락」, 「교회의 본질」 등이 있다. 1933년 4월 7일 유대인은 국가의 모든 공직에서 배제된다는 아리안조항(Arierparagraph)이 공포되었고 독일교회에서도 이것을 받아들였다. 본회퍼는 이것을 비판하였다. 그는 유대인문제에 대한 교회의 정치적 책임을 강조하여 "바퀴 아래 깔린 희생자에게 붕대를 감아주는 것뿐만 아니라 바퀴자체를 멈추게 하는 것이다"라고 말한 바 있다. 또 본회퍼는 교회가 박해받고 있는 유대인들에게 적극적 관심을 가져야 할 것을 촉구하면서 "유대인을 위하여 소리치는 자만이 그레고리안 찬가를 부를 수 있다"고 갈파하였다. 본회퍼는 1934년 덴마크 파뇌(Fanö)에서 개최된 에큐메니칼 회의에서 8월 28일 아침예배시간에 저 유명한 「교회와 제 민족의 세계」라는 제목의 평화설교를 하였는데 그는 이 설교에서 세계교회를 향하여 평화를 위한 "에큐메니칼 공의회"를 개최할 것을 제창하였다. 이 제안은 56년 후 서울에서 개최된 세계교회협의회 "정의, 평화, 창조질서의 보전(JPIC)" 세계대회에서 결실을 맺게 되었다. 1933년 10월부터 영국의 독일인 교회에서 목회를 하였다. 본회퍼는 간디의 평화주의와 비폭력적 방법을 배우기 위하여 간디를 만나러 갈 계획을 세웠고 간디의 초청도 받았으나, 여행을 떠나기 전 독일 고백교회에서 세운 비카(목사후보생)를 위한 신학교 책임자로 부름을 받아 인도 행을 포기하였다. 본회퍼는 이 신학교를 발틱해에 있는 칭스트에서 1935년 4월 26일 개교하였고. 곧이어 슈테틴 부근의 핑켄발데로 이전하였다. 이 신학교에서는 철저한 이론교육과 더불어 영적인 훈련과 그것의 실제적 적용을 하는 교육이 실시되었다. 이 신학교는 1937년 게슈타포에 의해 폐쇄되었다. 이 핑켄발데 신학교에서 강의하였던 내용이 『나를 따르라』(Nachfoge)와 『신도의 공동생활』(Gemeinsames Leben)로 출판되었다. 히틀러 치하에서 많은 학자들이 박해를 피하여 자유를 찾아 독일을 떠나 미국 등지로 갔고, 라인홀드 니버도 본회퍼를 구하기 위하여 그를 초청하였다. 본회퍼는 1939년 6월 4일 독일을 떠나 12일 뉴욕에 도착했으나 곧 미국에 온 것이 잘못되었다고 생각했다. 그는 미국을 떠나기로 결심하고 "동포와 함께 이 시대의 시련을 나누지 않는다면 전쟁 후 독일에서 기독교인의 삶의 재건에 참여할 권리가 없을 것"이라는 내용의 편지를 라인홀드 니버에게 쓰고, 한 달도 안된 7월 7일 미국을 떠나 7월 27일 독일로 돌아왔다. 1939년 9월 1일 히틀러는 폴란드를 침공함으로써 제2차 세계대전을 일으켰고 이틀 후 영국은 참전을 선언하였다. 본회퍼는 이미 1936년에 대학에서 가르치는 것과 공적으로 말하거나 출판하는 것이 금지되었다. 본회퍼는 독일에 돌아와서 군 방위부의 책임자였던 매형인 한스 폰 도나니와 함께 히틀러 제거를 위한 저항운동에 가담하게 되었다. 본회퍼는 히틀러정권에 대한 저항과 모반의 과정 속에서 때때로 필생의 저작으로 생각한 『윤리학』(Ethik)의 저술을 위한 원고를 썼는데 계획대로 다 쓰지 못했고, 사후 베트게에 의해서 책으로 출판되었다. 1943년 1월 본회퍼는 마리아 폰 베데마이어와 약혼을 하였으나 결혼식을 하지 못한 채 1943년 4월 5일 히틀러 암살계획 음모 혐의로 체포되어 수감되었다. 본회퍼는 베를린 테겔형무소에 수감되어 18개월 동안 보내면서 이 기간 동안 독서와 사색과 저술을 하고 편지를 쓰며 지냈다. 이때 베트게에게 보낸 편지가 사후에 『저항과 복종』(Widerstand und Ergebung)으로 출판되었다. 본회퍼는 감옥 안에서 동료들에게 신앙과 인격의 감화를 주었다.

본회퍼에게 늘 제기되는 문제가 있다. 평화주의자인 목사요, 신학자인 그가 어떻게 사람을 죽이는 히틀러 암살계획에 가담할 수 있는가? 이같은 질문을 본회퍼와 함께 감옥에 수감되어 있던 이탈리아인 가에타노 라트미랄(Gaetano Latmiral)도 하였다. "본회퍼 목사님, 목사님은 기독교인이고 목사이면서 어떻게 사람을 죽이는 암살음모에 가담할 수 있습니까?" 본회퍼는 이렇게 대답하였다. "만일 어떤 미친 운전사가 사람들이 많이 다니는 인도 위로 차를 몰아 질주한다면, 목사인 나는 희생자들의 장례나 치러주고 가족들을 위로하는 일만 하는 것이 나의 임무라고 생각하지 않습니다. 나는 그 자동차에 올라타서 그 미친 운전사로부터 핸들을 빼앗아야 할 것입니다." 본회퍼는 그 당시 미친 운전사인 히틀러를 제거하려고 하였던 것이다.

1944년 7월 20일 히틀러 암살계획이 실패로 끝났다. 즉시 많은 저항자들이 적발되었고 9월에 이 모반에 방위부가 연관되어 있는 문서가 발견되자 본회퍼의 암살계획음모가 확실히 밝혀져 10월 8일 프린츠-알브레히트 가(街)에 있는 비밀경찰 지하감옥으로, 1945년 2월 7일 부헨발트 집단수용소로, 4월에 국제적 죄수그룹과 함께 본회퍼는 레겐스부르크로, 그 다음 바이에른 지방에 있는 쉔베르크로 그리고 마지막으로 플로센뷔르크(Flossenbürg) 집단수용소로 이송되었다. 1945년 4월 9일 이른 아침 교수형에 처해졌다. 본회퍼는 판결문이 낭독되자 무릎을 꿇고 하나님께 진지한 자세로 기도하고 처형대로 올라갔다. 그는 다시 짧게 기도하고 용감하게 교수대를 붙잡고 얼마후 숨을 거두었다. 본회퍼의 최후를 목격했던 수용소 의사 피셔 휠슈트룽은 "나는 약 50년 동안 의사로 활동하면서 그렇게 신께 헌신적인 모습으로 죽는 사람을 보지 못하였다"고 본회퍼의 마지막 모습에 관하여 회고하였다.

3주일 후 히틀러는 자살하였고 1945년 5월 8일 독일은 패배하였으며 연합군은 승리하였다. 본회퍼가 처형된 같은 날 그의 매형 도나니는 작센하우-젠에서, 본회퍼의 형 클라우스는 4월 23일 베를린에서 각각 처형되었다. 본회퍼는 다음과 같은 마지막 말을 남기고 교수대로 이끌리어 나갔다. "이것이 마지막입니다. 그러나 나에게 있어서 삶의 시작입니다." 본회퍼의 삶은 이렇게 끝났지만 그러나 그의 말처럼 마지막은 끝남이 아니라 새로운 시작을 위한 출발의 신호였다. 그의 삶은 오늘도 그리스도의 제자로서 그리스도를 증언하며 신앙양심에 따라 자유와 사랑 그리고 평화와 정의를 위하여 사는 모든 사람들에게 새로운 시작과 격려, 교훈으로 남아 마침표 없는 현재진행형의 삶이 되고 있다.

2. 본회퍼의 저작

본회퍼의 저서는 그의 삶의 구체적 상황과 연관되어있다. 그의 삶을 이해하지 않고는 그의 글들을 이해하기 어렵다. 본회퍼 글들은 전(全) 저작이 일관성 있게 체계적으로 기술되어 있지 않다. 그렇게 저술할 수 있는 상황이 되지 못하였기 때문이다. 그러나 그의 글들은 그리스도 중심적인 내용의 일치를 보여주고 있다. 그의 작품들은 초기의 몇몇 작품을 제외하고는 히틀러의 나치정권에 저항하면서 행한 강연, 설교, 편지, 일기, 저술을 위한 메모, 감옥에서의 옥중서간 등으로 구성되어있다.

본회퍼는 1925년부터 1945년까지 여러 종류의 글들을 썼다. 본회퍼는 박사학위논문인「성도의 교제」를 시작으로 1945년 39세 처형당하기까지 그는 많은 글들을 남겼다. 6권의 책, 12편의 성서연구, 11편의 학술지 게재 논문, 23개 강연원고, 10개의 베를린대학과 핑켄발데 신학교의 강의 원고, 벧엘 신앙고백문, 2개의 교리문답 초안, 약 100편의 설교원고와 설교요약문, 1편의 희곡과 소설, 10편의 시, 일기, 편지, 여행기, 옥중서신 등이다. 독일에서는 그동안 그의 주요 저서인『성도의 교제』,『행위와 존재』,『창조와 타락』,『나를 따르라』,『신도의 공동생활』,『윤리학』,『저항과 복종』(옥중서신) 등이 단행본으로 출간되었고 그밖에 강연, 일기, 편지 등을 묶어 6권의 책(Gesammelte Schriften)으로 출판되었으며, 1986년 이래 본회퍼 전체저작을 새롭게 편집하여 전집16권(Dietrich Bonhoeffer Werke)을 완간하였다. 최근에는 그동안 미공개 되었던 본회퍼의 약혼자였던 마리아 폰 베데마이어와의 서신교환이 공개되어 출판되었다. 2000년도에 그의 저항적 일생을 주제로 한 영화「디트리히 본회퍼」가 제작되어 구미 여러 나라 영화관에서 상영되기도 하였다.

3. 본회퍼신학사상의 주제들

본회퍼신학에서 그리스도는 그의 신학의 관건이다. 기독론은 본회퍼신학에서 기본 사상이요, 근간이며, 정선율(cantus firmus)이다. 본회퍼신학은 처음부터 마지막까지 철저하게 그리스도 중심적이요 그리스도 지배적이다. 본회퍼의 모든 신학적 주제들은 한결같이 그리스도와 연관되어 있다. 본회퍼의 신학을 알려면 그리스도와 교회, 그리스도와 제자직, 그리스도와 현실, 그리스도와 세계 그리고 그리스도와 연관시켜 이해하여야 할 것이다. 본회퍼는 교회를 "세상 안에서 현재하는 그리스도의 장소"로 보았다. 본회퍼는 그리스도와 교회를 일치시켜 "공동체(교회)로서 존재하는 그리스도(Christus als Gemeinde existierend)"라고 표현하였다. 본회퍼는 베를린대학의 「그리스도론」 강의에서 "그리스도는 누구인가"라는 질문을 한다. 여기에서 그리스도는 나를 위해 그리고 우리를 위해 현재하는 존재임을 밝히고 그리스도는 이 역사 속에 말씀, 성례전, 공동체로서 존재한다고 하였다. 그리스도는 또한 중심과 중보자이다. 그리스도는 인간존재와 역사의 중심이며 하나님과 자연 사이의 중보자이다. 옥중서간인 『저항과 복종』에서 그리스도를 "타자를 위한 존재", 세상을 위한 예수 그리스도의 모습으로 말했다. 그리스도는 초기의 나와 우리를 위한 모습에서 타자를 위한 존재로 확대되어 나아간 것이다. 그리스도가 계시의 현실이며, 교회의 주가 될 뿐만 아니라 세상의 주가 된다는 것을 밝힌 것이다.

본회퍼의 공헌은 그리스도를 뒤따르는 제자들의 길인 제자직

(Nachfolge/discipleship)의 고귀한 가치와 깊은 의미를 일깨워 준 것에 있다. 제자직은 질서의 윤리를 주장했던 종교개혁자들에게 잊혀진 주제였으나 이 주제를 신학과 교회의 중심 주제로 부각시키는데 공헌한 것이 본회퍼이다. 본회퍼는 제자직을 은혜와 분리될 수 없는 것으로 파악한다. 본회퍼는 당시의 독일의 교회에서 종교개혁의 표어인 믿음으로 의로워진다는 것이 잘못 인식되어 있음을 비판하였다. 본회퍼는 은혜에는 값싼 은혜와 값비싼 은혜의 두 종류가 있는데 독일교회는 값싼 은혜의 교회가 되어가고 있다고 한 것이다. 본회퍼는 순종 없는 신앙, 십자가 없는 은혜, 뒤따름(제자직) 없는 은혜를 "값싼 은혜"라고 하였다. "값비싼 은혜"는 그리스도의 제자직으로 부르는 은혜이다. 제자직으로 부름은 예수 그리스도와의 인격적 결합을 뜻하며 제자들의 순종을 요구한다. 신앙이란 순종의 행위이다. 본회퍼는 강조한다. "믿는 자는 순종하고 순종하는 자는 믿는다. "신앙과 순종은 시간적으로 아니라 논리적으로 분리가 가능하다. 예수 그리스도를 뒤따르는 제자직은 십자가에 달린 그리스도를 뒤따름으로써 보여지며, 제자직으로 부름은 예수의 수난선포와 밀접하게 연관되어 있고,(마가복음 8:31-38) 예수의 십자가의 종합적 표현은 수난과 버림받음을 뜻한다. 제자직은 예수 그리스도와의 인격적 결합이며, 수난을 위한 제자직의 표현은 그리스도의 십자가를 의미하고, 이 십자가는 철저하게 예수 그리스도의 고난에 동참하는 것을 뜻하며 이 고난은 그리스도 안에서 행하고 있기 때문에 진정한 기쁨이 될 수 있다.

　서양의 철학적 윤리학을 최초로 체계화시킨 아리스토텔레스 이래 윤리학의 관심사는 선에 대한 문제로부터 출발하였다. 그러나 본회퍼는 철학적 윤리와 기독교윤리의 출발점에서 차이가 있다고 보았다. 일반윤리에서는 선한 존재(내가 어떻게 선하게 되는가)와 선한 행위(내가 어떻게 선한 일을 할 수 있을까)를 문제 삼는다. 반면에 기독교 윤리에서는 하나님의 뜻에 대한 물음을 묻는다. 하나님의 뜻은 예수 그리스도 안에 나타난 하나님의 계시의 현실에서 발견된다. 따라서 "기독교윤리의 문제는 그리스도 안에 나타난 하나님의 계시의 현실이 그 피조물 가운데서 실현되어 가는 것이다." 본회퍼는 성육신 사건을 세상 속에서 그리스도의 현실에 참여하는 근거로 삼고, 그 뜻의 표현을 "예수 그리스도 안에서 하나님의 현실은 이 세계의 현실 속에 들어왔다. 세계의 현실과 하나님의 현실이 동시에 대답을 얻을 수 있는 장소는 예수 그리스도라는 이름에서만 나타난다"고 말하고, 기독교윤리는 그리스도 안에서 주어진 하나님의 현실과 세계의 현실을 우리의 세계에서 실현되게 하는 것을 묻는 것이라고 하였다

본회퍼는 기독교인의 삶의 본질, 근원, 방식을 설명하기 위하여 궁극적인 것과 궁극이전의 것의 표현을 사용하였다. 궁극적인 것은 은총과 신앙에 의하여 그리스도 안에서 의롭다 함을 얻는 것을 말한다. 즉, 하나님이 그리스도 안에서 우리를 구원해 주시는 일이다. 궁극이전의 것은 궁극적인 것의 조건이 되는 것으로서 궁극적인 것의 전 단계인 기독교인과 세상과의 관계를 의미한다. 즉, 이 세상에 속한 일이다. 본회퍼는 그리스도의 현실과 세상의 현실 관계를 그리스도 안에서 일치하는 역동적인 관계로 파악하였고, 이 이론을 통하여 이분법적으로 분리하는 모든 방식을 극복하였다. 이러한 의미에서 본회퍼는 두 영역으로 분리하는 모든 사고방식을 거부한다. 즉, 신적인 것과 세상적인 것, 거룩한 것과 세속적인 것, 자연과 은총, 교회와 세계를 이원론적으로 나누는 사고방식을 거부하였다.

그리스도와 이 세상이 서로 대항하고 서로 반발하는 영역으로 간주되는 것은 자신을 기만하는 것이다. 이 세상에서는 오직 하나님의 현실과 세계의 현실이 서로 하나로 통일되는 그리스도 현실의 영역만이 존재한다. 기독교인들은 하나님과 세계가 화해된 이 그리스도 현실 안에서 '오늘', '여기에서', '우리들 사이에서' 어떻게 참여할 것인가를 추구하는 것이 기독교윤리이다. 본회퍼는 기독교인 삶의 모습의 근거를 예수 그리스도의 모습에서 발견하고, 예수 그리스도의 모습대로 닮아가는 형성으로서의 윤리를 제시하였다. 이 윤리는 성육신하고, 십자가에 달려죽고, 부활한 예수 그리스도의 모습으로 변화되는 것이다.

본회퍼는 이 세상 속에서 신적 계명의 구체적 형태로서 위임론을 논한다. 이 위임은 그리스도 계시 안에 근거되어 있으며 신적인 위탁이다. 위임에 대한 신적계명의 관계는 내용과 형식의 관계와 같다. 본회퍼는 4가지 위임을 제시하였다. 노동(또는 문화), 결혼과 가정, 정부, 교회이다. 위임은 하나님의 대리자로서 세상을 위하여 책임적 삶의 기능을 담당하는 것을 의미한다.

본회퍼는 히틀러에 대한 항거와 모반의 과정 속에서 신학적으로 처음으로 책임윤리를 제시하였다. 그의 책임윤리는 그리스도가 성육신한 이 세상의 현실 속에서 세상을 위하여 책임적인 삶을 사는 것을 말한다. 그것은 "이 세상은 예수 그리스도 안에서 예수 그리스도를 통하여 우리에게 주어진 구체적인 책임의 영역"이기 때문이다. 본회퍼의 책임은 철저하게 신학적이요 그리스도론적이며 예수 그리스도를 통하여 우리를 향하여 하시는 하나님 말씀에 응답함으로써 사는 것을 말한다. 본회퍼의 책임윤리는 개인윤리가 아닌 공동체의 윤리이며 사회윤리이다. 본회퍼가 히틀러의 암살음모에 가담한 행위도 그의 책임윤리적인 관점에서 이해하여야 할 것이다.

본회퍼는 기독교 평화주의자였다. 그는 평화를 하나님의 계명과 그리스도의 현존으로 이해하였다. 평화에 대한 교회와 기독교인의 의무는 예수 그리스도가 평화의 왕으로 이 세상에 오신 그리스도의 현존에 기초하고 있다.

본회퍼는 베를린 테겔감옥에서 "도대체 오늘 우리에게 있어서 기독교란 무엇이며 그리스도란 누구인가"라는 질문을 하였다. 본회퍼는 변화하는 세계 속의 기독교의 모습을 관찰하여 점검, 진단 평가하고 교회와 신학의 새로운 방향을 모색하였다. 이 질문의 대답으로 제2차 세계대전 후 신학의 조류와 방향을 전환, 창출시킨 "성인된 세계", 성서적 개념의 비종교적 해석, 비종교적 기독교, 타자를 위한 교회 개념들을 제시하였다.

성인된 세계는 본회퍼가 새로운 시대 속에서 당시의 기독교의 위치에 대하여 철저하게 그의 모습을 분석하고 참된 기독교의 방향을 제시하려고 한 것이다. 성인된 세계는 새로운 시대에 대한 선언이며 당시 종교적 상황에 대한 진단이며 새로운 종교에 대한 예시였다. 서구에서는 중세 이후 세계는 세속화의 과정을 겪게 되었고 점차로 사람들은 자기들의 개인적, 사회적 문제를 신의 도움 없이 자기의 책임 하에서 해결하려고 하는 성인된 세계가 되었다. 본회퍼에 의하면 종교의 시대는 지나갔고 내면성과 양심의 시대인 완전히 무종교의 시대가 되었다는 것이다. 이것은 13세기부터 시작한 서구의 인간의 자율과 세계의 독자성을 추구한 운동이 현대에 와서 완성되었음을 의미한다. 계몽주의 영향 아래 추구한 이런 운동의 결과 인간은 후견인인 신 없이 살게 되었고 신은 이제 인간의 삶의 중심에서 밀려나게 되었다. 본회퍼는 이러한 상황을 종교의 시대는 지나갔고 비종교의 시대가 되었다고 한 것이다. 성인된 세계에서 "마치 신이 없는 것처럼"(etsi deus non daretur) 살거나 신이 있다고 인정하여도 신을 다만 해결사인 "기계로부터의 신"(deus ex machina)이나 미봉책인 틈을 메우는 자로서만 받아들이고 있다. 즉, 인간의 한계에 부딪쳤을 때 불러내는 분으로 이해하고 있다. 본회퍼는 이것은 신을 잘못 이해한 것이라고 하였다. 신은 주변으로 밀려날 수도 나서도 안 된다. 신은 삶의 중심에 계신 분이다. 본회퍼는 신을 "우리들 한가운데 계시는 초월자"라고 말하였다. 초월자는 무한히 멀리 있는 분이 아니라 바로 가까이 있는 분이다. 본회퍼는 이것을 "하나님 앞에 하나님과 함께 하나님 없이 우리는 산다"고 표현하였다. 본회퍼는 선언하기를 하나님은 고난 받는 약한 하나님이며 이 고난 받고 약한 하나님만이 우리를 도울 수 있다고 하였다. 이 이해하기 어려운 말은 본회퍼신학에서 십자가신학에 근거한 하나님 이해의 역설적인 표현이다. 십자가에 달린 예수의 고난은 신의 고난에 동참한 것이다. 기독교인은 신을 상실한 세계에서 하나님의 고난에 동참하도록 부름을 받고 있다. 기독교인이 된다는 것은 세상의 삶 속에서 그리스도 안에서 신의 고난에 참여하는 것이다.

성서적 개념의 비종교적 해석은 무신성의 세계에서 어떻게 신에 관하여 세상적으로 말할 수 있을까 하는 것이다. 본회퍼가 말하는 비종교적 해석은 무신앙의 기독교를 의미하는 것이 아니라 기독교를 참된 기독교로 만들고자 하는 것이다. 본회퍼가 말하는 종교는 우리가 일반적으로 이해하는 종교 개념과 다른 의미로 사용하고 있다. 본회퍼는 종교의 개념을 "역사적으로 제약되고 지나가는 인간의 표현형식"이라고 부정적으로 이해하였다. 종교는 형이상학적이요 개인주의적이며 이 세상성을 무시하고 피안성만 강조한다. 이것은 성서적 가르침에도 맞지 않기 때문에 이런 종교는 비종 교화하여야 한다고 본회퍼는 주장했다. 따라서 비종교적 해석이 말하고자 한 것은, 참된 기독교란 형이상학적이나 개인주의를 넘어서 예수 그리스도가 십자가 위에서 보여주었던 희생적 사랑을 실천하고 타자를 위한 교회가 되고, 예수의 고난에 동참하는 삶을 사는 것을 의미한다. 비종교적 해석은 사신신학이나 무신론의 원형으로 오해해서는 안 된다. 비종교적 기독교는 무신앙의 기독교를 의미하는 것이 아니다. 본회퍼는 경건과 세상을 위한 봉사를 밀접한 관계가 있는 것으로 보았다. 본회퍼는 기독교 신앙에서 경건의 의미를 강조하기 위하여 초대교회에서 사용했던 신도의 비의훈련 (Arkandisziplin)의 의미를 강조하였다. 본회퍼는 주장하기를 기도, 명상, 예배, 교회직분은 기독교인의 삶에서 포기하거나 양도할 수 없다고 하였다. 본회퍼는 다음과 같이 천명하였다. "오늘 우리가 기독교인이라는 것은 두 가지 존재방식에 의해서만 성립된다. 기도와 사람들 사이에 정의를 행하는 것이다."

본회퍼는 예수를 "타자(他者)를 위한 존재"(Dasein-für-andere)로 규정하였다. "타자를 위한 존재"는 기독론적 의미에서 예수 그리스도의 대리행위를 말한다. 대리행위는 타자를 위한 인간인 예수 그리스도가 십자가를 통하여 보여준 고난의 사랑을 의미하며, 이 타자를 위한 예수는 십자가신학에 근거하여 있다. 십자가에 자기를 내어줌으로써 대속의 삶을 산 대리자 예수를 말한다. 예수 그리스도가 타자를 위한 존재이듯이 기독교인의 삶은 이 세상 속에서 타자를 위하여 고난받는 책임적인 삶을 말한다. 본회퍼는 예수를 타자를 위한 존재로 규정했듯이 교회 역시 "타자를 위한 교회"(Kirche-für-andere)이어야 한다고 하면서 교회는 타자를 위하여 존재할 때만 교회가 된다고 하였다.

4. 본회퍼의 영향과 공헌

본회퍼의 신학사상은 특히 개신교와 가톨릭교회, 에큐메니칼 운동에 영향을 주었다. 제2차 세계대전이 끝난 1945년 이후의 신학은 직접 간접으로 본회퍼와 연관이 되어있다. 직접적으로는 사신신학, 세속화신학, 상황윤리, 에큐메니칼 평화신학 등이고, 간접적으로는 정치신학, 해방신학, 민중신학 등이 연관되어 있다. 본회퍼가 옥중에서 말한 성인된 세계와 성서적 개념의 비종교적 해석은 60년대 신학적 논쟁을 불러 일으켰고 새로운 신학을 창출하였다. 독일신학에서는 급진적인 불트만학파의 브라운과 죌레 사이에 유신론과 무신론의 논쟁을 불러일으켰다. 알타이저, 해밀톤의 사신신학과 반 뷰렌과 하비 콕스의 세속화신학에 영향을 주었다. 사신신학은 본회퍼신학의 인본주의적인 급진적 해석이며 이것은 유신론과 무신론의 논쟁을 극복할 수 있는 삼위일체론적 지평을 결여하고 있다. 세속화신학에서는 세속화와 세속주의를 구별하여 사용한다. 세속화(Secularization)는 그리스도에게서 부여받은 자유를 가지고 하나님 앞에서 책임 있게 세상을 맡아 다스린다는 뜻이다. 세속주의(Secularism)는 하나님과는 아무 상관없이 인간 스스로 자유하다고 자부하며 세상을 다스리는 것을 뜻한다. 본회퍼는 말년에 "아래로부터의 관점"(Blick von unten)을 이야기하였다. 이것은 '눌린자들과 함께하는 고난'을 말하는 해방신학, 민중신학, 흑인신학과의 접촉점이 되기도 한다. 몰트만(J. Moltmann)의 삼위일체론적 십자가신학, 윙 엘(E. Jüngel)의 현대무신론 토론 속에서의 십자가에 달린 하나님의 개념, 한국의 민중신학, 상황윤리에 영향을 주었고 현대에 "정의, 평화, 창조질서의 보전"의 에큐메니칼 평화운동에 선구적 역할을 하였다.

본회퍼는 기독교인뿐만 아니라 비기독교인들에게도 그의 삶과 사상의 결합에서 관심을 끌게 하고 매력을 느끼게 하였다. 특히 기독교인들에게는 신앙과 행위가 일치된 그리스도의 증인으로서의 그의 순교자의 모습이 감명을 주었다. 그의 삶과 신학에서 신앙과 행동, 개인적 경건과 정치적 책임, 자유와 복종, 의인과 성화, 교회와 세상, 성스러움과 세속적인 것이 분리되지 않고 함께 일치되는 것이다. 본회퍼의 공헌은, 요약컨대 그리스도 중심적인 사고와 신학, 제자직의 고귀함, 기독교신앙에서 세상성의 강조를 통하여 기독교인의 책임적인 삶을 일깨워준 것에 있다. 본회퍼는 그리스도의 증인으로서, 책임적인 기독교인의 삶의 모습과 교회의 참모습을 가르쳐주었고, 사회참여신학의 선구자로서 정의와 평화와 사랑을 실천하는 길을 보여주었다.

제2장 본회퍼의 생애와 사상

1. 본회퍼의 생애 [1]

　독일 튀빙겐대학교 본관에 들어서면 현관 오른쪽 벽에 나치 하에서 히틀러 정권에 저항하다 처형된 11명의 튀빙겐대학 출신들의 명단이 처형된 날짜와 함께 대리석에 새겨져 있다. 이 명단 속에는 디트리히 본회퍼(Dietrich Bonhoeffer, 1945년 4월 9일 처형)와 그의 형 클라우스 본회퍼(Klaus Bonhoeffer, 1945년 4월 23일 처형) 형제의 이름이 들어있다. 그리고 그 명단들 위쪽에는 디트리히 본회퍼가 옥

---

1) 본회퍼 생애에 대한 전기로는 가장 체계적인 책으로는 Eberhard Bethge 것을 참조. Eberhard Bethge, *Dietrich Bonhoeffer, Eine Biographie, München, 1967.*

중에서 쓴 「죽음」(Tod)이란 시(詩)의 한 구절이 새겨져 있다. "자유여, 훈련과 행위 그리고 고난 가운데서 우리는 오랫동안 그대를 찾았다. 죽어가면서 우리는 이제 하나님의 얼굴에서 그대 자신을 인식한다.[2] (Freiheit, dich suchten wir lange in Sucht und in Tat und in Leiden. Sterbend erkennen wir nun im Angesicht Gottes dich selbst.

Freedom, how long we have sought thee in discipline, action, and suffering ; dying, we now may behold thee revealed in the Lord.")

디트리히 본회퍼. 행동하는 신앙인! 훈련과 행위 그리고 고난 속에서 그리스도를 증거한 그리스도의 증인으로서 자기의 신앙에 따라 고백한 신앙을 실천에 옮긴 신앙고백적 삶을 산 기독교인이었다. 디트리히 본회퍼의 이름은 오늘도 불의한 세력과 폭압적 정권에 항거하는 사람들에게 귀감처럼 되어있다. 히틀러통치는 양심적 지성인들에게 저항의 깃발을 들게 하여 그들을 감옥으로, 집단수용소로, 교수형의 형틀로, 총살형의 형장으로 끌어내었다. 그 중에 한 사람, 디트리히 본회퍼는 나치 치하에서 제2차 세계대전 중 히틀러 암살음모에 가담했다가 발각되어 2년간의 감옥생활 후 종전되기 직전 교수형에 처형된 신학자요 목사였다.[3] 디트리히 본회퍼는 1906년 2월 4일 브레슬라우(Breslau)에서 태어났다. 아버지 칼 본회퍼(Karl Bonhoeffer, 1868-1948)와 어머니 파울라 본회퍼(Paula Bonhoeffer, 1876-1951), 출생시 성은 폰 하제(von Hase) 사이에 8남매 중 6번째로 태어났다. 디트리히 본회퍼는 7번째인 자비네(Sabine)와는 쌍

---

2) Dietrich Bonhoeffer, *Widerstand und Ergebung, München, 1951. 251. Dietrich Bonhoeffer Werke 8*(DBW8), Gütersloh, 1998, 「저항과 복종, 옥중서간」손규태·정지련 옮김, 디트리히 본회퍼 선집8, 대한기독교서회, 2010, p.728.

3) 유석성, "디트리히 본회퍼 - 암살단에 가담한 평화론자", 교수신문, 1993.7.1

둥이였다. 본회퍼의 아버지 칼 본회퍼는 저명한 정신의학과 신경의학교수였다. 부계는 학자, 법률가 집안이었고 모계는 신학자, 목사 집안이었다. 본회퍼의 조부는 울름(Ulm) 법원장을 지냈다. 어머니의 부친은 황제 빌헬름2세 때 궁중설교가였고 그녀의 조부 칼 아우구스트 폰 하제(Karl-August von Hase)는 예나대학의 교회사와 교리사 교수였다. 이 가정 교육의 주요 목적은 어머니의 기독교적 가치와 아버지의 휴머니즘적인 가치의 입장에서 책임적 인간으로 양육하는 것이었다. 1912년 본회퍼 가족은 베를린으로 이사하였다. 아버지 칼 본회퍼(Karl Bonhoeffer)가 베를린대학교 내에 새로 생긴 정신의학 주임교수로 취임하였기 때문이다. 본회퍼는 14세, 목사가 되기고 결심하였다. 김나지움(우리의 중.고등학교과정의 학교)에서 히브리어를 선택하였고 슐라이어마허의 종교론도 읽었다. 본회퍼는 1923년 17세, 독일 남부 네카강가에 위치한 명문 튀빙겐(Tübingen)대학에 입학하여 신학공부를 시작하였다.

튀빙겐대학은 1477년 설립되어 500년의 역사를 지닌 대학이다. 이 대학은 헤겔. 셸링 횔덜린이 불란서혁명 당시 신학을 공부하였고, 현대신학자들 칼 바르트. 폴 틸리히. 루돌프 불트만이 이 대학에서 공부했고, 칼 하임. 헬무트 틸리케. 에른스트 케제만이 가르친 대학이며, 위르겐 몰트만(Jürgen Moltmann), 한스 큉(Hans Küng), 에버하르트 윙엘(Eberhard Jüngel)이 교수하는 대학이다. 튀빙겐대학에서 본회퍼는 신학과 철학 강의를 집중하여 수강하였다. 칼 하임(Karl Heim)의 교의학, 아돌프 슐라터(Adolf Schlatter)의 성서신학 강의를 수강하였고, 그로스(K. Gross)에게서 칸트의「순수이성비판」강의를 들었다. 1924년 봄 본회퍼는 로마를 여행하게 되었다. 본회퍼는 로마에서 교회에 대한 새로운 안목과 중요성을 발견하였다. 본회퍼는 독일의 개신교회가 지역적. 민족적. 소시민적인 것을 깨닫게 되고 카톨릭교회의 보편성과 예배의식에서 큰 감명을 받았다.[4] 이때 본회퍼는 가톨릭교회에 대하여 비판적 사랑이 싹트게 되었다. 이 교회에 대한 관심은 후일 그의 박사학위논문으로 교회론을 쓰게 된 동기가 되었다. 이 논문에서 교회의 문제를 추상적인 인식의 문제가 아니라 사회학적-신학적으로 구체적 현상으로서 다루게 되는 계기가 되었다. 본회퍼는 1924년 베를린대학교로 옮겨 신학을 계속하였다.(1924년 6월- 1927년 7월) 베를린대학교는 하이델베르크 (Heidelberg)대학교나 튀빙겐대학교처럼 오랜 역사를 지닌 대학은 아니다. 1809년 빌헬름 폰 홈볼트가 세운 대학으로서 슐라이어마허, 헤겔, 트뢸치가 가르친 대학으로 자유주의신학의 본산지였다. 이 대학에서는 1921년 하르낙(Adolf von Harnack)이 은퇴하였으나 그의 후임자 한스 리츠만(Hans Litzmann)과 함께 강의를 하고 있었다. 본회퍼는 이 두 교수와 칼 홀(Karl Holl)과 라인홀트 제베르크(Reinhold Seeberg)에게서 가르침을 받았다. 본회퍼는 라인홀트 제베르크의 지도로 박사학위논문을 썼다. 박사학위논문은 「성도의 교제: 교회사회학에 대한 교의학적 연구」(Sanctorum Communio: Eine dogmatische Untersuchung zur Soziologie der Kirche)였다. 이 논문은 칼 바르트가 신학적 기적이라고 극찬한 논문이었다. 본회퍼는 자유주의신학자들인 그의 스승들에게서 자유주의신학과 그의 비판적인 역사방법을 배워서 잘 이해했다. 그러나 본회퍼는 자유주의신학보다는 칼 바르트의 하나님 말씀의 신학의 영향을 받았다.

본회퍼는 1928년 스페인의 바로셀로나(Barocelrona)에서 비카

---

4) E. Bethge, *Dietrich Bonhoeffer*, p.27.

(Vikar 수습목사)로서 독일인들을 위한 교회에서 봉사하였다. 본회퍼는 1929년 베를린으로 돌아왔다. 1929년 교수자격논문(Habilitation Schrift)을 제출하였다. 교수자격논문은 「행위와 존재 : 조직신학에서 선험철학과 존재론」(Akt und Sein : Transzendental Philosophie und Ontologie in der Systematischen Theologie)이었다. 본회퍼는 교수자격논문을 제출하고 1930-31년 1년 동안 미국 유니온(Union) 신학교에서 연구하였다. 유니온에서 라인홀드 니버(Reinhold Niebuhr)와 존 베일리(John Baillie) 강의를 듣고 폴 레만(Paul Lehmann)같은 친구를 사귀었다. 본회퍼는 해외경험을 통하여 에큐메니칼 운동에 대한 이해가 깊어졌고, 뉴욕의 할렘가의 흑인들의 문제를 보며 인종문제를 깊이 생각하게 되었다. 그뿐 아니라 기독교 평화주의에 관심을 가지게 되었다. 1933년 1월 30일 히틀러는 권력을 장악하고 총통에 취임했다. 이틀 후 1933년 2월 1일 본회퍼는 「젊은 세대에 있어서 지도자개념의 변천」이라는 제목의 라디오강연에서 "스스로 신성화하는 지도자와 직위는 신을 모독하는 것"이라고 하였다.[5] 이것은 본회퍼의 반나치 운동의 출발점이 되었으며 이때부터 본회퍼는 나치정권의 감시대상자가 되었다.

본회퍼가 속하여 있던 독일교회에서 1933년 아리안조항(Arierparagraph/Aryan Paragraph)을 받아들였다. 아리안조항은 유대인 피를 가진 사람은 누구나 교회에서 공직을 갖는 것을 금한다는 조항이었다. 본회퍼는 1931년 25세, 베를린대학교 사강사(Privatdozent)로서 취임하였다. 본회퍼는 1931년부터 1936년 나치정부로부터 내쫓길 때까지 베를린대학에서 사강사로 있었다. 그때 강의하였던 것 중에

---

5) Gesammelte Schriften II, pp.22ff

대표적인 것이 「그리스도론」(Christologie), 「창조와 타락」(Schöpfong und Fall), 「교회의 본질」(Das Wesen der Kirche) 등이 있다.

본회퍼는 1934년 8월 덴마크 파뇌(Fanö)에서 개최된 세계교회회합에서 세계교회를 향하여 평화를 촉구하였다. 8월 28일 아침예배 시간에 저 유명한 「교회와 제 민족의 세계」라는 제목의 설교를 하였다.[6] 이 설교에서 본회퍼는 세계교회를 향하여 평화를 촉구하였다. 이 설교는 오늘날 전 세계에서 교회운동의 초점이 되고 있는 "정의. 평화. 창조질서의 보전(Justice, Peace and Integrity of Creation)"의 선구적 역할을 한 것이다.[7] 1933년 10월 영국으로 갔다. 영국에서 독일어를 사용하는 교회인 성바울교회, 시든햄교회에서 목회를 하였다. 이 기간 동안에 본회퍼는 영국의 에큐메니칼 교회지도자 치체스터 주교인 조오지 벨(George Bell)에게 독일의 교회투쟁을 밖으로 알리는 기회가 되었다. 본회퍼는 영국에서 간디(Gandhi)의 친구이자 전기 작가인 앤드류(C. F. Andrews)를 알게 되었다. 본회퍼는 간디를 만나러 갈 결심을 하였다. 인도에 가서 간디의 평화주의의 비폭력적 방법을 배우기 위하여 간디를 만나러 갈 계획을 세웠다. 그러나 여행을 떠나기 전에 독일 고백교회에서 세운 비카(목사후보생)를 위한 신학교책임자로 부름을 받아 인도행을 포기하였다. 이 신학교는 발틱해에 있는 칭스트(Zingst)에서 1935년 4월 26일 개교하였다. 곧 이 신학교는 슈테틴 부근의 핑켄발데(Finkenwalde)로 이전하였다. 이 신학교에서는 특별한 교육과정이 실시되었다. 철저

---

6) Gesammelte Schriften I, pp.216-219

7) 한국기독교사회문제연구원 편, 정의. 평화. 창조질서의 보전 세계대회자료집, 서울, 1990, p.22ff. 참조

한 이론적 교육과 더불어 영적인 훈련, 그것의 실제적 적용을 하는 교육이었다. 「형제의 집」(Bruderhaus)이라고 불리우는 집에서 공동 생활, 강의, 기도와 명상, 죄의 고백, 마을의 집들을 가가호호 방문 하는 교과과정이 실시되었다. 이 신학교는 1937년 게슈타포에 의 해 폐쇄되었다. 이 핑켄발데 신학교에서 강의하였던 내용이 『추종』 (Nachfoge/한역『나를 따르라』)이 나왔고, 『신도의 공동생활』(Gemeinsa-mes Lesen)이 나왔다. 본회퍼는 1939년 6월 4일 독일을 떠나 런던을 거쳐 12일 뉴욕에 도착했다. 라인홀드 니버가 주선하여 준 것이다. 그러나 본회퍼는 처음부터 독일에 있는 그의 형제들에 대한 불안 이 그의 마음을 짓눌렀다. 편안한 미국생활이 그의 양심의 갈등을 불러 일으킨 것이다. 본회퍼는 미국을 떠나기로 결심하고 라인홀드 니버에게 편지를 썼다.

> "여기 코핀(Coffin) 박사의 정원에 앉아서 저는 제 상황에 대하여 생
> 각하고 그리고 저의 조국과 저를 위한 하나님의 뜻을 분명하게 하기
> 위하여 기도할 시간을 가졌습니다. 저는 미국에 와있는 것이 실수였
> 다는 결론에 도달하였습니다. 저는 독일의 기독교인과 더불어 우리
> 조국의 이 어려운 시기동안 내내 함께 살지 않으면 안 됩니다. 저의
> 동포와 함께 이 시대의 시련을 나누지 않는다면 전쟁 후 독일에서 기
> 독교인 삶의 재건에 참여할 권리가 없을 것입니다." [8]

본회퍼는 1939년 7월 7일 영국행 배를 타고 미국을 떠나서 7월

---

8) Gesammelte Schriften I. p.320. 이 부분의 편지 원본은 지금까지 발견되지 않았다. 라인홀드
   니버가 인용한 것이 남아 있을 뿐이다. Reinhold Niebuhr, "The Death of a Martyr" 「Christiani-
   ty and Crisis」 No.11, 1945. 6. 25일자 p.6

15일 런던에 도착하였고 거기에서 독일로 향하여 7월 25일 독일에 도착하였다. 그는 독일을 떠난 지 1개월 21일만에 독일로 돌아왔다. 미국 체류기간은 6월 12일부터 7월 7일까지로 한달이 채 못되었다. 히틀러는 1939년 9월 1일 폴란드를 침공하였고, 이틀 후 영국은 참전을 선언하였다. 본회퍼는 이미 1936년에 대학에서 가르치는 것이 금지되었고, 공적으로 말하거나 출판하는 것이 금지되었다. 본회퍼는 독일에 돌아와서 매형인 한스 폰 도나니(Hans von Do-hananyi)의 도움으로 저항운동에 가담하게 되었다. 한스 폰 도나니는 군대저항의 심장부인 방위부(군정보부)의 책임자였다. 본회퍼는 방위부의 뮌헨사령부 소속의 민간 고용인으로 채용되었다. 본회퍼는 1941-2년 방위부 덕분에 스위스, 노르웨이, 스웨덴을 방문하였다. 그는 이 기회를 에큐메니칼 운동을 위해 메시지를 전하고 교회들을 연결시키는데 사용하였다. 같은 기간에 그는 때때로 『윤리학』(Ethik)의 저술을 위한 원고를 썼다. 이 책은 본회퍼의 사후에 베트게에 의해서 책으로 출판되었다.

1943년 1월 본회퍼는 마리아 폰 베데마이어(Maria von Wedemeyer)와 약혼을 하였다. 1943년 4월 5일 본회퍼와 그의 매형 도나니는 게슈타포(Gestapo)에 의해 체포되어 수감되었다. 본회퍼는 베를린 테겔형무소에 수감되어 18개월 동안 보냈다. 이 기간 동안 독서와 사색과 편지를 쓰며 지냈다. 이때 베트게에게 보낸 편지가 사후에 『저항과 복종』(Widerstand und Ergebung)으로 출판되었다. 1944년 7월 20일 히틀러 암살음모가 실패로 끝났다. 즉시 많은 저항자들이 적발되었고 9월에 이 모반에 방위부가 연관되어 있는 문서가 발견되자, 10월 8일 본회퍼는 프린츠-알브레히트 가로,(Prinz-Albrecht-Straße) 1945. 2. 7일 부헨발트(Buchenwald) 집단수용소로, 4월에 국제적 죄수그룹과 함께 본회퍼는 레겐스부르크(Regensburg)로, 그다음 바이에른 지방에 있는 쉔베르크(Schönberg)로, 그다음 플로센뷔르크(Flossenbürg) 집단수용소로 이송되었다. 1945년 4월 9일 이른 아침 교수형에 처해졌다. 본회퍼의 최후를 목격했던 수용소의사 피셔-휠슈트룽(Fischer-Hüllstrung)은 본회퍼의 마지막 모습에 관하여 다음과 같이 기록하였다.

> "그날 아침에 대략 5시와 6시 사이에 죄수들(그 중에는 카나리스 제독, 오스터 장군, 토마스 장군, 작크 판사 등이 있었다)을 감방으로 불러내어 군법회의 판결문을 낭독하였다. 나는 가병사(假兵舍)방에 반쯤 열린 문을 통하여 아직 죄수복을 입고 있는 본회퍼 목사가 무릎을 꿇고 주하나님께 진지하게 기도를 하고 있는 모습을 보았다. 특별히 이 동정적인 사람의 헌신적이고 인상 깊은 방법의 기도는 나에게 깊은 감명을 주었다. 본회퍼는 처형대에서 짧게 기도하고 용감하게 교수대를 붙잡았다. 얼마 후 그는 죽었다. 아마 나는 약 50년 동안 의사로 활동하면서 그렇게 신께 헌신적인 모습으로 죽는 사람을 보지 못하였다." [9]

3주일 후 히틀러는 자살하였고 1945년 5월 8일 독일에 전쟁의 총성은 멈추었다. 독일은 패배하였고 연합군은 승리하였다. 본회퍼가 처형된 같은 날 그의 매형 도나니는 작센하우젠(Sachsenhausen)에서, 본회퍼의 형 클라우스(Klaus)는 4월 23일 베를린에서 각각 처형되었다. 본회퍼는 다음과 같은 마지막말을 남기고 교수대로 이끌

---

9) Wolf-Dieter Zimmermann(Hrsg.) *Begegnungen mit Dietrich Bonhoeffer, München, 1964,* p.207.

리어 나갔다. "이것이 마지막입니다. 그러나 나에게 있어서 삶의 시작입니다.[10] 본회퍼의 삶은 이렇게 끝났지만 그러나 그의 말처럼 마지막은 끝남이 아니라 새로운 시작을 위한 출발의 신호였다. 그의 삶은 오늘도 그리스도의 제자로서 그리스도를 증언하며 신앙양심에 따라 자유와 사랑과 평화와 정의를 위하여 사는 모든 사람들에게 새로운 시작과 격려와 교훈으로 남아 마침표 없는 현재진행형의 삶이 되고 있다.

2. 본회퍼의 저작

본회퍼의 저서는 그의 삶의 구체적 상황과 연관되어 있다. 그의 삶을 이해하지 않고는 그의 글들을 이해하기 어렵다. 본회퍼 글들은 전(全) 저작이 일관성 있게 체계적으로 저술할 수 있는 상황이 되지 못하였다. 초기의 몇몇 작품을 제외하고는 그는 히틀러의 나치 정권에 저항하면서 행한 강연, 설교, 편지, 일기, 저술을 위한 메모, 감옥에서의 옥중서간 등으로 구성되어 있다. 그러나 놀라울 정도로 내용적 일치를 보여주고 있다. 그것은 그리스도 중심적 신학이다.

본회퍼의 저술은 1925년부터 1945년까지 여러 종류의 글들을 섰다. 본회퍼는 위에서 기술한대로 21세기 1927년 베를린대학교에서 『성도의 교제』(Sanctorum Communio)로 박사학위를 받았다. 이 학위논문을 중심으로 1945년 39세 처형당하기까지 그는 많은 글

---

10) E. Bethge, Dietrich Bonhoeffer, p.1037.

들을 남겼다. 6권의 책, 12편의 성서연구, 11편의 학술지 게재 논문, 23개 강연원고, 10개의 베를린대학과 핑켄발데 신학교의 강의 원고, 벧엘 신앙고백문, 2개의 교리문답 초안, 약 100편의 설교원고와 설교요약문, 1편의 희곡과 소설, 10편의 시, 일기, 편지, 여행기, 옥중서신 등이다. 독일에서는 그동안 그의 주요 저서『성도의 교제』, 『행위와 존재』, 『창조와 타락』, 『나를 따르라』, 『신도의 공동생활』, 『윤리학』, 『저항과 복종』(옥중서신) 등이 단행본으로 출간되었고 그 밖에 강연, 일기, 편지 등을 묶어 6권의 책(Gesammelte Schriften I-VI)으로 출판되었다. 1986년 이래 본회퍼 전체 저서를 새롭게 편집하여 전집 16권이 완간 되었다. 최근에는 그동안 미공개 되었던 본회퍼의 약혼자였던 마리아 폰 베데마이어와의 서신교환이 공개되어 출판되었다.[11]

본회퍼 저서의 특징

초기의 작품『성도의 교제』(Sanctorum Communio)는 베를린대학교의 박사학위논문으로 부제는 「교회사회학에 대한 교의학적 연구」이다. 교회의 독특한 사회구조를 사회철학과 사회학적 방법을 사용하여 조명하였다. 여기서 교회를 "공동체로서 존재하는 그리스도"(Christus als Gemeinde existierend)로 표현하였다.

『행위와 존재』(Akt und Sein)는 교수자격논문인 행위와 존재의 주제는 계시이해의 문제이다. 본회퍼는 이 논문에서 계시이해의 독특

---

11) Ruth-Alice von Bismark und Ulrich Kabitz(Hrsg.), *Brautbriefe Zelle 92 : 1943-1945 Dietrich Bonhoeffer ; Maria von Wedemeyer, München, 1993.*

한 기독교적 특성을 논구하였다. 당시 신학에서는 계시이해에 있어서 두 개의 대립되는 철학적 해결방법(선험철학과 존재론적 철학)의 영향을 받았다. 선험철학의 영향을 받은 신학자(칼 바르트)는 신중심적 입장에서 행위(Akt)를 강조하고, 존재론적 철학의 영향을 받은 신학자(루돌프 불트만)는 인간중심의 입장에서 존재(Sein)를 강조하는 관점에서 계시를 이해하였다. 본회퍼는 계시에 있어서 행위와 존재의 대립적 입장은 교회개념에서 극복될 수 있고 행위-존재의 일치(Akt-Seinseinheit)가 가능하다고 보아 이 문제를 다룬 것이 그의 교수자격논문이다.

『창조와 타락』(Schöpfung und Fall)은 창조와 타락(Schöpfung und Fall)은 1932년 베를린대학에서 강의하였던 내용이다. 이 책은 창세기 1장부터 3장까지 신학적 해석이다. 여기서 자유와 관계개념, 하나님의 형상(Imago Dei)으로서의 인간의 모습을 관계유비(analogia relationis)로 해석하는 것이다. 본회퍼에 의하면 하나님과 인간의 관계를 존재유비(analogia entis)로 보지 않고, 관계유비로 보는 것은 훗날 칼 바르트가 그의 교회교의학에서 그대로 받아들였다.[12]

「그리스도론 강의」(Christologie-Vorlesung)는 본회퍼가 1933년 베를린대학교에서 강의한 내용으로 예수 그리스도 인격에 관한 교리를 논한 것이다. 예수 그리스도가 무엇을 하는가 보다 누구인가(Wer-Frage)를 묻는다. 그리스도는 말씀(Wort)으로 성례전(Sakrament)으로 공동체(Gemeinde)로서 존재한다. 그리스도는 중심(Mitte)과 중보자(Mittler)로서 이해한다. 인간존재와 역사의 중심, 하나님과 자연 사이의 중보자이다. 성육신한 예수 그리스도는 나를 위한(pro me),

---

12) Karl Barth, Kirchliche Dogmatik, III/1, p.207ff, p.220ff, II/3 p.57ff. 참조

우리를 위한(pro nobis) 낮아지고 높아진 분이다.

『나를 따르라』(Nachfolge)는 추종(Nachfolge. 우리말 번역, 나를 따르라)
은 1937년 출판한 책으로 핑켄발데(Finkenwalde) 신학교에서 강의한
내용이다. 이 책에서 제자직(Nachfolge, Discipleship)의 강조와 산상수
훈(마태복음 5-7장)을 신학적으로 해설하였다.

『신도의 공동생활』(Gemeinsames Lesen)은 신도의 공동생활은 핑켄
발데 신학교의 형제의 집(Bruderhaus)에서 생활한 것을 기록한 것이
다. 1939년 출판된 책으로 특별히 기독교 공동체 안에서 영적인 삶
에 대한 기록이다. 기도, 성경읽기, 명상, 죄의 고백 등에 관하여 쓴
책으로 기독교의 사귐은 오직 예수 그리스도 안에서 예수 그리스도
를 통하여 가능하다. 여기에서 강조하는 것은 성례전적 사귐에 대
하여 강조하였다.

『윤리학』(Ethik)은 본회퍼가 1940년부터 1943년 그의 나치에 저
항하고 투쟁하던 시절에 윤리학 책을 저술하기 위해 그는 단편들을
썼다. 이 책을 완성시키지 못하고 처형되었기 때문에 본회퍼 사후
에 베트게가 편집하여 출판하였다. 이 책은 미완성의 책이지만 기
독교윤리학에서는 기념비적이며 고전적인 책이다. 이 책에서 본회
퍼는 형성으로서의 윤리, 현실개념, 책임윤리, 위임사상 등을 논하
였다.

『저항과 복종』(Widerstand und Ergebung)은 본회퍼의 삶과 신학을 잘
표현하여 주는 말이다. 적그리스도의 불의한 세력에게 저항하고 그
리스도에게 복종하는 삶을 의미한다. 『저항과 복종』은 본회퍼가 옥
중에 있을 때 감옥에서 보낸 옥중서간이다. 이 서간문 속에는 제2차
세계대전 후 세계신학계를 변화시키는 기폭제가 되는 중요한 개념
들이 들어있다. '성인된 세계', '성서적 개념의 비종교적 해석', '타자

를 위한 존재 예수', '타자를 위한 교회' 등이다. 이로부터 세속화신학, 사신신학, 상황윤리 등이 나왔다.

3. 본회퍼신학의 주요사상

1) 그리스도와 교회

그리스도, 교회, 현실, 그리스도의 십자가, 세상은 본회퍼신학의 중심 주제이다. 본회퍼신학에서 기독론은 그의 신학의 관건이다. 기독론은 본회퍼신학에서 기본 사상이요, 근간이며, 정선율(cantus firmus)이다. 본회퍼신학은 처음부터 마지막까지 철저하게 그리스도 중심적이요 그리스도 지배적이다.[13] 본회퍼의 모든 책은 그리스도와 연관되어 있다. 본회퍼는 기독론을 다른 신학자처럼 체계적으로 쓰지 않았다. 1933년 베를린대학의 「그리스도론」 강의를 제외하면 그의 기독론은 다른 개념과 연관되어 논하고 있다. 따라서 본회퍼의 기독론을 알려면 「그리스도와 그리고 무엇」을 함께 알아야 한다. 그리스도와 교회, 그리스도와 대리사상, 그리스도와 십자가신학, 그리스도와 제자직, 그리스도와 현실, 그리스도와 세계, 그리스도와 타자를 위한 존재 등이다.

본회퍼는 그의 박사학위논문에서는 그리스도와 교회를 연관시켜 교회에서 그리스도가 현존하는 것으로 표현하였다. 그래서 본

---

13) Yu, Suk-Sung, Christologische Grundentscheidungen bei Dietrich Bonhoeffer, Tübingen, 1990, p.7.(이하CG)

회퍼는 저 유명한 말을 하였다. "공동체(교회)로서 존재하는 그리스도"(Christus als Gemeinde existierend)라는 말이다.[14] 여기에서의 문제점은 그리스도와 교회를 너무 밀착시켜 연결시켰다는 것이다. 이것은 그리스도와 교회가 동일시되는 결과를 가져오는 위험이 있다.[15] 본회퍼는 그의 베를린대학의 「그리스도론」 강의에서 "그리스도는 누구인가"라는 질문을 한다. 여기에서 그리스도는 나를 위한(pro me) 그리고 우리를 위한(pro nobis) 현재하는 존재임을 밝힌다. 그리스도는 이 역사 속에 말씀, 성례전, 공동체로서 존재한다. 그리스도는 또한 중심(Mitte)과 중보자(Mittler)이다. 그리스도는 인간존재와 역사의 중심이며 하나님과 자연 사이의 중보자이다. 본회퍼는 그리스도론에서 그리스도는 누구인가라는 질문에서부터 옥중서간인 『저항과 복종』에서는 그리스도에 대한 질문을 확대 발전시킨다. "예수 그리스도는 오늘 우리에게 있어서 누구인가?" 여기에서 그리스도는 "타자를 위한 존재", "세상을 위한 예수 그리스도"의 모습을 말하였다. 그리스도는 초기의 나와 우리를 위한 (pro me, pro nobis) 모습에서 타자를 위한 (pro aliis) 존재로 확대되어 나아간다. 여기에서 그리스도와 세상과의 관련성과 그리스도는 세계의 주라는 것을 밝혔다.

2) 제자직과 십자가

본회퍼의 공헌은 그리스도를 뒤따르는 제자들의 길인 제자직

---

14) Sanctorum Communio, p.138.
15) Yu, Suk Sung, CG, p.20.

(Nachfolge/Discipleship)의 고귀한 가치와 심원한 의미를 일깨워 준 것에 있다. 제자직은 종교개혁자들에게 잊혀진 주제였다. 루터교에서는 제자직의 윤리(Nachfolge Ethik)를 세례파교회에 넘겨주고 질서의 윤리(Ordnungsethik)로 제한하였다. 이 제자직의 주제를 중심 주제로 부각시키는데 공헌한 것이 본회퍼였다.[16] 본회퍼는 제자직을 은혜와 분리될 수 없는 것으로 파악한다. 본회퍼는 당시의 독일의 교회는 종교개혁의 표어인 믿음으로 의로워진다는 것이 잘못 인식되어 있음을 비판하였다. 본회퍼는 순종 없는 신앙(Glaube ohne Gehorsam)을 값싼 은혜라고 하였다. "값싼 은혜는 싸게 파는 물건, 함부로 팔아버리는 용서와 위로와 성만찬으로서의 은혜이다. 값싼 은혜는 회개 없는 용서의 설교, 교회교육 없이 베푸는 세례, 죄의 고백 없이 행하는 성만찬, 개인적인 죄의 고백 없는 면죄의 확인이다. 값싼 은혜는 뒤따름(제자직) 없는 은혜, 십자가 없는 은혜, 인간이 된 예수 그리스도 없는 은혜이다."[17] 값비싼 은혜는 그리스도의 제자직에로 부른다. 제자직에로 부름은 예수 그리스도와의 인격적 결합을 뜻한다.

'신앙'이란 순종의 행위이다. 본회퍼는 유명한 말을 한다. "오직 믿는 자만이 순종하고 오직 순종하는 자만이 믿는다"[18](Nur der Glaubende ist gehorsam, und nur der Gehorsame glaubt). 신앙과 순종은 시간적으로 아니라 논리적으로 분리가 가능하다. 제자직에로 부름은 본회퍼에 의하면 제자들의 순종을 요구한다.[19] 이 순종은 직접적 순종, 단순한 순종, 구체적 순종을 의미한다. 첫째, 제자직(뒤따름)을 위

---

16) Jürgen Moltmann (Hrsg.), Nachfolge und Bergpredigt, 2 Aufl., München, 1982. p.9.
17) Nachfolge, p.13ff. DBW 4, p.29.
18) Nachfolge, p.35. DBW 4, p.52.
19) Yu, Suk Sung, CG. p.76.

한 부름은 직접적 순종의 대답을 요구한다. 예수가 따르라는 부름에 제자들은 예수에 대한 신앙고백을 한 것이 아니라 순종의 행위를 하였다.[20] 둘째, 제자직에 대한 부름은 단순한 순종을 요구한다. 왜냐하면 제자직(뒤따름)은 자기의 의지에 따라 사는 삶의 모습을 포기하기 때문이다. 자기의 의지를 포기하는 것은 예수를 뒤따름을 위한 전제이다. 이 포기는 오직 신앙으로부터 수행되어야 한다. 신앙을 위한 구체적인 상황에 그리스도 계명에 대한 단순한 순종이다. 셋째, 예수의 부름은 구체적 부름이요 구체적 순종이다. 신앙은 오직 순종의 행위 속에서 존재한다.[21] 예수의 부름은 인간적 모든 속박, 억압, 무거운 모든 짐, 근심과 양심의 고통 등에서 해방시킨다.[22]

  예수 그리스도를 뒤따르는 제자직은 본회퍼에 의하면 십자가에 달린 그리스도를 뒤따름으로써 보여진다. 본회퍼는 제자직에로의 부름(마가복음8:31-38)은 예수의 수난선포와 밀접하게 연관되어 있다고 하였다.[23] 예수의 십자가의 종합적 표현이 고난(Leiden)과 버림받음(Verworfenwerden)을 뜻한다는 것이다. 제자직은 예수 그리스도와의 인격적 결합이요, 십자가를 의미한다. 수난을 위한 제자직의 표현은 그리스도의 십자가를 의미하고, 이 십자가는 철저하게 예수 그리스도의 고난에 동참하는 것을 의미하며 이 고난은 그리스도 안에 있기 때문에 진정한 기쁨이 된다는 것이다.

---

20) Nachfolge, p.28. DBW 4, p.45.
21) Nachfolge, p.36. DBW 4, p.52.
22) Nachfolge, p.9. DBW 4, p.23.
23) Nachfolge, p.61. DBW 4, p.77.

3) 형성으로서의 윤리

본회퍼는 기독교인 삶의 모습의 근거를 예수 그리스도의 모습에서 발견하였다. 본회퍼에 의하면 기독교윤리는 예수 그리스도의 모습대로 닮아가는 형성으로서의 윤리(Ethik als Gestaltung)이다. 어떤 예수의 모습인가. 성육신하고 십자가에 달려죽고, 부활한 예수 그리스도이다. 그리스도의 모습으로 변화되는 것. 이것이 성서가 말하는 형성의 의미이다. 형성이란 그리스도와의 관계 속에서 성립된다. 형성이란 그리스도의 모습과 관계없는 독자적인 과정이나 상태가 아니라 예수 그리스도의 모습으로부터 그리고 그 모습을 향한 형성을 말한다. "기독교윤리의 출발점은 그리스도의 몸(Leib Christi)인 교회의 형태속에 있는 그리스도의 모습이며 그리스도 모습에 따른 교회의 형태이다."[24] 성육신은 실제로 인간이 되었다는 것을 말하여 주며 인간은 우상화의 대상도 경멸의 대상이 아니라 하나님의 사랑의 대상이라는 것이다. 십자가에 달렸다는 것은 하나님에 의하여 심판받은 인간이 되는 것이다. 이 인간은 하나님의 심판을 지고 죄 때문에 하나님 앞에서 매일매일 죽어야 하는 인간, 세상속에서 그리스도를 위해 그리스도 고난에 동참하는 것이다. 부활은 하나님 앞에서 새로운 인간이 되는 것이다. 중요한 것은 본회퍼가 말하는 형성의 의미는 인간 스스로 이루는 것이 아니라 예수 그리스도가 작용을 하여 형성이 이루어진다고 하는 것이다.(갈 4:19 참조) 형성이 이루어지는데 필수 불가결한 장소와 역할을 하는 것이 교회이다. 형성으로서의 윤리는 추상적, 결의론적, 사변적이 아니라 이 세

---

24) Ethik, p.89. DBW6, p.84.

상 속에서 예수 그리스도의 모습대로 형성되도록 구체적인 판단과 결단 안에서 이루어지는 그리스도를 따르는 순종의 윤리이다.

4) 그리스도 현실성(Christuswirklichkeit)

현실(Wirklichkeit)은 본회퍼 윤리의 중심 개념이며 핵심 개념이다. 본회퍼의 현실개념은 그리스도로부터만 이해되어질 수 있다. 현실은 하나님과 세계에 관하여 말할 수 있는 신학적인 개념이다. 본회퍼의 현실개념은 예수 그리스도의 성육신과 십자가사건을 통하여 설명될 수 있다. 이 현실은 "하나님이 이 세상 속으로 들어오신 사건"과 "그리스도 안에서 행하여지는 신적 통치의 모습"에서 획득되어진다.[25]

본회퍼는 기독교윤리의 문제를 그리스도 현실개념으로부터 이해한다. 본회퍼윤리와 현실개념의 중심이 되는 귀절을 우리는 찾아볼 수 있다.

> "예수 그리스도 안에서 하나님의 현실은 이 세계의 현실로 들어왔다.
> 세계의 현실과 하나님의 현실이 동시에 대답을 얻을 수 있는 장소는
> 예수 그리스도라는 이름에서만 나타난다." [26]

본회퍼는 강조하기를 예수 그리스도에 관하여 말하지 않고는 하나님에 관해서나 세계에 대해서 말할 수 없고, 그리스도를 제외한

---

25) Yu, Suk-Sung, CG, p.117.
26) Ethik, p.207. DBW 6, p.39.

모든 현실개념은 추상적이 된다는 것이다.[27] 본회퍼는 일반윤리와 기독교윤리의 차이점을 다음과 같이 말하고 있다. 일반윤리에서는 선한 존재(내가 어떻게 선하게 되는가) 그리고 선한 행위(내가 어떻게 선한 일을 할 수 있을까)를 문제 삼는다. 반면에 기독교윤리에서는 하나님의 뜻에 대한 물음을 묻는 것이 기독교윤리라는 것이다. 이 하나님의 뜻은 예수 그리스도 안에 나타난 하나님의 계시의 현실에서 발견한다. 따라서 "기독교윤리의 문제는 그리스도 안에 나타난 하나님의 계시의 현실이 그 피조물 가운데서 실현되어가는 것이다."[28]

본회퍼는 두 영역으로 분리하는 모든 사고방식을 거부한다. 즉, 신적인 것과 세상적인 것, 거룩한 것과 세속적인 것, 자연과 은총, 교회와 세계를 이원론적으로 나누는 사고방식을 거부하였다. 그리스도와 이 세상이 서로 대항하고 서로 반발하는 영역으로 간주되는 것은 자신을 기만하는 것이다. 이 세상에서는 오직 하나님의 현실과 세계의 현실이 서로 하나로 통일되는 그리스도의 현실의 영역만이 존재한다.

기독교인들은 하나님과 세계가 화해된 이 그리스도 현실 안에서 '오늘', '여기에서', ' 우리들 사이에서' 어떻게 참여할 것인가를 추구하는 것이 기독교윤리이다.

5) 궁극적인 것과 궁극이전의 것

본회퍼는 모든 기독교인의 삶의 본질과 근원과 방식을 설명하기

---

27) Ethik, p.207. DBW 6, p.39.
28) Ethik, p.202. DBW 6, p.33.

위하여 궁극적인 것(Letzte)과 궁극이전의 것(Vorletzte)의 표현을 사용하였다. 궁극적인 것은 은총과 신앙에 의하여 그리스도 안에서 의롭다 함을 얻는 것을 말한다. 즉, 하나님이 그리스도 안에서 우리를 구원해주시는 일을 말한다. 궁극이전의 것은 궁극적인 것의 조건이 되는 것으로서 궁극이전의 단계인 기독교인과 세상의 관계를 의미한다. 즉, 이 세상에 속한 일들이다. 본회퍼는 기독교인의 삶속에서 궁극적인 것과 궁극이전의 것의 관계에서 두 가지 극단적인 해결방법이 있다고 보았다. 급진적인 해결방법과 타협의 방법이다. 급진적인 해결방법에서는 궁극적인 것만을 고려하므로 궁극이전의 것과는 완전히 단절된다. 타협적인 해결방법은 궁극적인 것의 증오에서 생기며 세계는 세계의 수단을 통해서만 다루어지고 궁극적인 것은 세계에서의 삶의 형태를 결정하는데 아무런 발언권도 갖지 못한다. 본회퍼는 이 두 극단적인 방법을 거부한다. 기독교적 삶의 문제는 극단주의에서도 타협주의에서도 아니고 인간이 되고 십자가에 달리고 부활한 예수 그리스도 자신에게서 궁극적인 것과 궁극이전의 것 사이의 관계가 해결된다는 것이다. 기독교인의 삶은 그리스도와 세계의 만남에 참여하는 것이다.[29] 본회퍼는 궁극적인 것과 궁극이전의 것이라는 이론을 통하여 그리스도현실과 세상의 현실을 분리하는 루터의 두 왕국론을 극복하였다.

6) 위임론

본회퍼는 이 세상 속에서 신적계명의 구체적 형태로서 위임론을

---

29) Ethik, p.128ff. DBW 6, ppff.

논한다. 이 위임은 그리스도 계시 안에 근거되어 있으며 신적인 위탁이다. 위임에 대한 신적 계명의 관계는 내용과 형식의 관계와 같다.[30] 본회퍼는 4가지 위임을 제시하였다. 노동(또는 문화), 결혼과 가정, 정부, 교회이다. "위임은 하나님 앞에서의 복종과 고난과 찬양 가운데서 이루어지는 세상적 삶을 지향한다. 세상적인 삶은 위임 속에서 그의 근원적이고 본래적인 형태를 발견한다."[31] 위임은 하나님의 대리자로서 세상을 위하여 책임적 삶의 기능을 담당하는 것을 의미한다.

7) 책임윤리

본회퍼는 『윤리학』의 「책임적인 삶의 구조」에서 그의 책임윤리를 제시하였다. 이 책임윤리는 본회퍼가 히틀러에 대한 항거와 모반의 과정 속에서 기술된 단편이다. 본회퍼는 추상적 법칙윤리, 결의론, 의무론적 윤리를 거부하고 책임윤리를 주장하였다. 그의 책임윤리는 그리스도가 성육신한 이 세상의 현실 속에서 세상을 위하여 책임적인 삶을 말한다. "이 세상은 예수 그리스도 안에서 예수 그리스도를 통하여 우리에게 주어진 구체적인 책임의 영역"이기 때문이다.[32] 본회퍼의 책임은 철저하게 신학적이요 그리스도론적이며 예수 그리스도를 통하여, 우리를 향하여 하시는 하나님 말씀에 응답함으로써 사는 응답구조이다.

---

30) Yu, Suk Sung, p.138.
31) Jürgen Moltmann, *Herrschaft Christi und Soziale Wirklichkeit nach Dietrich Bonhoeffer,* München, 1959, p.48.
32) Ethik, p.247. DBW 6, p.266.

본회퍼에 의하면 책임적 삶의 구조는 인간과 하나님에게 속박 (Bindung)되어 있다는 것과 자기의 삶이 자유(Freiheit)하다는 것의 이중적으로 규정된다.[33] 본회퍼는 책임이란 속박과 자유가 밀접하게 결합되어 있을 때 존재하게 된다고 하였다.[34] 속박은 대리행위와 현실적응성의 형태를 취하며 자유는 삶과 행위의 자기검증과 구체적인 결단의 모험에서 증명된다. 책임은 대리행위에 근거하여 있다. "대리적 삶과 행위로서 책임은 본질적으로 인간과 인간에 대한 관계이다. 그리스도는 인간이 되었고 따라서 인간을 위한 대리적 책임을 지셨다."[35] 예수 그리스도의 삶은 책임적 삶으로서 대리행위의 근원과 본질과 목적이다. 책임은 타자를 위한 삶과 행위이다. 한걸음 더 나아가서 책임은 죄책을 받아들이는 것(Schuldübernahme)이다. 죄 없는 예수 그리스도가 그의 형제의 죄를 대신 걸머지신 것은 타인에 대한 관심과 형제에 대한 사심 없는 사랑이며 책임적 행위이다. 이 책임적 행위는 본회퍼에 의하면 현실적합한 행동이다. 이것은 구체적 책임의 주어진 영역에서 예수 그리스도 안에 예수 그리스도를 통하여 역사적으로 현실적 상황에 적합한 행위이어야 한다. 본회퍼의 책임윤리는 개인윤리가 아닌 공동체의 윤리이며 사회윤리이다. 본회퍼는 교회의 정치적 책임의 모습을 다음과 같이 설명하였다. "바퀴아래 깔린 희생자에게 붕대를 감아주는 것뿐만 아니라 바퀴자체를 멈추게 하는 것이다."[36] 본회퍼가 히틀러의 암살음모에 가담한 행위도 그의 책임윤리적인 관점에서 이해하여야

---

33) Yu, Suk-Sung, CG. pp. 127-136.
34) Ethik, p. 238. DBW 6, p. 256.
35) Ethik, p. 240. DBW 6, p. 258.
36) Gesammelte Schriften II, p. 48.

한다.[37]

8) 예수 그리스도와 성인된 세계

본회퍼는 베를린 테겔감옥에서 "도대체 오늘 우리에게 있어서 기독교란 무엇이며 그리스도란 누구인가"라는 질문을 하였다.[38] 본회퍼는 변화하는 세계 속의 기독교의 모습을 점검, 평가하고 교회와 신학의 새로운 방향을 모색하였다. 이 질문의 대답으로 제2차 세계대전 후 신학의 조류와 방향을 전환, 창출시킨 "성인된 세계"(Die Mündige Welt), 성서적 개념의 비종교적 해석(die nichtreligiöse Interpretation der biblischen Begriffe), 비종교적 기독교(Religionsloses Christentum), 타자를 위한 교회(Kirche für andere) 개념들을 제시하였다.

(1) 성인된 세계

본회퍼는 새로운 시대속에서 기독교의 위치에 대하여 철저하게 그의 모습을 분석하였다. 중세 이후 세계는 세속화의 과정을 겪게 되었고 점차로 사람들은 자기들의 개인적 사회적 문제를 신의 도움 없이 자기의 책임 하에서 해결하려고 하는 성인된 세계가 되었다는 것이다. 성인된 세계는 새로운 시대에 대한 선언이며 당시 종교적 상황에 대한 진단(Diagnose)이며 새로운 종교에 대한 예시(Prognose)

---

37) Yu, Suk-Sung, CG, p.185.

38) Widerstand und Ergebung München, 1951,Dietrich Bonhoeffer Werke8,1998(이하DBW8, p.403),p.178.(이하WE)

였다.[39] 본회퍼에 의하면 종교의 시대는 지나갔고 내면성과 양심의 시대인 완전히 무종교의 시대가 되었다는 것이다.[40] 이것은 13세기부터 시작한 서구 인간의 자율과 세 개의 독자성을 추구한 계몽주의와 연관되어 있다.

칸트는 "계몽이란 무엇인가?"라는 그의 글에서 유명한 정의를 한 바 있다. "'계몽이란 사람이 자기 탓인 미성숙으로부터 벗어남이다'라고 규정한다. '미성숙이란 타자의 지도 없이는 자신의 지성을 사용하지 못하는 무능력이다. 그리고 그 무능력의 원인이 지성의 결여에 있는 것이 아니라, 타자의 지도 없이 자신의 지성을 사용하고자 하는 결단과 용기의 결여에 있다면, 그 무능력은 자기 탓이다. 그러므로 계몽의 표어는 '과감(果敢)히 분별(分別)하라!' '너 자신의 지성을 사용할 용기를 가져라!'이다. 그래서 칸트는 '이 계몽을 위해서는 다름 아닌 자유'가, 그것도 '모든 문제에서 자신의 이성을 공명하게 사용하는 자유' 가 필요하다고 본다." [41]

본회퍼는 계몽주의 영향 아래 인간의 자율성을 추구한 이런 운동이 현대에 와서 완성되었다는 것이다. 인간은 후견인인 신 없이 살게 되었고 신은 이제 인간의 삶의 중심에서 밀려나게 되었다. "신은 성인이 된 세계와 우리들의 인식과 삶의 영역으로부터 점점 더 멀리 밀려났으며 칸트 이후에는 경험의 세계 피안에서만 공간을 보유하고 있다."[42] 성인된 세계에서 "마치 신이 없는 것처럼"(etsi

---

39) Yu, Suk Sung, CG. p.148.

40) WE, p.178. DBW8, p.403.

41) 백종현, 『칸트와 헤겔의 철학』(아카넷 : 2010), p.50. Immanuel Kant, *Was ist Aufklärung? in : Immanuel Kant Werkausgabe(Hrsg. Wilhelm Weischedel) XI (Suhrkamp Taschenbuch Wissenschaft 192) Frankfurt, 1977,*

42) WE, p.229f. DBW8, p.503f.

deus non daretur) 살게 되었다. 여기에서는 신은 다만 "기계로부터의 신"(deus ex machina), 즉 해결사로서 필요하거나 미봉책(Lückenbüßer) 으로서 신은 존재하게 되었다. 이것은 잘못이다. 신은 주변으로 밀려날 수도 나서도 안 된다. 신은 삶의 중심에 계신 분이다. "신은 역시 여기에서 미봉책이 아니다. 신은 우리의 가능성의 한계에서가 아니라 삶의 중심에서 인식되지 않으면 안된다."[43] 하나님은 전적인 초월자로서 멀리 떨어져 있는 분이 아니다. 그리스도 안에서 세상속의 기독교인의 삶과 함께 계시는 하나님이다. 본회퍼는 "우리들 한가운데 계시는 초월자"라고 말하였다. "초월자는 무한히 멀리 있는 분이 아니라 바로 가까이 있는 분"이다. 본회퍼는 이것을 "하나님 앞에 하나님과 함께 하나님 없이 우리는 산다"고 표현하였다.[44] 본회퍼는 하나님을 고난받는 하나님이라는 것이다. 이 고난받는 약한 하나님만이 우리를 도울 수 있다. 십자가에 달린 모습은 예수의 고난을 신의 고난에 동참하는 것이라고 보았다. 기독자가 된다는 것과 기독교인을 이교도와 구별하는 것도 이 고난에 있다. 기독교인은 신을 상실한 세계에서 하나님의 고난에 동참하도록 부름받고 있다.[45] 이 세상의 삶속에서 신의 고난에 동참하는 것이 기독자를 만든다.[46] 기독교인이 된다는 것은 세상의 삶속에서 신의 고난에 참여하는 것이요 신앙은 그리스도 안에서 신의 고난에 참여하는 것이다.

---

43) WE, p.211. DBW8, p.455.
44) WE, p.241. DBW8, p.534.
45) WE, A p.244. DBW8, p.534.
46) WE, p.244. DBW8, p.535.

(2) 무종교적 기독교와 성서적 개념의 비종교적 해석

본회퍼는 옥중에서 신학적 사고과정 속에서 "무종교적 기독교"와 "성서적 개념의 비종교적 해석"이라는 표현을 발견하였다. 본회퍼는 이 개념을 사용하여 어떻게 무신성의 세계에서 신에 관하여 세상적으로 말할 수 있을까 하는 점을 밝히고자 하였다. 「성서적 개념의 비종교적 해석」을 다른 말로 표현하면 하나님에 관하여 세상적으로 말하는 것이요 복음의 비종교적 선포이며 비종교적 기독교에 관하여 말하는 것이다.

본회퍼는 종교를 어떻게 이해하였는가? 본회퍼는 종교를 부정적 개념으로 이해하였다. 종교는 "역사적으로 제약되고 지나가는 인간의 표현형식"[47]으로 "기독교의 의복"이며 "완전한 무종교의 전 단계"[48]라고 하였다. 종교는 형이상학적이요 개인주의적이다. 본회퍼는 이것을 성서적 가르침에도 맞지 않는다고 하여 구원을 개인주의적으로 이해하지 않는다. 비종교적 해석은 예수의 고난에 동참하는 삶을 말한다. 무종교의 기독교는 새로운 세계이해와 신이해 경험을 의미한다. 세계와 신앙은 예수 그리스도 안에서 분리될 수 없는 것이다. 비종교적 해석은 사신신학이나 무신론의 원형으로 오해해서는 안 된다. 하나님에 대한 신앙과 하나님 불신세계가 역설적으로 통일된 것이다. 무종교적 기독교는 무신앙의 기독교를 의미하는 것이 아니다. 본회퍼에게 신앙은 이론적이거나 지적인 문제가 아니라 기독교적이며 인간적인 삶의 문제이다. 신앙은 인간을 부르는 예수

---

47) WE, p.179f. DBW8, p.404.
48) WE, p.180. DBW8, p.404.

그리스도의 부름에 구체적으로 뒤따르는 것이다.

무종교 속에서 예배와 기도는 무엇을 의미하는가? 본회퍼는 신도의 비의훈련(秘義訓練/Arkandisziplin/ arcane discipline)을 강조했다. 비의훈련이란 4-5세기경 기독교가 국교가 되었을때 신자들의 비밀을 지키는 의무(Pflicht zur Geheimhaltung)를 말한다. 교회공동체 삶을 지키고 속화되는 것을 막기 위하여 세례받지 않은 사람들에게 성찬, 사도신경, 주기도문, 성만찬을 못하게 한 규칙을 말한다. 본회퍼는 이것을 기독교신앙의 비밀이 속화되는 것을 막기 위하여, "속화됨 앞에 기독교신앙을 보호하는 것"[49]이라고 하였다. 이것은 교회와 세상의 격리되는 공간적 분리가 아니다. 여기에서 중요한 것은 신도의 비의훈련(Arkandisziplin)과 세상과의 관계이다. 비의훈련과 세상은 밀접한 관계를 가지고 있다. "신도의 비의훈련"은 세상과의 격리가 아니라 세상을 위한 봉사이다. "수도원적인 은거가 아니라 밖을 향한 봉사를 위한 가장 깊은 내적인 집중이 목표이다."[50] 신도의 비의훈련은 세계에 대한 봉사이다. 본회퍼는 주장하기를 기도명상, 예배, 교회직분은 기독교인의 삶에서 포기하거나 양도할 수 없는 것이다. 정신적인 훈련을 위해 마치 매일 먹고 마시는 음식물같이 꼭 필요한 것이다. 본회퍼는 다음과 같이 말하였다. "오늘 우리가 기독교인이라는 것은 두 가지 존재방식에 의해서만 성립된다. 기도와 인간 사이에 정의를 행하는 것이다."[51] 본회퍼가 히틀러정권에 항거하였던 저항력의 원천은 바로 비의훈련에 있었다.[52]

---

49) WE, p.185. DBW8, p.415.

50) Gesammett Schriften II, p.449.

51) WE, p.207. DBW8, p.435.

52) Vgl, Jürgen Moltmann. Der Weg Jesu Christi, p.223

(3) 타자를 위한 존재

본회퍼는 옥중에서 쓴 「어느 저서를 위한 초안」에서 예수를 "타자(他者)를 위한 존재"(Für-andere-Dasein Jesu)로 규정하였다.[53] "타자를 위한 존재"는 기독론적 의미에서 예수 그리스도의 대리행위(Stellvertretung)를 말한다. 대리행위의 개념은 『성도의 교제』에서부터 그의 옥중서신인 『저항과 복종』까지 일관되게 강조하는 주제이며 특히 옥중서신의 중심적인 주제이기도 하다. 대리행위는 타자를 위한 인간인 예수 그리스도가 십자가를 통하여 보여준 고난의 사랑을 의미한다. 예수는 이제 모든 것을 위한 것으로 대리된다. 이 타자를 위한 예수는 십자가신학(theologia crucis)에 근거하여있다. 십자가에 자기를 내어줌으로써 대속의 삶을 산 대리자 예수를 말한다. 본회퍼는 "타자를 위한 존재"를 타인을 위하여 존재한다는 경험이요 이것을 초월경험(Transzendentalerfahrung)이라고 표현하였다.[54] 이 말은 예수 그리스도를 만남으로 인간의 전존재의 전환이 일어나고 예수 그리스도를 만남으로만 신적 경험이 가능하다는 뜻이다. 신은 인간의 모습을 한 예수 안에서 이해될 수 있다. 신적 경험은 예수 안에 예수와 더불어 예수를 통하여 성립된다. 초월경험은 타자를 위하여 살 것을 요구한다. 본회퍼가 강조하는 것은 내세가 아니라 이 세상이다. 신앙이란 성육신하고, 십자가에 달리고, 부활한 타자를 위한 존재인 예수 그리스도의 고난에 동참하는 것이며 그리스도 안

---

53) WE, p.259. DBW8, p.558.
54) WE, p.259. DBW8, p.558

에서 하나님의 고난에 참여하는 것을 의미한다.[55] 예수 그리스도가 타자를 위한 존재이듯이 기독교인의 삶은 이 세상 속에서 타자를 위하여 고난받는 책임적인 삶을 말한다.[56] "타자를 위한 존재 예수"와 연관시켜 우리는 타자를 위한 교회를 생각해야 한다. 본회퍼는 예수를 타자를 위한 존재로 규정했듯이 교회 역시 타자를 위한 교회(Kirche für andere)이어야 한다고 하였다. "교회는 타자를 위하여 존재할 때만 교회이다."[57] 본회퍼는 타자를 위한 교회의 과제를 (1)어려운 자들에게 소유를 나누어 주는 일, (2)인간 공동체적 삶과 세상적 과제에 도와주고 봉사하는 교회가 되어야 한다. 본회퍼가 말한 '타자를 위한 교회(Kirche für andere)'는 '타자와 함께하는 교회(Kirche mit andere)'가 되어야 하며 더 나가서 민중의 교회(Kirche des Volkes)로 되어야 할 것이다.[58]

4. 본회퍼의 영향과 공헌

1) 본회퍼신학의 영향

본회퍼의 신학사상은 특히 개신교와 카톨릭교회, 에큐메니칼 운동에 영향을 주었다.

---

55) WE, p.259, s.245.
56) Yu, Suk-Sung, CG, p.24. p.165.
57) WE, p.261.
58) Yu, Suk-Sung, CG p.165ff.

제2차 세계대전이 끝난 1945년 이후의 신학은 직접 간접으로 본 회퍼와 연관이 되어있다. 직접적으로는 사신신학, 세속화신학, 상황윤리, 에큐메니칼 평화신학 등이고, 간접적으로는 정치신학, 해방신학, 민중신학 등이 연관되어 있다. 본회퍼가 옥중에서 말한 "성인된 세계"와 "성서적 개념의 비종교적 해석"은 60년대 신학적 논쟁을 불러 일으켰고 새로운 신학을 창출하였다.

독일신학에서는 급진적인 불트만학파의 브라운(H. Braun)과 쵤레 (D. Sölle) 사이에 유신론(Theismus)과 무신론(Atheismus)의 논쟁을 불러일으켰다.[59] 알타이저(C. T. Altizer), 해밀톤(W. Hamilton)의 사신신학(God is dead Theology)과 반 뷰렌(P. Van Buren)과 하비 콕스(H. Cox)의 세속화신학에 영향을 주었다.[60] 사신신학은 본회퍼신학의 인본주의적인 급진적 해석이며, 이것은 유신론과 무신론의 논쟁을 극복할 수 있는 삼위일체론적 지평을 결여하고 있다.[61] 세속화신학에서는 세속화와 세속주의를 구별하여 사용한다. 세속화(Secularization)는 그리스도에게서 부여받은 자유를 가지고 하나님 앞에서 책임있게 세상을 맡아 다스린다는 뜻이다. 세속주의(Secularism)는 하나님과는 아무 상관없이 인간 스스로 자유하다고 자부하며 세상을 다스리는 것을 뜻한다. 본회퍼는 말년에 아래로부터의 관점(der Blick von unten)을 이야기하였다.[62] 이것은 '눌린 자들과 함께하는 고난'을 말

---

59) D. Sölle, *Stellvertretung, Ein Kapitel Theologie nach dem Tode Gottes, Stuttgart, 1965. H. Braun. H. Gollwitzer : Post Bultmann Locutum, Theologische Forschung 37. Bd 2-4. (Hg. H. Szymanowsky) Hamburg, 1965.*

60) Thomas J. J. Altizer and William Hamilton, *Radical Theology and the Death of God (New York : 1966)* ; *Paulvan Buren, The Secular Meaning of the Gospel (New York, 1963)* ; *Harvey E. Cox, The Secular City (New York : 1965)*

61) Yu, Suk-Sung, CGp.4, p.182.

62) WEN, p.62.

하는 해방신학, 민중신학, 흑인신학과의 접촉점이 되기도 한다. 몰트만의 삼위일체론적 십자가신학, 윙엘(E. Jüngel)의 현대무신론 토론 속에서의 십자가에 달린 하나님의 개념, 한국의 민중신학, 상황윤리에 영향을 주었고 현대에 "정의, 평화, 창조질서의 보전(JPIC)"의 에큐메니칼 평화운동에 선구적 역할을 하였다.

2) 본회퍼신학의 공헌

본회퍼는 기독교인뿐만 아니라 비기독교인들에게도 그의 삶과 사상의 결합에서 관심을 끌게 하고 매력을 느끼게 하였다. 특히 기독교인들에게는 신앙과 행위가 일치된 그리스도의 증인으로서의 그의 순교자의 모습이 감명을 주었다. 그의 삶과 신학에서 신앙과 행동, 개인적 경건과 정치적 책임, 자유와 복종, 의인과 성화, 교회와 세상, 성스러움과 세속적인 것이 분리되지 않고 함께 일치되는 것이다. 본회퍼의 공헌은, 요약컨대 그리스도 중심적인 사고와 신학, 제자직의 고귀함, 기독교신앙에서 세상성의 강조를 통하여 기독교인의 책임적인 삶을 일깨워준 것에 있다. 본회퍼는 나치 치하에서 박해받고 있는 유태인들에게 교회가 침묵하거나 그들에 대하여 무관심하고 있을 때 "유대인을 위하여 소리치는 자만이 그레고리안 찬가를 부를 수 있다"고 갈파하였다. 본회퍼는 책임적인 기독교인의 삶의 모습과 교회의 참모습을 가르쳐주었다. 오늘의 교회는 '가난한 자들에 대한 우선적 선택(Option für die Armen)'과 가난한 자들을 위한 당파성(Parteinahme für die Armen)을 고려하는 교회의 모습에서 그의 역할을 찾아야 한다. 그뿐 아니라 평화를 만들어 가는 교회가 되어야 할 것이다. 오늘날처럼 핵무기의 위협, 생태적 위기, 제

1세계 국가들에 의한 제3세계 국민들의 착취, 세계 도처에서 자행되는 인권침해, 경제적 불평등의 상황에서 평화만이 인간다운 삶을 가능하게 한다. 평화를 만드는 것이 본회퍼가 오늘 우리에게 남겨준 신학과 교회의 과제이다. 평화를 실현하는 것이 교회와 신학을 위한 책임이며 하나님의 명령이다.[63]

---

63) Yu, Suk-Sung, CG , p.185.

제3장 본회퍼의 중심과 중보자로서 그리스도

- 본회퍼의 1933년 「그리스도론 강의」를 중심으로 -

I. 서 론

그리스도는 본회퍼의 삶과 저서와 신학에서 중심적인 주제이다. 본회퍼신학에서 기독론은 관건이 되는 개념이며 또한 기본 사상이요 근간이며 정선율(cautus firmus)이다. 본회퍼신학은 시종일관 철저하게 그리스도 중심적이요 그리스도 지배적이다.[1] 본회퍼는 1933년 여름학기 베를린대학교에서 「그리스도론 강의」(Christologie-Vorlesung)를 하였다. 본회퍼가 대학에서 행하였던 사실상 마지막 강의

---

1) Yu, Suk Sung, Christologische Grundentscheidungen bei Dietrich Bonhoeffer Tübingen, 1990. p.7.

였다.[2] 이 「그리스도론 강의」는 본회퍼의 저작과 사상에 있어서 중요한 의미를 지닌다. 1933년까지의 신학적 노력의 요약적 결론으로 볼 수 있다.[3] 본회퍼신학에서 박사학위논문인 「성도의 교제」(Sanctorum Communio)로부터 그의 마지막 저서『옥중서간』(Widerstand und Ergebung)에 이르기까지 전 저서에서 「그리스도론 강의」는 가장 중심점에 위치한다. 「그리스도론 강의」 이전의 강의는 「그리스도론 강의」에 와서 일단 그의 사상이 수렴되고 그 이후의 강의는 이 강의에서부터 다시 재출발한다고 할 수 있다. 마치 시냇물이 저수지에 흘러 들어와 모였다가 다시 흘러가는 것과 같이 본회퍼신학에서 「그리스도론 강의」는 저수지와 같은 역할을 한다고 할 수 있다. 1933년 여름은 히틀러가 1월 30일 집권한 후[4] 정치적으로 소란스러운 시기였지만 본회퍼에게는 학문적으로 절정에 도달한 시기였

---

2) 이 강의는 본래 3부로 계획되었다. 제1부 현재적 그리스도 – 나를 위한, 제2부 역사적 그리스도, 제3부 영원한 그리스도 인데 강의는 제2부까지 진행되었고 제3부는 강의가 진행되지 못하고 끝났다. 이 강의는 주 2시간 강의로서 수요일과 토요일 8시–9시 사이에 행해졌고 총 18시간의 강의를 하였다. 약 200명의 학생들이 수강하였고 강의원고는 발견되지 않았다. 에버하르트 베트게(Eberhard Bethge)가 Hilde Enterlein(결혼후 Schönherr), Klara Hunsche, Hartmut Gadow, Gerhard Riemer, Wolf–Dieter Zimmermann, Otto Dudzus의 강의노트를 기초로 재구성하였다. 이 「그리스도론 강의」는 Dietrich Ritschl이 검증하였다. 이것은 1960년 처음으로 본회퍼전집(Gesammelte Schriften), III권 166–242에 실렸고(Dietrich Bonhoeffer, Gesammelte Schriften. Bd. III. München. 1960. 이하GS III), 1981년 단행본 Christologie로 출판되었다.(Dietrich Bonhoeffer, Christologie, München, 1981. 이하 CV), 1997년 DBW(Dietrich Bonhoeffer Werke)에 새롭게 정리되어 출판되었다(Dietrich Bonhoeffer Werke, Bd. 12. München, 1997. 이하 DBW 12).본회퍼의「그리스도론 강의」에 관하여: E. Bethge, Dietrich Bonhoeffer, Eine Biographie, München,5 Aufl. 1983, 265f.(이하 DB). 본회퍼는 1933년 여름 학기에 「그리스도론 강의」 외에 헤겔–세미나(Hegel–Seminar)를 열었다. Ilse Tödt(Hg.) Dietrich Bonhoeffer Hegel–Seminar 1933, 1BF 8, München, 1988. 그리스도론(Christologie)은 그동안 한국어로 번역되었다. 「그리스도론」, 이종성역 현대신서(대한기독교서회, 1979)「본회퍼의 그리스도론」,조성오 옮김(종로서적 성서출판 :1999)「그리스도론」, 유석성 옮김. 디트리히 본회퍼 선집.4.(대한기독교서회:2010)

3) Vgl. E. Feil, Die Theologie Dietrich Bonhoeffers. München, 1971. Ergänzte Aufl. 1991. p.171. W. Krötke, "Der begegnende Gott und der Glaube. Zum theologischen Schwerpunkt der Christologievorlesung D. Bonhoeffers", in : Bonhoeffer–Studien, München 1985, p.25.

4) Vgl. J. C. Fest, Hitler,Eine Biographie, Frankfurt/M,Berlin. Wien, 1973,pp.533ff.

다. 그 이유는「그리스도론 강의」때문이다.

　이글에서는 본회퍼신학에서 가장 중요한 위치를 차지하는「그리스도론 강의」에 중심 문제들을 살펴보고자 한다. 특히 그리스도를 중심과 중보자로 이해한 본회퍼의 그리스도론을 중심으로 논의하고자 한다.

Ⅱ. 그리스도론적 질문 : 누구-질문(Wer-Frage)

　신학(Theologie)이 신(Gott, θεός)을 대상으로 하는 학문이라면 그리스도론은 그리스도, 즉 그리스도의 인격(Person)과 사역(Werke)을 대상으로 하는 학문이다.[5] 예수 그리스도는 신앙과 신학의 중심과 근거이다. 그뿐 아니라 신앙의 근거로서 예수 그리스도는 신앙의 대상과 내용이며, 신앙이 말하여야 하는 것의 총괄개념이기도 하다.[6] 그리스도론의 주제는 그리스도의 인격과 사역, 성육신과 십자가사건, 부활과 같은 것이다. 그외 역사적 예수인가 케리그마 그리스도인가 하는 예수론과 그리스도론의 대결. 방법론적으로 위로부터 그리스도론(Christologie "von oben nach unten")인가 아니면 아래로부터 그리스도론(Christologie "von unten nach oben")인가 이다. 현대 신학자들은 위의 문제를 주제로 그리스도론을 다루고 있다.[7]

---

5) O. Cullmann, Die Christologie des Neuen Testaments, 4 Aufl., 1945, Tübingen, p.1.

6) W. Trillhaas, Dogmatik, Berlin, 1980. 247. G. Ebelling, Dogmatik des Christlichen Glaubens II, Tübingen, 1979, p.11.

7) 그리스도론과 현대 그리스도론에 관한 논의에 관하여 : O. Weber, Grundlagen der Dogmatik,

그리스도론은 출발점이 되는 질문으로 예수 그리스도는 누구인가?(Wer is Jesus Christus?) 예수 그리스도는 오늘 우리에게 누구인가?(Wer ist Jesus Christus für uns heute?)라는 질문이다. 이 그리스도에 대한 이중 질문의 첫 번째 질문은 본회퍼가 1933년 「그리스도론 강의」(Christologie-Vorlesung)에서 질문한 것이고 두 번째 질문은 테겔감옥에서 제기한 질문이다. ,

예수 그리스도란 위르겐 몰트만(Jürgen Moltmann)처럼 예수라는 이름과 그리스도라는 성(姓)으로 이루어진 성명(姓名)이 아니다. 예수 그리스도란 "예수는 그리스도이다"라는 하나의 고백이다.[8] 이 고백은 그리스도교적 신앙을 집약하는 간결한 형식의 신앙고백문이며 그리스도론은 바로 이 간결한 형식의 신앙고백문의 양심적인 해설이다. "예수 그리스도에 대한 고백은 그리스도교적인 것이 무엇인가를 규명해주며 비그리스도교적인 것과의 혼동을 막아주고 그 특수성을 식별케 하는 동시에, 그 우주적인 개방성과 범세계적인 책임도 이 고백에 근거한다."[9]

본회퍼는 그리스도를 하나님의 로고스(Logos Gottes), 하나님의 말

Bd.II.Neukirchen-Vluyn, 1962.Abschnitt X,E.Brunner,Der Mittler.Zur Besinnung über den Christusglauben, Tübingen, 1927. H. Dembowski, Grundfragen der Christologie, München, 1969. W. Pannenberg, Grundzüge der Christologie, Gütersloh, 1964. J. Moltmann, Der Gekreuzigte Gott. Das Kreuz Christi als Grund und Kritik Christlicher Theologie, München, 1972. H. Küng, Christsein, München, 1974. W. Kasper, Jesus der Christus, Mainz, 1974. E. Schillebeeckx, Jesus, Die Geschichte von einem Lebenden, Freiburg, 1975. John Sobrino SJ, Christology at the Crossroads : A Latin American View, (London : SCM Press, 1978). L. Boff, Jesus Christus der Befreier, Freiburg, 1986.J. Moltmann, Der Weg Jesu Christi, Christologie in messianischen Dimensionen, München, 1989.

8) O. Cullmann, Die Christologie des Neuen Testaments, pp.134- 136. F. Hahn, Christologische Holeitstitel. 218-225. W. Girundmann u.a., Art. Χρίω in : Thw, 482-576. 특히 518ff. 참조. W. Kasper, Jesus der Christus, 14.『예수 그리스도』, 박상래 역 (분도출판사, 1983), 3판. p.14. 참조.

9) W. Kasper, Jesus der Christus, p.14. 국역 p.15.

씀(Wort Gottes)으로 규정한다. 따라서 그리스도에 관한 학문인 그리스도론은 "하나님의 말씀"에 관한 말씀의 학문이다. 그리스도론은 로고스학(Logologie)이다. 본회퍼는 다른 학문과 그리스도론과 다른 점을 밝히기 위하여 그리스도론의 특성을 이렇게 로고스학문이며 인격과 초월성을 지닌 뛰어난 학문이라고 본 것이다. 그리스도론은 말씀이 인간이 되신 것, 즉 외부로부터 초월성을 통해 학문의 중심이 된다. 그러므로 말씀이 육신이 되신 로고스는 인격이며 이 인간은 초월자이다.[10] 이 인격이며 초월자인 그리스도에 대하여 알기 위하여 그리스도론적 질문의 출발점은 "예수 그리스도는 누구인가"라는 질문이다.

본회퍼는 「그리스도론 강의」에서 그리스도론을 이끌어 가는 질문은 "어떻게-질문"(Wie-Frage)이 아니라 누구-질문(Wer-Frage)이라고 하였다. 그리스도가 누구인가라는 질문의 형식은 "당신은 누구이며, 당신은 하나님 자신인가?"(Wer bist Du, bist Du Gott Selbst)라는 질문이다. 이 "누구"(Wer)에 관한 질문은 초월성(Transzendenz)에 관한 질문이고 "어떻게"(Wie)에 관한 질문은 내재성(Immanent)에 관한 질문이다. 왜냐하면 "어떻게"(Wie)에 관한 내재적 질문으로는 성육신한 아들(Sohn)을 파악할 수 없기 때문이다.[11]

"누구-질문"(Wer-Frage)는 몇 가지 특성을 나타내고 있다.

첫째, 초월의 질문인 누구의 질문은 다른 사람의 타자성을 표현

---

10) DBW 12, p.281.

11) 본회퍼에게 초현세성(Überweltlichkeit), 피안성을 의미하는 초월성(Transzendenz)과 현세성(Innerweltlikeit)과 차안성을 뜻하는 내재성(Immanenz)의 관계는 중요하다. 본회퍼는 그의 윤리(Ethik)에서는 초월의 존재가 이 세상의 현실로 오신 것을 성육신문제를 가지고 설명하였고,(DBW 6,Ethik, p. 31ff.) 테겔감옥의 편지에서 본회퍼는 말한다: "초월성이 내재성에 봉사한다. 이 세상을 넘어선다는 것은 이 세상을 위하고자 하는 것이다."(Widerstand und Ergebung ,p.184).

하는 동시에 존재의 질문(Existenzfrage)이다. 이것은 한계성을 지닌 존재에 관한 질문을 의미한다.

둘째, "누구–질문"은 다만 종교적인 질문이다. 이것은 이웃을 위한 사랑에 관한 질문이다. 초월성의 질문과 존재의 질문은 이웃사랑에 대한 질문이요, 이 질문은 인격의 질문이다.[12] 본회퍼는 어떻게(Wie)에 대한 질문은 우리 자신의 권위에 대한 우리의 속박이다. 이것은 루터(M. Luther)가 말한 "자기 안에 구부러진 마음"(cor curvum in se)[13]이다. 본회퍼는 이 두 질문을 아담에게 비유하여 말하기를 "당신은 누구입니까"라는 질문을 한다면 순종하는 아담의 언어로 말하는 것이지만 어떻게(Wie)라는 질문을 하게 되면 타락한 아담을 생각하게 된다고 하였다.[14]

본회퍼는 그리스도론과 교회의 상호 필수불가결한 관계에 대하여 말하기를 "그리스도적 물음은 학문적으로 오직 교회의 영역내에서만 제기 될 수 있다. 그것도 하나님의 말씀이라는 그리스도의 주장이 견지되는 전제하에서만 그렇게 될 수 있다"고 하였다.[15] 누구라는 질문은 그리스도의 존재(Sein), 본질(Wesen)과 본성(Natur)에 관한 질문이다. 그리스도론적 질문은 본질적으로 존재론적인 질문이다. 이 질문의 목적은 어떻게–질문(Wie-Frage)과 사실–질문(Daß-Frage)은 마치 스칠라(Scylla)와 카리브디스(Charybdis)의 두 암초 같은 진퇴양난의 상황에서 혼란없이 누구(Wer)의 존재론적 구조를 만들어

---

12) DBW 12, p. 282f.
13) M. Luther WA 56, 304, pp. 30–35, 6. 본회퍼의 *cor curvum in se (Das in sich verkrümmte Herz)*에 관하여 : Yohan Hyun, *The Holy Spirit and the Problem of the cor curvum in se in Dietrich Bonhoffer's Early Theology, Princeton, New Jersey*, 1992. Diss.
14) DBW 12, p. 283.
15) DBW 12, pp. 283–284. 「그리스도론」 p. 15.

내는가에 있다. 고대교회는 "어떻게-질문"(Wie- Frage), 계몽주의 이후의 근대신학에서는 사실-질문(Daß-Frage)에 부딪쳐 난파되었다. 루터, 바울과 신약성서에서는 중간입장을 취하여 중심을 통과하여 나갔다.[16)]

본회퍼에게 그리스도론적 질문은 계시된 하나님의 로고스로서 그리스도 인격의 존재에 관한 존재론적 질문이다. 누구라는 질문은 신앙 안에서 가능하다. 본회퍼는 칼케톤 신조를 받아들였다. 예수 그리스도의 신성과 인성, 신-인 인격을 가진 존재로 인정한 것이다. 본회퍼는 그리스도론적 질문은 구원론적 질문 보다 앞서는 우선성(Priorität)이 있다고 하면서 멜랑히톤(Melenchton)이 그의 신학총론(Loci Communes 1521)에서 말한 그리스도론은 구원론이라고 한 것을 반대하였다. "그의 선행을 아는 것이 그리스도를 아는 것이다. 그것을 가르치고 성육신의 종류와 그의 본성을 보는 것이 아니다" 라고 하였다. 여기로부터 그리스도론적 질문이 구원론적 질문으로 환원되었다. 여기에서 "누가" 그리스도인가 하는 것은 오직 그의 사역에서 알 수 있게 된다. 슐라이어마허(Schleiermacher)와 리츨(Ritschl) 이 이 견해를 따랐다.[17)] 루터가 인격이 선하면 사역도 선하다고 하였듯이[18)] 본회퍼는 사역이 인격을 해석하는 것이 아니라 인격이 사역을 해석한다고 하였다.[19)] 누구인지를 안다면 그가 한 행위에 대해서도 알게 된다. 따라서 누구-질문은 구원론적 질문에 앞서 그리

---

16) DBW 12,pp. 284-285.
17) Vgl. F. Schleiermacher, Der Christliche Glaube, §93-99. A. Ritschl, Rechtfertigung und Versöhnung.
18) Vgl. WA 7, p.32, pp.4-18.
19) DBW, p. 12, 289-290, CV, p.17.

스도론적 질문의 신학적 우선성을 보증한다.

본회퍼는, 성육신은 익명(incognito)의 사건이었기 때문에 그의 사역으로 예수의 인격을 인식하는 것을 불가능함을 주장하였다.[20] 그리스도의 현존은 육신의 모습 안에 숨겨져 있다. "완전한 역사적 그리스도의 인격적 존재구조가 그리스도론의 대상이다."[21]

III. 예수 그리스도 : "나를 위한(pro me)" 그리스도

본회퍼는 현존하는 그리스도(gegenwärtiger Christus)의 모습을 나를 위한(pro me) 그리스도와 우리를 위한(pro nobis) 그리스도로 이해하였다. 이 문제와 연관시켜 인격(person), 역사(Geschichte), 대리행위(Stellvertretung), 사회성(Sozialität)의 중요한 주제들을 논의할 수 있다. 본회퍼는 예수를 십자가 달리고 부활한 분으로서 현존하는 역사적 그리스도로서 파악하였다.[22] 여기에서 현존이라는 말은 시간적, 장소적 개념으로서 지금, 여기에서(nunc et hic)[23] 그리스도는 인격으로서 교회 안에 현존하고 있다.[24] 그리스도는 교회에서 신-인간-인격(Gott-Mensch-Person)으로 현존한다.

---

20) DBW 12, p.291.
21) DBW 12, p.291.
22) DBW 12, p.291.
23) 본회퍼는 hic et nunc라고 보통 쓰는 말을 nunc et hic(jetzt und hier)라고 순서를 바꾸어 사용하고 있다.
24) DBW 12, p.292.

교회에서 말씀이 선포되고 성례전이 집행되기 때문에 그리스도에 관하여 물을 수 있다.[25] 여기서 근본적 질문은 어떠한 인격적 구조에 의해서 그리스도가 교회에서 현존하게 되었는가 하는 것이다. 본회퍼는 그리스도를 신-인간의 나를 위한 구조(pro-me-Struktur)로서의 인격구조(Personstruktur)로 표현하고 전개하였다. "그리스도는 나와의 관련성 속에서 그리스도이다. 그리스도-존재는 나를 위한 존재이며, 이 나를 위한 존재(pro-me-Sein)는 작용이나 우연이 아니다. 인격 자신의 존재로서 이해되어야 할 것이다. 인격 핵 자체가 나를 위한 것이다. 이 그리스도의 나를 위한 존재는 역사적이거나 존재적 언명이 아니라 존재론적인 언명이다. 즉, 그리스도는 그 안에서 즉자적 존재(an-sich Sein)로 생각되어질 수 없고 오직 나에 대한 그의 관련성 안에서만 생각될 수 있다. 그리스도는 실존적 관계 안에서만 생각될 수 있다. 다른 표현으로 하면 그리스도는 그에 대한 실존적 관계와 동시에 공동체 안에서만 생각될 수 있다."[26] 현존은 교회 안에서 말씀과 성례전과 공동체로서 세 가지 모습을 가지고 있다. 본회퍼는 루터(Luther)와 멜랑히톤(Melanchton)의 주장을 받아들였다. "그리스도의 출발점은 신-인(Gott-Mensch)이어야 한다." 공간-시간은 그리스도의 인간적 규정뿐만 아니라 신적인 규정이다. 공간-시간적으로 현존하는 신-인은 육체의 모습(ὁμοίωμα σαρκός, Gestalt des Fleisches 롬 8:3) 속에 숨기운다. 그리스도의 현존은 은폐된 현존이다. 그러나 하나님이 인간 속에 숨긴 것이 아니라 전체로서

---

25) 본회퍼는 아우구스부르크 신앙고백(Confessio Augustana)제7조를 따르고 있다. "교회는 복음이 순수하게 선포되고 복음에 일치되게 성례전이 공공연히 거행되는 신자들의 회합을 가르친다."

26) DBW, pp. 295-296.

신-인이 숨기운 것이다. 게다가 은폐의 원리는 육체의 모습(ὁμοίωμα σαρκός)이다.[27] 본회퍼는 나를 위한(pro me) 그리스도의 문제에 대해 루터(Luther)와 멜랑히톤(Melanchton)의 견해를 받아들인다. 루터는 "하나님이 거기에 계실 때와 그가 너를 위해 거기에 계실 때와는 다른 것 일 뿐이다"[28]라고 하였다. 그리스도가 그 자신을 위한 분이라는 것에 관하여 심사숙고하는 것은 가치 없는 일이 아니라 무신적이 된다. 그 이유는 그리스도는 자신을 위하여 거기 계신 분이 아니라 너를 위하여 거기 계신 분이기 때문이다. 이것으로부터 멜랑히톤이 그리스도론을 어떻게 방어하고자 하였는지를 이해할 수 있다. 멜랑히톤은 "하나님과 그리스도는 오직 나를 위한 그리스도라고 처음문장을 시작하지 않은 모든 신학과 그리스도론은 비난받아야만 한다"고 하였다.[29] 당시의 신학은 이것에서 이탈하였고 독립적인 현존(Dasein)에다 너를 위한 존재를 증발시켜 버리거나 그리스도의 행위와 영향만을 쳐다보게 되었다. 나를 위한 존재로서 그리스도의 현존은 그의 현실적인 "나를-위한-존재"(Für-mich-Sein)이다.

나를 위한 구조는 새로운 인간성에 대한 그리스도의 관계를 위한 3중의 것을 의미한다. 첫째, 나를 위한 구조는 예수의 역사성과 관련이 있다. 왜냐하면 나를 위한 예수 그리스도는 그를 따르는 형제들의 창시자요, 머리요, 첫 열매이기 때문이다. 예수 그리스도는 다른 사람에 대한 창시자라는 의미에서 나를 위한(pro me) 존재이다.

둘째, 예수 그리스도는 나를 위한 구조 때문에 대속적 존재가 된

---

27) DBW 12, pp.294-295.
28) WA 23, pp.150-151, p.13f.
29) DBW 12, p.296.

다. 예수 그리스도는 그의 형제의 자리에 대신 있었던 자로서 그의 형제를 위한 존재이며 하나님 앞에서 새로운 인간성을 의미한다. 예수 그리스도는 "나를 위한" 구조를 통해서 인류가 마땅히 있어야 될 장소에 대속적 존재로 서 있다.

예수 그리스도는 공동체(교회. Gemeinde)이다. 그는 공동체만을 위해 일한 분이라기보다 그분 자신이 공동체적 존재로 십자가를 지고 죄를 담당하고 죽었다. 차라리 예수 그리스도 안에서 인류가 십자가에 달려죽고 심판 받은 것이다.

셋째, 예수 그리스도는 새로운 인간성으로 행동하였기 때문에 새로운 인간성은 그 안에 있고 그는 새로운 인간성 안에 있다.

새로운 인간성은 그 안에 있기 때문에 하나님은 예수 그리스도 안에서 인류를 향해 은총을 베풀었다. 이 하나이며 완전한 인격인 신-인 예수 그리스도는 나를 위한 구조 속에 말씀으로서 성례전으로서 공동체(교회)로서 현존하고 있다.[30]

더 나아가 본회퍼는 예수 그리스도의 나를 위한 구조(pro-me-Struktur)가 세 가지 차원에서 현존하고 있다고 상술하고 있다. 하나이며 온전한 인격인 신.인 예수 그리스도는 그의 나를 위한 구조와 교회 안에서 말씀으로서 성례전으로서 공동체로서 현존하고 있다.[31]

본회퍼는 「그리스도론 강의」에서 나를 위한 그리스도 정식(定式, pro me Christi Formel)을 우리를 위한 그리스도(pro nobis Christi)로 바꾸었다.

본회퍼는 후에 테겔감옥에서 예수 그리스도를 타자를 위한 인간 (Mensch für andere), "타자를 위한 존재" 예수("Für-andere-da- Sein" Jesu)

---

30) DBW 12, pp.305-306.
31) DBW 12, p.297.

라고 표현하였다. 이것은 다른 말로 표현하면 "타자를 위한"(pro ali-is) 그리스도를 의미한다. 본회퍼는 「그리스도론 강의」에서 제시한 "나를 위한 그리스도", "우리를 위한 그리스도"를 변형시켜서 "타자를 위한 그리스도"로 전환시킨 것이다. 이러한 사실에서 분명히 밝혀지는 것은 본회퍼는 pro nobis를 가지고 pro me를 보충하고 그후 pro nobis를 가지고 pro aliis로 대치시켰다.[32] 여기서 중요한 것은 나를 위한 그리스도(pro me)와 우리를 위한 그리스도(pro nobis)는 사회성(Sozialität)과 대리행위(Stellvertretung)를 나타낸다. 나를 위한 그리스도, 우리를 위한 예수 그리스도는 나와 우리를 대리한다는 사실을 의미하고 예수 그리스도의 대리행위 그 자체는 사회성(Sozialität)을 나타낸다.[33] 대리행위는 나를 위한 것뿐만 아니라 우리를 위한 것과 연관된다.[34]

Ⅳ. 예수 그리스도 : 중심과 중보자

본회퍼는 그리스도의 모습을 말씀, 성례전, 공동체로서 존재하

---

32) Vgl. E. Feil, Die Theologie Dietrich Bonhoeffers, 175. p. 210.

33) 본회퍼의 사회성(Solidarity)에 관하여 : C. J. Green, The Sociality of Christ and Humanity : Dietrich Bonhoeffer's Early Theology, 1927. p. 33. Union Theological Seminary Diss. New York, 1972.

34) Vgl. E. Feil, Die Theologie Dietrich Bonhoeffers. 175. 루터에게 있어서 우리들 밖에서(extra nos)는 pro nobis로 해소되는 것이 아니라 pro nobis는 extra nos안에 근거되어 있다. 종교개혁자들이 말한 pro me는 extra me 안에 근거되어 있다. 본회퍼는 extra me를 항상 그리스도의 인격존재의 초월성을 추구하였다. E. Bethge, Christologie und "Religionsloses Christentun" bei Dietrich Bonhoeffer, p. 92 p. 96.

는 그리스도라고 규정한 다음 그리스도가 서있는 위치에 대하여 말하였다. 본회퍼는 예수 그리스도를 중심(Mitte)과 중보자(Mittler)로서 규정하였다. 본회퍼 "중심"에 관한 문제를 그의 1932/33년 겨울학기에 행하여졌던 「창조와 타락」(Schöpfung und Fall)"의 강의에서도 중요하게 다루어지고 있고, 1933년 「그리스도론 강의」(Christologie-Vorlesung)에서 중심개념을 더 상세하게 다루고 있다.[35]

본회퍼는 그리스도가 있는 장소를 인간존재의 중심, 역사의 중심, 자연의 중심이라고 하였다. 중심개념(Mittebegriff)은 그리스도의 누구-구조(Wer-Struktur)안에서 어디-구조(Wo-Struktur)에 관한 질문으로 그리스도가 서있는 장소에 관하여 묻는 것이다. 즉, 누구-질문(Wer-Frage)이 아니라 어디-질문(Wo-Frage)과 관계된다. 그리스도는 어디에 있는가?의 질문에 답을 하는 것이 중심(Mitte)의 문제이다. 본회퍼는 중심문제를 인격의 영역에서 다루고 있고 예수 그리스도의 인격으로부터 중심개념을 이끌어내고 있다. 그리스도의 인격의 본질은 시간적 공간적으로 존재되어야 한다. 말씀과 성례전과 공동체 안에 있는 현존자는 인간의 존재, 역사 그리고 자연의 중심 안에 존재한다.

중심 안에 존재자는 그의 인격구조에 속한다.[36] 본회퍼는 예수 그리스도의 인격을 강조한다. 필연적인 결과로서 시간과 공간의 문제가 따라온다. 시간-공간의 구체성은 그리스도의 인격의 본질에 속한다. 그리스도에게 인간의 삶의 세계의 구체적인 장소가 그

---

35) Schöpfung und Fall, 91ff. DBW 3, pp.81ff. Hans-Jürgen Abromeit, Das Geheimnis Christi, p.259.
36) DBW 12, p.307.

가 본질적으로 관계하는 장소이다. 즉, 인간 자신, 사회, 역사, 자연에 관계한다. 시간적-공간적 구체성은 그리스도의 인격의 본질에 속한다.[37] 본회퍼는 주장하였다. "그리스도는 나를 위한 현존재로서 중보자이다"[38] 그리스도가 중보자(Mitter)라고 하는 것은 그리스도의 본질과 그의 존재방식을 말한다.[39] 본회퍼에게 있어 중보자는 그의 중요한 사상인 대리행위(Stellvertretung)를 의미한다. "그리스도는 오직 신적인 행동과 그의 대리행위에 의해서만 중심이다."[40] "중심으로서 그리스도"(Christus als Mitte)의 명칭은 어디-질문(Wo-Frage)의 답한 것이고 중보자로서 그리스도는 누구-질문(Wer-Frage)에 답한 것이다.

그리스도를 중보자(Mitter, Mediator)로 보는 것은 그리스도론에 핵심적인 주제이다. "중보자는 모든 기독교신학의 기초가 되고 포괄하고 함축적으로 말할 수 있는 그리스도론의 근본이다. 그리스도는 하나님과 인간 사이에 관계를 포괄적으로, 그리고 결정적으로 순수하게 정립할 수 있는 하나이며 유일한 중보자이다. 중보자라는 명칭을 완전히 이해한 사람은 전체 그리스도론을 이해할 수 있을 것이다. 왜냐하면 그리스도론에서 말하고자 하는 모든 것은 이 중보자 명칭의 전개 안에서 말해질 수 있기 때문이다."[41]

에밀 브루너(Emil Brunner)는 중보자를 주제로 그리스도론을 1927년에 『중보자』(Der Mitter)로 출판했다. 브루너는 여기에서 다음과 같

---

37) H. J. Abromeit, Das Geheimnis Christi, p.259.

38) DBW 12, p.307,

39) DBW 12, p.307,

40) H. J. Abromeit, Das Geheimnis Christ, p.260.

41) H. Ott, WirklichKeit und Glaube, p.340.

이 말하고 있다. "예수 그리스도에 대한 신앙이 기독교신앙이다. 모든 기독교신앙의 중심과 근거는 중보자인 예수 그리스도에 대한 신앙, 그리스도론이다."[42] 중보는 관계성 그리고 신앙과 연관된다. 중보란 하나님과 인간의 관계가 가능케 하며 신앙이 중보자를 가능케 한다. "하나님의 말씀이 성육신 말씀 속에서 성취되듯이 신앙은 중보자 신앙에서 성취된다."[43]

중보자(μεσίτης)는 신약성서에는 적게 나온다.(히 8:6, 9:15, 12: 24, 딤전 2:5, 갈 3:19-20, 욥 9:3) 신약성서의 대표적 성경구절은 디모데전서 2:4-6이다. "하나님은 모든 사람이 구원을 받으며 진리를 아는데 이르기를 원하시느니라, 하나님은 한 분이시요 또 하나님과 사람 사이에 중보도 한 분이시니 곧 사람이신 그리스도 예수라. 그가 모든 사람을 위하여 자기를 속전으로 주셨으며 기약이 이르면 증거할 것이라."

신약성서에서 사용하는 중보자(μεσίτης)는 랍비적 사상에서 유래한 것이고 법률적인 견해를 가진 용어이다. 이 말은 중개인이나 중재자를 나타낸 말이다. 그래서 중보자의 형상에서 모세의 구원사적 역할의 어떤 것을 생각하였고, 신약성서에서 그 사용의 빈도수가 적을지라도 그리스도 지향적인 신학의 보편적인 주제의 표현이 되었다.[44] 중보자라는 표현은 계시의 중보자와 구원자, 화해자의 임무를 수행하는 것으로 사용되었다. 예수 그리스도에 붙여진 칭호는 그리스도, 주, 인자, 하나님의 아들, 하나님의 종, 제사장, 보혜사,

---

42) Emil Brunner, Der Mitter, Zur Besinnung über den Christusg-lauben, Tübingen, 1927. p.203.
43) Ibid.
44) Ibid.

'아들'이라고 하였다.[45]

루터교도인 본회퍼는 지금까지 루터교도보다는 개혁교회에서 우세하게 사용하여 정착된 중보자라는 명칭을 사용하는 것을 꺼리지 않고 그의 그리스도론의 요점으로 만들었다.[46] 여기에서 본회퍼가 사용하는 중보자는 제사장 직무(munus sacerdotale)로서 그리스도의 삼중직무론(Lehre von munus triplex Christi)과 연관시켰다. 중보자로서 그리스도는 화해를 만드는 사제이다. 본회퍼는 예수의 중심존재(Mittesein)를 그리스도의 주권(Herrschagf Christi)의 해석으로 이해한다. 따라서 중보자의 명칭은 제사장직무(munus sacerdotale)로 제한할 수 없고, 왕의 직무(munus regium)의 함축으로써 파악하여야 한다는 것이다.[47] 여기서 중요한 것은 그리스도의 대속적인 행위와 관련하여 중보자로서의 역할이다. 그리스도는 형벌의 고통을 통하여 중보자가 되었다. 그러고 나서 그리스도는 신-인간-관계(Gott-Mensch-Relation)안에서 뿐만 아니라 인간적인 연대성과 자연에 대한 하나님의 관계(Beziehung Gottes)안에서 중보자이다.

본회퍼는 그리스도를 중심(Mitte)뿐만 아니라 한계(Grenze)라고 표현하였다. 그리스도는 중심인 동시에 한계이다. 예수 그리스도는 내 실존의 경계에 그리고 내가 넘어갈 수 없는 한계 안에 있으며 재발견되는 새로운 중심 안에 있다. "이 한계는 낡은 나와 새로운 나 사이에 따라서 나와 나 사이의 중심 안에 놓여 있다. 한계로서 그리

---

45) Vgl. F. Hahn, Christologische Holeitstitel. O. Cullmann, Die Christologie des Neuen Testaments.

46) 칼빈 그리스도론의 중심에 그리스도의 중보자가 놓여있다. Vgl. O. Weber, Grundlagen der Dogmatik II, 149, 198ff. 5 Auflage, 1997.

47) H. J. Abromeit, Das Geheimnis Christi. p.292.

스도는 동시에 나에게 재발견되는 중심이다."[48] 여기서 본회퍼가 의도한 바는 이 한계는 우리가 쉽게 결합시킬 수 있는 원의 지리적 중심이 아니라 죄에 물든 낡은 나와 그리스도 안에서 새로운 인간인 나 사이, 하나님과 인간 사이의 "중심 사이"(Mitte Zwischen)에 관한 것이다.[49] 인간존재 중심으로서의 그리스도는 아담 안에서 피조된 인격과 그리스도 안에서 새롭게 창조된 인격 사이에 연속성과 동일성을 보증한다. 그는 오직 신앙 밖의 옛 존재와 신앙 속에 새로운 존재 사이의 중심에서 서 있다. "역사의 중심이자 동시에 한계인 그리스도는 역사적 사건과 동시에 역사의 끝을 위에 존재한다. 즉, 종말(Eschaton)이다. 자연의 중심과 한계인 그리스도는 종이 되고 착취된 자연은 그리스도 안에서 희망과 자유를 발견한다.[50]

그리스도는 나를 위한 현존재로서 중보자이다. 이것은 그리스도의 본질과 그의 존재방식이다. 나를 위한 그리스도(pro-me Christi)는 어디-구조(Wo-Struktur)를 갖는다. 중보자는 존재와 역사와 자연의 중심으로서 이해될 수 있는 것에서 증명되어야만 한다.[51]

본회퍼는 중심으로서의 그리스도(Mitte als Christus)를 예수 그리스도의 인격에서 이끌어내고 있다. 이것은 그리스도의 구체적 장소에 대한 질문을 하기 위해서이다.[52] "그리스도 인격의 본질은 시간적, 공간적으로 중심에 존재되어야 한다. 말씀, 성례전 그리고 공동체 안에 현존자는 인간존재, 역사와 자연의 중심 안에 존재한다. 중심

---

48) DBW 12, 306.
49) H. J. Abromeit, Das Geheimnis Christi, p.260.
50) Ibid. pp.260-261.
51) DBW 12, p.307.
52) U. J. Abromeit, Das Geheimis Christi, p.259.

안에 존재는 그의 인격 구조에 속한다."[53)

따라서 본회퍼에 의하면 예수 그리스도는 중심에서 삼중적으로 존재한다. 다시 말하면 예수 그리스도는 인간적 실존의 중심과 역사의 중심, 자연의 중심으로서 존재한다.

첫째, 그리스도는 인간존재의 중심이다. 그리스도가 인간존재의 중심이라는 말은 존재론적, 신학적 특성을 지닌 것을 의미한다. 그 것은 우리들의 인격성과 관련되는 것이 아니라 하나님 안의 우리의 인격과 관계되어지기 때문이다.[54)

본회퍼는 그리스도론적 존재론을 인격범주에 결합시켰다. 하나님의 존재는 그의 인격존재이다.[55) 인간적인 인격존재는 하나님의 인격존재의 밖에서나 그리스도의 현실 없이 규정되어질 수 없다. 왜냐하면 인간존재는 오직 "그리스도 안에서"만 존재하기 때문이다.[56)

"그리스도가 우리의 존재의 중심이라는 것은 그가 우리의 인격, 사고, 감정의 중심이 아닐 것이라는 것을 의미한다. … " 이러한 진술은 심리학적이 아니라 존재론적, 신학적 특성을 의미한다. 왜냐하면 우리의 인격성이 아니라 하나님 앞에 우리의 인격과 관계되기 때문이다.[57)

중심은 타락된 사회에서 동시에 한계(Grenze)이다. "인간은 율법과 성취 사이에 있다. 인간은 율법의 성취가 가능하지 않은 법을 가졌다. 중심으로서 그리스도는 성취된 법을 의미한다. 따라서 중심

---

53) DBW 12, p.307
54) DBW 12, p.307
55) Vgl. Akt und Sein, p.94.
56) R. Mayer, Christuswirklichkeit, p.158.
57) DBW 12, p.307. 「그리스도론」, p.47.

으로서의 그리스도는 인간에 대한 한계와 심판이다. 그러나 그리스도는 실존의 마지막, 즉 한계일 뿐 아니라 중심이라고 불리는 새로운 실존의 시작이다. 그리스도가 우리의 실존의 중심이라고 하는 것은 그리스도가 심판인 동시에 의인(義認 Rechiferfigung)이라는 것을 말한다." [58]

둘째, 그리스도는 역사의 중심과 중보자이다. 본회퍼는 강조하기를 "그리스도는 역사존재의 한계(Grenze)와 중심(Mitte)이다. 역사가 서 있어야 하는 곳에서 그리스도가 하나님 앞에 서 있다. 따라서 그리스도는 역사의 중보자(Mittler der Geschichte)이다." [59]

본회퍼는 역사철학적인 관점에서 역사의 문제를 다루지 않고 신학적으로 다루고 있다. 여기에서 역사는 전통적으로 사용된 현실(WirklichKeit), 세계(Welt)와 같은 의미이다. 그리스도가 세계의 주(Herr der Welt)를 의미한다. 역사는 그리스도의 주권(Herrschaft Christi)의 영역이다. 본회퍼는 단순히 개인의 차원이 아니라 그리스도 주권의 차원에서 역사의 중심으로서 그리스도를 말하고자 하였다. 따라서 "역사의 중심으로서의 그리스도"라는 말은 사회적이며 역사적 차원에서 그리스도의 존재방식을 이해하여야 한다. 개인적이나 무시간적으로가 아니라 사회적인 실존역사(Soziale Existenzgeschichte)로 이해되어져야 한다. [60]

---

58) DBW 12, p.307

59) DBW 12, p.309.

60) Vgl. H. J. Abromeit, Das Geheimnis Christi, p.277, CV, p.44. 본회퍼의 중심개념을 헤겔의 종교철학의 영역 안에서 연관시켜 쓴 논문: O. Bayer, "Christus als Mitte Bonhoeffers Ethik im Banne der Religionsphilosophie Hegels", Berliner Theologische Zeitschrift, 2 Jahrgang Heft 2, 1985, pp. 259-276.

본회퍼는, 역사는 본질적으로 메시아적 역사이며 역사의 의미를 메시아의 오심으로 규정하고 역사는 약속과 성취 사이를 살아가고 있다고 하였다.[61] 역사는 어디로부터 그의 의미를 얻는가? 역사의 의미는 십자가사건과 낮아진 그리스도에게서 성립한다.[62] 역사의 약속은 그리스도 안에서 성취된다.

교회와 국가의 관계를 하나님의 통치의 두 가지 방식으로 보는 루터처럼 그리스도는 교회와 국가의 이중의 모습 안에서 현존한다. 루터는 국가를 하나님 나라의 왼손으로 보았다.[63] 역사의 중심으로서 그리스도는 교회의 모습 안에서 국가와 하나님 사이의 중보자이다. 또한 똑같이 역사의 중심으로서 교회와 하나님 사이의 중보자이다. 왜냐하면 교회가 역사의 중심인 한 그리스도는 교회의 중심이기 때문이다.[64]

셋째, 예수 그리스도는 하나님과 자연 사이의 중심이다. 이것은 하나님과 자연 사이의 화해자로서 그리스도를 의미한다.[65]

요약하자면 인간실존의 중심으로서 그리스도는 전체적인 생명 관계들을 포함한다. 왜냐하면 인간실존은 언제나 동시에 역사와 자연이기 때문이다.[66] 따라서 그리스도는 역사와 자연의 중심이다.[67] 율법의 완성자요 창조의 해방자로서 중보자는 전체의 인간존재를

---

61) DBW 12, p.308.

62) DBW 12, p.308.

63) Vgl. WA 1, 692, pp.8-12, WA 36, p.385, pp.6-11.

64) DBW 12, p.310.

65) 여기에 관해서 다음 저서를 참조 : J. Moltmann, Gott in der Schöpfung. Ökologische chöp-fungslehre, 1985. J. Moltmann, Der gekrenzigte Gott, Das Krenz Christi als Grund und Kritik christlicher Theologie, München, 3 Aufl. 1973. Besonders Kapitel VII, pp.310ff.

66) DBW 12, p.309.

67) DBW 12, pp.307-311.

위한 모든 것이다. 그는 중보자이고, 나를 위한 분이다. 중보자로서 그리스도는 타락된 옛세계의 마지막과 동시에 하나님의 새세계의 시작이다.[68]

그리스도가 중심과 중보자인 것은 "그리스도가 주(Lord)일 뿐 아니라 신적이며 인간적인, 인격적이며, 사회적인 하나님의 사랑의 말씀(Word of God's Love)이다."[69]

V. 예수 그리스도 : 낮아진 자로서 인간이 되신 분

그리스도론의 문제 중 하나는 예수론과 그리스도론 사이에 일어난 논쟁이다. 티베리우스 황제시대에 팔레스틴에 등장하였고 지방 장관 본디오 빌라도에 의하여 십자가에 달린 예수가 참된 예수인가 아니면 그의 공동체의 부활된, 선포된 그리고 신앙된 그리스도가 참된 예수인가 하는 것이다. "선포하는 예수가 어떻게 선포된 그리스도로 되었는가 하는 역사적 그리고 해석학적 문제는 근본적으로 그리스도론의 문제이다. 이 문제는 죽은 자가 어떻게 산자로 십자가에 달린 그분이 어떻게 부활된 자로 비하된 자가 어떻게 고양받는 자로 되었는가 하는 문제이다."[70] 또 하나의 문제는 예수 그리스도의 신성과 인성문제, '한 인격 속의 두 본성론'의 문제이다. 더 나

---

68) DBW 12, p.311

69) G.B.Kelly, Liberating Faith, Bonhoeffer's Message for Today (Augsburg Publishing House : Minneapolis, 1984), p.42.

70) J.Moltmann, Der Gekreuzigte Gott, 116f. 국역. 김균진 역.『십자가에 달리신 하나님』, p.131

아가서 또 다른 문제는 그리스도의 방법론의 문제로서 위로부터 그리스도론(하향적 그리스도론)과 아래로부터 그리스도론(상향적 그리스도론)이다.

본회퍼는 위의 문제들을 역사적 예수의 문제로 그리고 비판적 부정적 그리스도론에서 이단의 문제를, 긍정적 그리스도론에서 성육신과 비하되고 고양된 분, 즉 낮아지고 높아진 분에 대하여 다루고 있다.

'역사적 예수'에 관한 논의는 역사적 예수와 케리그마의 그리스도의 문제이다. 이 문제를 제기하고 논의에 참가한 사람은 라이마루스(H. S. Reimarus), 슈튜라우스(D. F. Strauß), 브레데(W. Wrede), 켈러(M. Kähler), 슈바이처(A. Schweitzer), 불트만(R. Bultmann)에 이어 케제만(E. Käsemann)이 1953년 「역사적 예수의 문제」(Das Problem des historischen Jesus)를 주제로 강연한 후 보른캄(G. Bornkamm)푹스(E. Fuchs) 에벨링(G. Ebeling) 로빈슨(J. M. Robinson) 등이 이 문제에 참여하였다.[71]

본회퍼는 현존하는 그리스도(der gegenwärtiger Christus)가 역사상의 그리스도(geschichtlicher Christus)이며, 이 역사상의 그리스도가 역사적 예수(historischer Jesus)라고 단언하였다. 만일 이것이 사실이 아니라면 바울의 말처럼 우리의 믿음이 헛 것(고전 15:17)일 것이라고 본회퍼는 강조하였다.[72]

---

71) A. Schweitzer, Geschichte der Leben-Jesu-Forschung, 1906. p.9 Aufl. Tübingen, 1984. E. Käsemann, Das Problem des Historischen Jesus. (1953) in : Exegetische Versuche und Besinnungen, Göttingen, 6 Aufl. 1970. G.Bornkamm, Jesus von Nazareth, Stuttgart, 1956. E. Fuchs, Zur Frage nach dem historischen Jesu, Gesammenlte Aufsätze, II, 1960. G. Ebeling, Kerygma und historischer Jesus, 1962. J. M. Robin- son, Kerygma und historischer Jesus, 1960. R. Bult mann, Zur Frage der Christologie, in : Glauben und Verstehen.

72) DBW 12, p.311.

본회퍼는 자유주의신학의 견해에 반대한다. 자유주의신학에서는 공관복음서의 예수와 바울의 그리스도 사이의 구별을 시도한다. 본회퍼는, 이것은 교리적으로 역사적으로 불가능하다고 하였다.[73] 그 이유는 예수와 그리스도 사이에 구별이 가능하다면 교리의 선포는 환상일 것이기 때문이다.

본회퍼는 예수와 그리스도를 구별하는 자유주의신학은 실패하였다고 단정 짓는다. 자유주의신학에서는 그리스도를 교회에 의해 열광적으로 신격화된 예수라고 한다. 예수는 존재나 인격에 있어서 그리스도가 아니고 자타에 대한 영향 속에서만 그리스도이다. 예수에 관한 교회의 판단은 예수 존재로부터 엄격하게 구별되어져야 할 것이다라고 자유주의신학자들은 주장하였다.[74] 이렇게 하기 위하여 역사적 예수에 대하여 학문적 연구를 하여야 할 것이다. 그들은 학문적 연구를 한 결과 믿을 만한 예수의 생애를 역사적으로 기술한다는 것은 불가능하다는 결론에 도달하였다. 알버트 슈바이처는 예수의 생애연구사의 결론으로 역사적 예수의 탐구는 불가능하다고 하였다. 즉, 브레데(Wrede)는 예수의 생애의 의미에서 역사적 예수는 생각할 수 없고 공관복음서가 교회신앙의 전제 아래서만 가능하다고 하였다.

본회퍼는 예수 그리스도의 역사적 사실을 어떻게 절대적 방법으로 확신할 수 있을까. 그는 명백하게 역사방법으로 부당하다고 한다. 역사적 연구는 절대적으로 부정될 수 없다. 왜냐하면 그것은 절대적으로 긍정될 수 없기 때문이다. 예수 그리스도의 역사성은 절

---

73) DBW 12, p.311,.
74) Vgl. A. Ritschl, Rechtgertigung und Versöhung, p.376, p.378.

대적 확신으로 부정되거나 긍정될 수 없다. 역사적 사실에 관해 역사적 확신성은 그 자체로 얻을 수 없다. 다만 역설로서 남아있다. 역사적 예수를 찾는 역사적 접근은 신앙과는 아무런 관계가 없다는 것이다.

본회퍼는 비평적 또는 부정적 그리스도론에서는 이단들에 관하여 비판한다. 예수 그리스도는 한 인격 안에 두 본성, 즉 신성과 인성을 지닌 분이다. 이 결론에 이르기까지 수많은 논쟁을 거쳐 약 300년의 시간이 걸렸다. 니케야(325년), 칼케톤(451년), 콘스탄티노플(680년)에서 교회회의가 열렸다. 니케야회의는 325년 콘스탄틴 황제가 소집하여 니케아신조를 발표하였다. 예수 그리스도는 하나님 아버지와 본체가 동일하다. "우리는 한 주 예수 그리스도를 믿는다. 그는 하나님의 독생자이시며, 모든 세상이 있기 전에 하나님으로부터 나셨으며 하나님의 하나님이시오 빛의 빛이시오 참하나님의 참하나님이시다. 그는 지으심을 받지 않으셨다. 모든 것을 지으신 아버지와 한 본체를 가지신다."[75] 칼케톤(chalcedon)회의는 451년에 모여서 칼케톤 신조를 채택하였다. 예수 그리스도는 참신이며(vere Deus) 참인간(vere homo)이라고 하였다. 한 인격 안에 두 본성(duae naturae, una person)을 가진 분이다. 칼케톤신조에 의하면 예수는 두 가지 본성을 가지고 있기 때문에 참신(vere Deus) 참인간(vere homo)이다. 두 본성이 한 인격 안에 공재하고 있는데 양자의 관계 속에서 분활되지 않고, 분리되지 않는 관계 속에서 존재한다. "그리스도는 아버지와 공체(共体)이시며(con-substantical) 사람과도 공체이

---

75) 이종성,『조직신학개론』(종로서적:1984), p.99. Bekenntnisse der Kirche, Bekenntnistexte aus zwanzig Jahrhunderten. Wuppertal, 1985. p.21.

시다. … 그는 하나님의 어머니인 처녀 마리아에게서 나시고 … 한 같은 그리스도, 아들, 주, 독생자는 두 성을 가진 것으로 인정되어야 한다. (그 두 성은) 혼돈이 없이(inconfusedly), 변동이 없이(unchangeably), 분할됨이 없이(indivisibly) 분리됨이 없이(inseparably) 존재한다. 2성 (二性)의 구별은 통일에 의해서 없어지는 것이 아니다."[76]

본회퍼는 이단론자들, 가현설, 에비온주의 단성론자와 네스토리우스 종속론자와 양태론자들의 이단을 비판한다. 그리스도의 신성의 우월을 강조하고 인성을 부인한 가현설과 인성을 강조하고 신성을 부인한 에비온주의 이단을 비판하였다. 가현설은 희랍철학의 영향을 받았고, 에비온주의는 유대주의의 영향을 받은 이단들이다.

본회퍼는 부정적 그리스도론에서 이단들에 대하여 비판을 한 후 긍정적 그리스도론에서 예수 그리스도를 성육신하신 분(der Mensch-gewordene)과 낮아지신 분과 높임을 받은 분(der Erniedrigte und Erhöhte)으로 규정하고 이에 대하여 전개하였다. 부정적(negativ)인 것이 비판적 기능을 수행한 것이라고 이해한다면 긍정적(positiv)이라는 말은 그리스도에 관한 것을 역사적 계시를 토대로 하여 말해질 수 있다는 의미이다.[77] 본회퍼는 그의 그리스도론을 십자가신학적으로 전개하였다. 그리스도의 십자가는 본회퍼신학의 중심이며 그의 신학은 처음부터 마지막까지 이와 연관되어 있다. 본회퍼는 긍정적 그리스도론에서 중심적 주제는 예수 그리스도의 성육신, 십자가 처형, 부활이다.[78]

---

76) 이종성,『그리스도론』(대한기독교출판사 1984), p.399. Bekenntnisse der Kirche, p.27f.

77) H. J. Abromeit, Das Geheimnis, Dietrich Bonhoffers erfahrungsbezogene Christologie, Neu-kirchen-Vluyn, 1991. p.227. 참조.

78) H. J. Abromeit, ibid. 본회퍼는 이 문제를 Nachfolge와 Ethik에서 발전시켜 자세히 논하고 있

하나님은 누구인가. 우리가 인간이듯이 인간이 되신 분이다. 이 인간이 되신 분이 예수 그리스도이다. 말씀이 육신이 된(요 1:14) 성육신의 이론은 본회퍼에게 예수 그리스도를 이해하는데 출발의 열쇠이다. 본회퍼는 성육신문제의 출발의 질문을 "이 하나님은 누구인가?"라는 질문으로 시작한다.[79] 이 하나님은 우리가 인간되었듯이 인간이 되신 분이다. 하나님은 완전한 인간이다. 이 인간 예수 그리스도가 하나님이다. 본회퍼는 이 인간 예수 그리스도를 하나님의 판결이며 말씀으로 이해한다. 인간 예수 그리스도는 위로부터 수직적으로 내려온 이 하나님의 말씀이 저 인간 예수 그리스도 자신이다. 따라서 예수 그리스도는 자신에 대해서 하나님의 판단이기 때문에 하나님과 자기 자신을 동시에 가리킨다. 인간 예수는 하나님으로 신앙되어진다. 예수 그리스도는 신적인 본성 안에서가 아니라 오직 신앙 안에서 하나님이다. 따라서 더 이상 발견하거나 묘사되는 방식으로 존재하는 하나님은 아니다. 신으로서 예수 그리스도가 묘사되어져야 한다면 그의 전능, 전지에 관하여 말하여 질 수 있는 것이 아니라 그의 구유와 십자가에 관하여 말하여야만 한다. 전능과 편재(Allgegenwart)가 신적 본질이 아니다. 인간 예수 그리스도를 하나님으로서 말할 때 전지전능의 특성을 지닌 신적 이념의 대표자가 아니다. 이런 하나님은 추상적 하나님이다. 그의 약함과 구유에 관한 특성에서 말해야 한다. 구유 속에 있는 어린이는 하나님이다.

다. Nachfolge의 Das Bild Christi 부분과 (DBW 4, 296-304), Ethik의 Ethik als Gestaltung (DBW 6, pp.62-90) 부분 참조.

79) DBW 12, 340. 십자가신학은 마틴 루터가 1518년 Heidelberger Disputation에서 사용한 표현이며, 이 표현을 통하여 루터는 중세의 교회적 사회가 지녔던 영광의 신학(theologia gloriae)에 반대하고 십자가에 달린 그분의 해방시키는 복음에 대한 종교개혁적 인식을 명확히 표현하고자 하였다.(WA 5, p.162, p.21.) J. Moltmann, Der gekreuzigte Gott, p.73. 국역p.82.

본회퍼는 추상적, 관념적 하나님을 배격한다.[80]

본회퍼는 강조하기를 하나님의 성육신에 관해서 말해서는 안 되고 성육신하신 분에 대해서만 말해야 한다고 하였다. 그 이유는 성육신은 어떻게라는 질문(Wie-Frage)을 야기시킨다. 이 "어떻게"라는 질문은 교의학적 동정녀 탄생론 문제를 제기한다.[81] 본회퍼는 성육신문제를 삼위일체적으로 해석한다. 성육신하신 분은 영광을 받으시는 하나님이다. "말씀이 육신이 되었고 우리는 그의 영광을 본다." 하나님은 인간 속에서 스스로를 영화롭게 한다. 본회퍼는 이것을 삼위일체의 궁극적 비밀로 보았다. 지금부터 영원까지 인간이 되신 분으로서 하나님을 본다. 인간 안에서 하나님의 영광은 동시에 인간 자신의 영광이요 삼위일체적 하나님과 더불어 영원 안에서 생명을 얻어야 하는 영광이다. 하나님의 성육신은 인간형성이 되는 속에서 그의 영광을 보는 하나님의 영광에 관한 하나님의 메시지이다.[82] 본회퍼는 성육신은 오직 피조물 안에서 창조주의 계시를 뜻한다고 하였다.[83] 헤겔처럼 하나님의 성육신이 하나의 관념으로부터 어떤 삼위일체적 관념으로부터 추론하는 것은 잘못된 것이라고 하였다.[84] 하나님의 영광으로서 하나님의 성육신을 말한다면 추상적인 하나님의 관념을 의미하지 않는다. 따라서 성육신론이 추상적으로 근거되어진 모든 하나님관념은 불가능하다. 왜냐하면 창조주

---

80) DBW 12, p.341.
81) DBW 12, p.341.
82) DBW 12, p.342.
83) DBW 12 p.342.
84) DBW 12, p.342. Vgl. Hegel, Philosophie dr Geschichte, 416, Philosophie der Religion, 26-229. H. Küng, Menschwerdung Gottes. Eine Einführung in Hegels Theologisches Denkens als Prolegomena zu einer künftigen Christologie, Freiburg.

와 피조물까지의 관계는 필수적으로 생각되어지며, 예수 그리스도 안에서 가시적인 하나님의 영광은 십자가에 달린 자의 성육신하신 자이다.[85]

본회퍼는 낮춤(Ermiedrigung)과 높임(Erhöhung), 즉 비하와 고양의 문제를 다루고 있다. 낮춤과 높임의 문제는 인간으로서 존재하는 그리스도의 존재방식을 묻는 것이다. 예수는 낮춤과 높임을 통해서 완전한 인간과 완전한 신으로 남아있음을 나타낸다. 낮춤을 말하는 것은 신성의 제한을 말하는 것이 아니다. 인간 예수는 인간으로서 그의 존재방식을 묻게 된다. 낮춤은 그리스도의 모습이 더 인간존 재이거나 덜 신적인 존재의 모습을 지니고 있는 것을 의미하는 것이 아니고 높임도 더 신적 존재나 덜 인간존재를 의미하는 것이 아니다. 신-인 하나님은 낮춤의 존재방식 안에 자기 스스로를 숨기신다. 낮춤의 주제는 신성이나 혹은 인성이 아니라 육체의 모습(Gestalt des Fleisches 롬8:3)이다. 왜냐하면 그리스도의 인성이 남아있는 동안에 이 육체의 모습의 높임과 더불어 사라지기 때문이다. 누가 낮춤 인 신-인(神-人)인가? 하는 문제와 본회퍼는 성육신교리와 낮춤의 교리를 철저하게 분리되어야만 한다고 하였다. 낮춤의 존재방식은 신-인의 행위이다. 그것은 성육신의 행위로부터 시간적으로 분리 될 수 있는 것이 아니라 역사 안에서 신-인이 언제나 이미 구유로 부터 십자가까지 낮추어진 신-인(神-人)이다.[86] 여기서 본회퍼는 다시 질문한다. 특별한 낮춤의 존재방식을 무엇으로 표현될 수 있을까? 그것은 그리스도가 죄의 육체를 입은 것으로 표현된다. 낮춤은

---

85) DBW 12, p.342.
86) DBW 12, p.343.

타락과 저주에 의하여 필연적이 된다. 낮춤 속에서 신-인 그리스도는 자발적으로 죄와 죽음의 세상 속으로 들어온다. "그리스도는 스스로 세상 속에 숨기시고 더 이상 신-인으로서 보이거나 식별되지 않는 방식으로 들어왔다. 그리스도는 인간들 사이에 하나님의 모습으로 들어오지 않는다. 그리스도는 익명으로 거지 가운데 거지로, 추방당한 자 가운데 추방당한 자로, 그러나 죄인 가운데 죄없는 자로서, 그러나 또한 죄인 가운데 죄인으로서 그의 길을 걸었다.(여기에 모든 그리스도론의 중심문제가 놓여있다.)"[87]

그다음 문제는 예수의 무죄성에 관한 문제이다. 낮추어진 신-인으로서 예수는 인간의 죄 속으로 완전히 들어왔는가. 그는 우리같이 죄를 범하는 인간인가. 만일 그렇지 않다면 어떻게 그가 도대체 인간일 수 있는가? 그가 우리를 도울 수 있는 인간인가? 그가 우리와 같이 곤경 속에 빠져있는데 어떻게 곤경 속에 빠진 우리를 도울 수 있는가 하는 문제이다. 육체의 모습은 무엇을 뜻하는지 이해하는 것이 중요하다. 이것은 인간의 육체라는 실제 모습을 의미한다. 예수 육체는 우리의 육체와 같다. 그는 인간적인 육체를 입고 오셨다. 그러나 죄가 없었다. 그분은 우리의 죄를 짊어지신 분이지 다른 분이 아니다. 그분은 죄를 짊어지신 분이지 그 밖의 다른 분이 아니다. 본회퍼는 인간이 되신 하나님의 자기낮춤(Erniedrigung)의 특수한 성격을 우리를 위한 하나님(Gott pro nobis)이요 낮춤의 모습은 우리를 위한 그리스도(Christus pro nobis)의 모습이라고 이해하였다.[88] 우

---

87) DBW 12, p.343.
88) DBW 12, p.346.

리를 위한 그리스도는 하나님과 나를 화해시킨다.[89] 여기서 신앙의 중요성을 본회퍼는 강조한다. 교회의 거침돌, 빈 무덤의 역사적 사실, 기적, 부활의 문제는 오직 신앙 안에서 볼 수 있고 해결할 수 있다. 낮춘 자는 높인 자로서만 우리를 위한다. 오직 그를 통하여 부활하고 높인 자로서 이 신-인을 익명으로 안다.[90] 본회퍼는 낮아진 그리스도의 교회의 나아갈 길과 할 과제로 이 강의를 마친다. 교회는 낮아지신 분, 부활하신 분 그리고 높아지신 분, 예수 그리스도의 현존으로서 새롭게 받아야 한다.

하나님이 인간이 되신 성육신에 관한 본회퍼의 낮아짐의 이론은 하나님이 우리를 위한(pro nobis) 분이라고 하는 것에 근거하고 있다.[91] 이것은 또한 그리스도의 낮아짐의 모습은 나를 위한 그리스도의 모습이다.[92]

VI. 결 론

본회퍼의 1933년 여름학기 베를린대학교에서 행하였던 「그리스도론 강의」는 시대적 상황을 반영하고 그의 신학적 관심의 변화됨을 나타난다. 1933년 1월 30일 히틀러가 등장하여 권력을 장악한

---

89) DBW 12, p.346.

90) DBW 12, p. 347.

91) W. Krötke, Der begegnende Gott und der Glaube. Zum theologischen Schwerpunkt der Christologieverlesung D. Bonhoeffers, in : Bonhoeffer-Studien, München 1985, p.30. 참조.

92) CV. p. 88, 이와 연관하여 본회퍼는 삼위일체론을 아주 미약하게 표현하였다.(Vgl. CV, p.83)

후 본회퍼는 그의 관심을 그리스도에 집중하였다. 본회퍼는 그의 학위논문「성도의 교제」(Sanctorum Communio)는 교회론에 교수자격 논문인『행위와 존재』(Akt und Sein)는 계시론을 다루었다면「그리스도론 강의」에서는 그리스도론의 문제를 다루었다.

본회퍼는『성도의 교제』에서는 그리스도를 공동체(교회)로서 존재하는 그리스도(Christus als Gemeinde existierend)라고 표현하였다. 그러나「그리스도론 강의」에서는 예수 그리스도가 누구인가를 묻고 참하나님이며 참사람인 예수 그리스도는 나를 위한 그리고 우리를 위한 인격적 존재로서 중심과 중보자임을 밝히고 있다. 예수 그리스도는 인격으로 교회 안에 현존한다. 그리스도의 모습은 말씀으로 성례전으로 공동체(교회)로서 나타나며 또한 그리스도는 인간존재와 역사와 자연의 중심이며 중보자이다. 본회퍼는 그리스도는 참하나님(vere Deus)이며 참사람(vere homo)임을 분명히 하고 칼케톤의 결정을 받아들였다.

본회퍼는 역사적 예수와 그리스도와 분리하는 자유주의신학에 반대하고 현존하는 그리스도가 나사렛의 역사적 예수임을 재확인하였다. 예수는 인간과 똑같이 살았고 십자가에 달려 돌아가셨고 부활하였다. 이 모든 것을 '신앙'의 눈으로 볼 수 있고 확신할 수 있음을 강조하였다. 이 모든 것을 십자가의 관점에서 해석한다. 신-인 예수 그리스도는 자리를 비워 종의 모습으로 세상에 오신 낮아진 자로서 성육신하신 분이다. 그는 익명으로 자기를 감추고 "육체의 모습"으로 낮아짐(Erniedrigung)의 형태로 세상에 오셨다. 그러나 그는 낮아진 자로서 높아진 자이다.

본회퍼의「그리스도론 강의」는 본회퍼신학 중심에서 핵심적 역할을 한다. 그때까지의 본회퍼신학의 결론이며 그 이후의 신학의

기본 토대와 단초를 마련한 것이다. 본회퍼신학이 그리스도 중심
적 신학이라면 그 출발점이 되는 것이 「그리스도론 강의」이다. 본
회퍼는 나를 위한, 우리를 위한 그리스도의 모습에서 종교개혁자들
의 전통을 계승하고 이를 통하여 대리행위(Stellvertretung)을 강조하
였다. 「그리스도론 강의」에서 "예수 그리스도는 누구인가"라는 질
문은 본회퍼가 옥중서간에서 물은 "예수 그리스도는 오늘 우리에
게 누구인가"라는 질문으로 확대되는 시발점이 되었다. 이 질문에
서 우리는 타자를 위한 존재 예수, 타자를 위한 교회의 맹아를 발견
할 수 있다. 성육신한 그리스도를 낮아진 자의 모습으로 파악하여
기독교인과 교회가 어떻게 그리스도의 제자와 몸된 교회로서 어떻
게 행할 것인지를 가리켜 주고 있다. 세상 속에서 그리스도의 고난
에 동참하고 자기 십자가를 지는 행위이다.

오늘의 교회는 기독교인이 "오늘의 낮은 자들"과 함께하는 교회,
기독교인이 되어야 할 것이다. 본회퍼 그리스도론은 추상적이 아니
라 구체적인 그리스도론이기 때문이다. 후기에 "아래로 부터의 시
점"(Blick von unten)으로 발전되었다. 오늘 기독교와 교회는 해방하는
신앙을 가지고 낮은 자들과 더불어 교회의 위치를 찾아야 한다. 그
것은 자유와 정의를 위하여 일하는 것이다.

본회퍼는 성육신사건을 익명으로(Incognito) 현존하는 그리스도가
우리를 위해 존재한다고 표현하였다. 이것은 익명적 그리스도의 현
실주의를 말하며, 떼이야르 드 샤르뎅(Teilhard de Chardin)과 같이 본
회퍼는 그리스도를 보편적 그리스도로 이해하였다고 볼 수 있다.[93]

본회퍼의 그리스도론은 하나님의 선물(Gabe)인 동시에 과제(Auf-

---

93) H. Ott, Wirklichkeit und Glaube. 328ff. 참조.

gabe)이며[94] 더 나아가 직설법(Indikativ)인 동시에 명령법(Imperativ)이며 신앙(Glaube)인 동시에 행위(Handeln)의 문제이다.

---

94) Vgl. M. Marty (ed.), The Place of Bonhoeffer (SCM Press : London, 1963), p.164.

제4장 본회퍼의 그리스도와 제자직

서 언

디트리히 본회퍼는 독일의 "교회투쟁시기"(Kirchenkampf)에 핑겐발데 신학교의 책임자로 있었다. 그때 강의와 학생들과 함께 지낸 경험을 바탕으로 두 권의 책이 출판되었다. 1937년 첫 번째 대강절에 『나를 따르라』[1](Nachfolge)와 1939년 『신도의 공동생활』(Gemeinsames Leben)이 있다.

『나를 따르라』는 본회퍼가 생존 시 출판된 그의 책들 중에서 가장 광범위하게 영향력을 준 책이다. 물론 본회퍼가 죽은 후 출판된

---

1) Nachfolge 의 원래의 뜻은 추종 , 뒤따름 ,또는 제자직 으로 번역될 수 있다 .영어 번역도 The Cost of Discipleship 로 번역되었다. 우리말로는 허혁교수가 '나를 따르라'(대한기독교서회:1965)로 번역하여 Nachfolge가 '나를 따르라'라고 통용되었음

『윤리학』(Ethik)과 『저항과 복종』(Widerstand und Ergebung, 옥중서간)은 새로운 신학적 지평과 새로운 신학을 만드는데 공헌을 한 책이 있지만 『나를 따르라』는 본회퍼가 생존 시 신학자로서 명성을 얻게 하여준 책이다.[2]

『나를 따르라』와 『신도의 공동생활』은 1930년대 교회투쟁 시기에 시대적 도전에 대한 분명한 응답이었다. 1933년 히틀러가 집권한 후 적그리스도의 모습을 띤 국가사회주의에 저항하면서 참된 그리스도의 제자직은 무엇이며, 진실된 기독교인으로서 어떻게 살아야 하는지에 대하여 모색한 것이다. 본회퍼는 기독교인이 된다는 것은 무엇을 의미하는지, 그리스도의 제자로서 바르게 산다는 것이 무엇인가에 대하여 깊이 생각하고 그 답을 얻기 위해 노력하였다. 이것은 신학자로서 보다는 예수 그리스도에 대한 헌신적인 제자로서 이 문제에 관하여 고민하였다고 할 수 있다.

이글에서는 본회퍼가 말한 그리스도의 제자직과 산상설교 중에서 윤리적으로 중요한 보복금지와 원수사랑(마 5:38-48)에 대하여 다루고자 한다.

1. 값비싼 은혜와 제자직

본회퍼는 1930년대 독일교회의 상황에 대하여 종교개혁자들이

---

2) Vgl. E. Bethge, Dietrich Bonhoeffer. Eine Biographie, München, 1983, 515-527(이하DB), C. Gremmels/ H.Pfeifer, Theologie und Biographie. Zum Beispiel Dietrich Bonhoeffer, München, 1983, pp.60-65.

주장한 의인론(Rechtfertigungslehre)과 연관시켜 진단하였다. 그는 독일교회가 그리스도를 뒤따르는 제자직(Nachfolge)에 있어서 행위와 고난에 관하여 그리고 윤리적 삶에서 의인론이 오용되고 있다고 판단하였다.[3]

그리스도를 뒤따르는 행위인 제자직(Nachfolge)은 종교개혁에서는 잊힌 주제였다. 루터교에서는 제자직의 윤리(Nachfolgeethik)를 세례파에게 넘겨주고 질서의 윤리(Ordnungsethik)로 제한하였다. 이 제자직의 주제를 중심 주제로 부각시키는데 공헌한 것이 본회퍼였다.[4] 본회퍼는, 당시 독일교회는 종교개혁의 표어인 "믿음으로 의로워진다"는 것이 잘못 인식되어 있음을 비판하였다. 이 말을 행위 없는 믿음으로 잘못 이해하여 기독교 신앙을 값싼 은혜로 왜곡시켰다는 것이다.

본회퍼는 그리스도의 제자직과 연관시켜 은혜(Gnade)에 대하여 강조하였다. 본회퍼에 의하면 은혜는 오직 그리스도의 은혜로 이해될 수 있다. 은혜와 제자직은 그의 올바른 관계 안에서 서로 보아야 한다.[5] 은혜에는 본질적으로 값비싼 은혜와 값싼 은혜가 있다. 본회퍼는 당시 독일 개신교의 첫 번째 문제가 순종 없는 신앙(Glaube ohne Gehorsam)인 값싼 은혜로 타락한 것이라고 하였다. 『나를 따르라』의 제일 첫 마디는 이렇게 시작한다. "값싼 은혜는 우리 교회의 불구대천의 원수다. 오늘 우리의 투쟁은 값비싼 은혜를 위한 것이다"[6] 본

---

3) Vgl, Hanfried Müller, Von der Kirche zur Welt, Leipzig, Hamburg, 2.Auf. 1966, p.201.

4) Jürgen Moltmann, (Hrsg.) Nachfolge und Bergpredigt, 2.Auf. München, 1982, p.9.

5) Vgl. Dietrich Bonhoeffer, Nachfolge, München, 1976, p.26.(이하 N)

6) N p.13. Dietrich Bonhoeffer, Nachfolge, Hrsg. E. Bethge u.a. Dietrich Bonhoeffer Werke 4, München, p.29.(이하 DEW 4)

회퍼는 강조하기를 값싼 은혜는 헐값으로 팔아버리는 물건이며, 함부로 팔아버리는 용서와 위로와 성만찬 같은 은혜이다. 값싼 은혜는 회개 없는 용서의 설교, 교회 교육 없이 베푸는 세례, 죄의 고백 없이 행하는 성만찬, 개인적인 죄의 고백 없는 면죄의 확인이다.[7]

본회퍼는 은혜를 십자가와 그리스도의 제자직과 연관시키지 않으면 안 된다고 하였다. "값싼 은혜는 뒤따름(제자직) 없는 은혜, 십자가 없는 은혜, 살아있는 성육신한 예수 그리스도 없는 은혜이다."[8] 이와 반대로 값비싼 은혜는 밭에 감추인 보물과 같다. 이 보물은 사려는 사람은 돌아가서 기쁨으로 그가 가진 모든 것을 팔아서 그것을 산다. 상인이 그의 전 재산을 내어 줄 수 있는 진주, 이것이 값비싼 은혜이다. 이것은 그리스도의 왕적 지배를 의미하며 그물을 버리고 따라간 제자들을 부른 예수 그리스도의 부름이다. 값비싼 은혜는 제자직에로 부른다. 값비싼 은혜는 죄인을 의롭게 하기 때문에 값비싼 은혜이다. 값비싼 은혜는 인간이 되신 하나님이다.[9] 값비싼 은혜는 그리스도의 제자직에로 부르는 은혜이다. 따라서 은혜와 그리스도의 제자직은 분리되어 질 수 없다. 기독교의 은혜는 값비싼 은혜이며 값비싼 은혜는 순종하는 신앙이며 그리스도의 제자직을 실천하는 신앙이다.

---

7) N 14. DEW 4, p. 30.
8) N 14. DEW 4, p. 30.
9) N 15. DEW 4, p. 31.

2. 그리스도의 부름과 그리스도의 십자가

1) 제자직으로 부름

본회퍼는 예수 그리스도의 제자가 되는 것의 첫 번째로 예수 그리스도가 제자직에로 부른다는 사실을 강조하였다. 제자직으로 부름(Der Ruf in die Nachfolge)은 오직 예수 그리스도의 인격에 결합되어 있다. 은혜로의 부름은 모든 율법주의적 결합과 단절한다. 제자직으로 부름은 은혜로운 부름과 은혜로운 계명이다. 그것은 율법과 복음의 적개심 너머에 존재한다. 그리스도는 부르고 제자들은 따랐다. 이것이 은혜와 계명이 하나가 되는 것이다.[10] 예수 그리스도는 부르는 자이자 동시에 제자직의 내용이다. 본회퍼는 강조하기를 "예수가 제자직으로 부른다는 것은 선생이나 모범이 아니라 그리스도로서, 하나님의 아들로서이다."[11] 먼저 제자직으로 부른다는 것에 대하여 우리는 두 가지 근본 문제를 묻지 않을 수 없다. 첫째, 누가 부르는가? 이 질문에 대한 유일한 대답은 예수 그리스도이다. 둘째, 질문은 제자직의 내용은 무엇인가? "나를 따라오라" 이것이 전부이다. 예수 그리스도는 제자직의 근거와 목적이다. 청년이 예수께 영원한 삶의 길을 물었을 때 이에 대한 예수의 대답을 "나는 너를 부른다, 이것이 모든 것이다" 였다. 제자직으로 부름의 내용은 여기서 예수 그리스도 자신이요 그와의 결합이며 그와의 사귐 이외에 다른 것이 아니다.[12]

---

10) Vgl, N p.30, DBW 4, p.47.
11) N p.28, DBW 4, p.45.
12) N p.49, DBW 4, p.50.

본회퍼는 제자직에로 "부름"에 대하여 말하고자 할 때에는 먼저 부름과 순종의 성격에 대하여 정의하지 않으면 안 된다고 하였다. 본회퍼는 제자직으로 부름의 텍스트로 마가복음 2장 14절을 인용하였다. "또 지나가시다가 알패오의 아들 레위가 세관에 앉아 있는 것을 보시고 그에게 이르시되 나를 따르라 하시니 일어나 따르니라."

제자직으로 부름은 제자들의 순종을 요구한다. 이 순종은 세 가지 특징적 성격을 지닌다. 직접적 순종, 단순한 순종 그리고 구체적 순종이다.

첫째, 제자직으로 부름은 직접적 순종의 대답을 요구한다. 부르면 부름을 받는 자는 즉시 순종의 행위로 뒤따랐다. 따르라는 부름에 제자는 예수에 대한 신앙고백 대신 순종의 행동으로 응답하였다.[13]

둘째, 제자직에로 부름은 단순한 순종을 요구한다. 왜냐하면 제자직은 자기의 의지에 따라 사는 삶의 모습을 포기하는 것이다. 제자직으로 부른 예수의 부름은 부름받는 자가 가지고 있는 모든 것을 포기할 것을 요구한다. 자기의 의지에 대한 포기는 예수를 따르는 제자직의 전제이다. 중요한 것은 이러한 포기는 한편으로 신앙으로부터 행해지며 다른 한편으로는 신앙을 위한 구체적 상황 안에서 그리스도 계명에 대한 단순한 순종이다.[14]

셋째, 예수의 제자직에로 부름은 구체적인 부름과 구체적인 순종이다. 예수의 구체적인 부름과 단순한 순종은 취소할 수 없는 의미이다. 따라서 예수는 구체적 상황 속으로 불렀다. 구체적인 순종이 신앙적으로 자유롭게 만든다.[15]

---

13) N p.28, DBW4, p.50.
14) Vgl. N, p.53f. DBW4, p.45.
15) N, p.57. DBW4, p.73.

본회퍼는 신앙과 순종을 하나라고 본 것이다. 본회퍼는 주장하기를 "신앙은 오직 순종 안에 존재하고 순종 없이는 아무것도 없다. 신앙은 오직 순종의 행위 안에 있는 신앙이다."[16] 따라서 그는 다음과 같은 총화적 결론에 이른다. "오직 믿는 자만이 순종하고, 오직 순종하는 자만이 믿는다."[17] 따라서 문제는 제자직과 기독교의 관계이다. 양자는 분리할 수 없는 밀접한 관계이다. " 살아있는 예수 그리스도 없는 기독교는 필연적으로 제자직 없는 기독교로 남으며, 제자직 없는 기독교는 항상 예수 그리스도교 없는 기독교이다. 그 것은 이념이며 신화다. 살아있는 아들로서 그리스도 없이 다만 성부만 있는 기독교는 바로 제자직을 폐지시킨다. 여기에는 하나님 신뢰는 존재하지만 제자직은 존재하지 않는다. 다만 하나님의 아들이 되었기에 그리고 그는 중보자이기에 제자직은 바른 관계이다. 제자직은 중보자와 결합되어 있으며, 제자직이 바르게 말해지는 곳에, 중보자 예수 그리스도, 하나님의 아들이 말해진다. 신인간(神人間 Gottmensch), 중보자만이 제자직으로 부른다."[18]

제자직에로 부름은 예수 그리스도에 대한 결합과 예수 그리스도와 사귐과 관계된다. "제자직에로 부름은 여기서 예수 그리스도 그에게 결합하는 것이며 그와 더불어 사귀는 것이다."[19] 이러한 사상은 본회퍼의 특별한 언급에 주의를 기울일 필요가 있다. 예수를 뒤따르는 제자직은 일체의 구속과 억압으로부터 해방시킨다.

---

16) N, p.35. DBW 4, p.52

17) N, p.35. DBW 4, p.52. " Nur der Glaubende ist gehorsam, und nur der Gehorsame glaubt." 베트게는 말하기를 " 이 구절은 『나를 따르라』(Nachfolge)의 요절과 같은 것이 라고 하였다. E. Bethge, DB, p.516.

18) N, p.30f., DBW 4, p.47.

19) N, p.49. DBW 4, p.65.

"예수를 뒤따르라는 제자직은 성서에 의하면 인간을 인간적 모든 속박, 억압, 무거운 모든 짐, 근심과 양심의 고통 등에서 해방시킨 다. 이 제자직에서 자신의 가혹한 멍에를 벗어나 예수 그리스도의 가벼운 멍에를 지게 되는 것이다."[20]

이것과 연관시켜 말할 수 있는 것은 그리스도의 부름은 제자들을 고난을 통하여 기쁨으로 이끈다는 것이다. 십자가는 고난이지만 그 리스도와 함께 하기 때문에 기쁨의 축복을 받게 된다. 그리스도의 제자직은 고난의 십자가의 길이지만 오히려 그리스도가 십자가의 고난과 죽음을 통하여 환희에로 나아간 길이다. 본회퍼는 이렇게 선언한다. "제자직은 기쁨이다."[21](Nachfoge ist Freude)

2) 제자직과 십자가

본회퍼는 그리스도의 제자직을 그리스도의 십자가와 연관시켰 다. 그리스도의 십자가는 본회퍼신학의 중심이며 핵심적인 개념이 다.[22] 그의 신학 전반에 걸쳐 『성도의 교제』(Sanctorum Communio)로 부터 『저항과 복종』(Widerstand und Ergebung)에 이르기 까지 그리스 도의 십자가는 중심적인 위치에 있다. 이러한 신학의 배경에는 십 자가신학(theologia crucis)이 있고, 이 십자가신학의 배경 하에서 그의 신학을 전개하고 있다. 십자가신학은 고린도전서 1장 18절 이하

---

20) N, p.9. DBW 4, p.23

21) N, p.11, DBW 4, p.24.

22) 이 문제 대하여 : R. Prenter," Bonhoeffer und der junge Luther", in: Die Mündige Welt IV, München, 1963, pp.33-51. H. Müller, Von der Kirche zur Welt, Leipzig, 2 Aufl.1966, 385. R Mayer,Christuswirklichkeit ,Stuttgart , 2 Aufl. 1980. pp.257-263.

의 근거를 둔 것이며 루터가 1518년 하이델베르크 논쟁(Heidelberger Disputation)에서 사용한 표현이다. 루터는 중세교회가 사용한 영광의 신학(theologia gloriae)에 반대하고 십자가에 달린 그리스도의 고난을 통하여 십자가에 달린 하나님을 인식할 수 있다는 것이다.[23]

본회퍼는 그리스도의 제자직을 십자가의 제자직으로 말하고 있다. 본회퍼에 의하면 예수 그리스도의 제자직은 십자가에 달린 그리스도의 제자직이다. 본회퍼는 제자직에로 부름을 예수의 수난 선포와 연관시켜 언급하였다.[24] (막 8:31-38) 예수의 십자가의 종합적 표현이 수난과 버림받음을 뜻한다. 십자가에 죽은 자는 버림을 받고 축출을 당하고 죽은 자이다. 피할 수 없는 하나님의 결정에 의하여 예수는 고난을 당하고 죽은 자이다. 피할 수 없는 하나님의 결정에 의하여 예수는 고난을 당하고 버림을 받아야 되었다.[25] 이 고난과 버림받음은 예수의 제자들과 관련되어 있다. 그리스도가 그리스도이기 위하여 고난받고 버림받은 자로 된 것같이 제자가 되려면 고난받고 버림받고 함께 십자가에 달려야 한다. 예수 그리스도의 인격에 매인 자로서 제자직은 그리스도 율법인 그의 십자가 아래서 뒤따르는 자이다.[26]

제자직의 고난을 위한 "십자가"의 표현은 오직 그리스도의 십자가로부터 그의 의미를 획득한다. 본회퍼에게 십자가는 철저하게 오직 예수 그리스도에 대하여 결합하는 것이다. "십자가는 그리스도

23) WA V 162, p. 21. J. Moltmann, Der gekreuzigte Gott. Das Kreuz Christi als Grund und Kritik christlicher Theologie. 3. Aufl. 1976, p. 73.

24) Vgl, N, p.61f. DBW 4, p.78f.

25) Vgl, N, p. 62f. DBW 4, p.78f.

26) N, p.62. DBW 4, p.78f.

와 더불어 함께 당하는 고난이요 그리스도 자신의 고난이다. 그리스도를 따라나서는 제자직에서 그리스도와 결합이 가능하고 이것은 십자가 아래에 놓인다.[27)]

본회퍼는 수동적 고난(passio passiva)이라는 표현을 사용하였다. "제자직은 수동적 고난이요 필연적 고난이다."[28)] 그는 루터가 옳은 교회의 표지를 고난이라고 생각한 것을 높이 평가하였다. 십자가는 당하는 것으로 고난은 극복되고 예수 그리스도는 승리하였다. 예수 그리스도의 십자가는 십자가의 극복이다. 예수 그리스도를 따르는 제자들은 고난에 참여하는 고난으로 고난을 극복하고 하나님과 함께 있는 은혜를 선사받을 것이다.[29)]

앞에서 말한 대로 본회퍼는 그리스도인의 고난은 은혜요 기쁨이 된다는 기쁨의 신학에 도달하였다. 그리스도를 뒤따르는 제자직은 고난받는 그리스도에 결합하는 것이다. 따라서 그리스도인의 고난은 놀라운 것이 아니다. 오히려 그리스도인의 고난은 진정한 은혜요 기쁨이다.[30)] 초대교회 순교자들이 증거하듯이 제자들이 주님 때문에 겪게되는 가장 가혹한 고난의 순간에 주님과 함께 있는 최고의 기쁨과 축복을 받게 된다는 사실이다. 십자가를 지는 것이 유일한 고난 극복의 길이 될 것이다. 예수 그리스도가 십자가에 달리셨듯이 그리스도를 따르는 제자들은 모두 십자가를 져야 한다.[31)] 왜냐하면 그리스도가 스스로 십자가를 졌기 때문이다.

---

27) N, p. 64. DBW 4, p. 80.
28) N, p. 66. DBW 4, p. 82.
29) N, p. 66f. DBW 4, p. 82f.
30) N, p. 67. DBW 4, p. 83.
31) N, p. 67. DBW 4, p. 83.

본회퍼는 이와 같이 고난의 필연적 수동성을 강조한다. 고난은 당해야 지나가는 것으로 이해한다. 그리스도의 고난을 대속의 고난으로 표현한다. 여기에서도 그의 핵심적인 사상인 대리사상을 고난과 연관시킨다. 그리스도 고난을 세상을 대신한 고난이요 대속의 고난이라고 하면서 십자가 아래 있는 교회를 역설한다.

교회의 참된 모습은 세상을 위하여 고난을 당하신 그리스도처럼 앞에서 세상을 위하여 고난을 당하는 교회이다. 이 교회는 십자가 아래서 그리스도의 고난에 동참하고 그의 뒤를 따라가는 교회이다.[32]

요약하자면 제자직의 십자가는 이 세상 속에서 그리스도의 고난에 참여하는 것이다. 제자직은 순교에 이르게 하는 십자가에 달린 분과 함께하는 십자가의 사귐이다. 본회퍼에게 제자직은 그리스도의 부름을 듣는 것이요, 충만한 기쁨으로 사는 것이며, 그리스도가 그렇게 살았듯이 부끄럼 없이 그를 증언하는 것이며 유사시에는 순교에까지 이르게 하는 것이다.

3. 제자직과 비범성[33]

본회퍼의 제자직은 "신앙의 순종"을 실천하는 삶이다. 신앙은 그리스도의 말씀의 실천을 통하여 확증된다. 본회퍼는『나를 따르라』(Nachfolge)에서 제자직과 십자가에 대하여 다룬 후 산상설교에 대한

---

32) Vgl, N. p.68, DBW 4, p.83.
33) 이 부분은 Suk-Sung Yu CG pp. 79-91의 부분을 토대로 수정 보완하여 다시 작성한 것임.

신학적인 해석을 하였다. 본회퍼는 제자의 삶의 모습을 산상설교 (마태복음 5-7장)의 해석에서 찾고 있다. 그 중에서 마태복음 5:38-48 의 말씀은 윤리적 해석의 쟁점이 되는 구절이다.[34] 그것은 보복금지 (5:38-42)와 원수사랑(5:43-48)이다. 이 산상설교의 말씀을 중심으로 1. 비폭력 2. 원수사랑 – 비범성의 문제를 다루고자 한다.

1) 비폭력에 관하여

마태복음 5:38-42은 이른바 다섯 번째 반제(Fünfte Antithese)이다. 그것은 "비폭력에 관하여"라고 일컬을 수 있다. 본회퍼는 마태복음 5:38-42을 "보복"(Vergeltung)의 제목으로 서술하였다. 그는 마태복음 5장 38절에서 39절 상반절에는 "또 눈을 눈으로, 이는 이로 갚으라 하였다는 것은 너희가 들었으나 나는 너희에게 이르노니 악한 자를 대적하지 말라" 말씀을 예수님의 요구로 요약했다.

"눈에는 눈, 이에는 이" 이 구절은 구약성서의 율법의 말씀(출 21:24 ;레24:20 ; 신19:21)을 축약적으로 나타낸다. "눈에는 눈, 이에는 이"는 동해보복(同害報復)형을 나타내는 것으로 고대 함무라비 법전 (BC 1700), 탈리오 법칙을 나타내는 것이었다. 예수의 말씀 중 "네 오른편 뺨을 치거든 왼편도 돌려 대며"(마 5:39b)라는 말씀 속에서 상대의 오른편 뺨을 때리기 위해서는 왼손이나 오른손 등으로 때려야

---

34)산상수훈에 관한 주석책은 다음 책을 참고할 것. : U. Luz, *Das Evangelium nach Matthäus, NTD Bd. 2 G. Strecker, Die Bergpredigt, Göttingen, 1984. H.Weder. Die "Rede der Reden", Zürich 1985.* 일반적 책과 논문 : *G. Lohfink, Wem gilt die Bergpredigt? Beiträge zu einer christlichen Ethik, Freiburg, 988. F. Alt, Fireden ist möglich, die Politik der Bergpredigt, München, 1983. 1967.Yu, Suk-Sung, Christologishe Grundentschidungen bei Dietrich Bonhoeffer, Tübingen, 1990. pp.79-9.*

한다. 이것은 그 당시 이스라엘 사회에서 상대의 명예를 훼손시키는 모욕적인 행위였다.[35] 예수는 모욕을 용납하고 보복금지와 폭력을 폭력으로 대응하지 말 것을 말하고 있다. 본회퍼는 "보복금지"의 다섯 번째 반제의 설명을 구약의 율법의 배경 하에서 해석하고 있다. 구약의 율법은 신적으로 제정된 보복에 그 권리를 두었다. 보복에 의하여 권리가 보호되었다. 악이 없으면 보복이 있을 수 없다. 보복의 목적은 하나님의 백성의 공동체에서 악을 제거하고, 악을 극복하고 올바른 공동체를 세우는데 있다. 율법은 보복에 의하여 유지되며 그의 기능을 다한다.[36]

본회퍼는 강조하기를 예수는 구약에서 말하는 하나님의 뜻을 받아들이고 악을 극복하는 보복의 능력을 긍정하였다. 바른 보복을 통하여 불의는 제거되어야 한다.[37] 예수는 구약의 율법의 의도를 받아들여 더 발전시켰다.

본회퍼는 강조하기를 예수의 말씀에 따르면 "정당한 보복은 악에게 대항하지 않는 데서만 성립한다."[38] 본회퍼는 이 구절을 해석한 종교개혁자들의 입장과 견해를 달리한다. 종교개혁자들은 개인적으로 겪는 고난과 하나님이 나에게 부과한 책임 때문에 겪는 직무상의 고난을 구별하였다.[39] 첫 번째 경우 개인적으로 겪는 고난은 예수가 요구한 대로 행동해야 하지만, 두 번째 경우인 직무상 고

---

35) G. Streker, Die Bergpredigt. Ein exegetischer Kommentar, Göttingen, 1985, p.87
36) N, p.15. DBW 4, p.83.
37) N, p.115. DBW 4, p.135.
38) DBW 4, p.116. N, p.115
39) Vgl. M. Luther, WA 32, 393. "··· 그리스도인은 악과 대결하지 않아야 한다. 그러나 세속인은 자기의 직무에 관한 한 직무 맡은 자는 모든 악과 대항해야 한다."

난은 참된 사랑 때문에 그 반대로 의무적으로 행동해야 한다는 것이다. 즉, 악의 침투를 막기 위해서 폭력에는 폭력으로 대항하여야 한다. 이것으로부터 전쟁과 같은 악을 제거하기 위한 공적(公的)이며 정당한 수단을 사용하는 것에 대하여 정당화된다는 것이 종교개혁자의 입장이다.[40] 본회퍼는 주장하기를 예수는 사적 인간으로서의 나와 직무 담당자로서의 나 사이에 구별할 행동의 척도를 보이지 않았다는 것이다. 예수를 따르기 위해서는 모든 것을 버린 자로서의 사적인 것이나 직무상의 것이나 모두가 예수의 계명에 속하며 철저한 복종을 요구하였다.[41]

예수를 뒤따르는 자에게 있어서 악에게 대항하지 않는다는 것은 무엇을 의미하는가.

첫째, 예수를 뒤따르는 자는 자기의 권리를 포기하면서 살고 오직 예수 그리스도에게 결합하는 것을 의미한다.[42] 악은 그대로 내버려두어야 한다. 그러면 극복하게 될 것이다. 예수가 악에게 대항하지 말라는 것이 악의 권리를 이해하여 주려는 것이 아니다. 예수의 의도는 악을 정당화시켜 주기 위하여 악에게 저항하지 말라는 것이 아니라 악을 극복하기 위해서 악을 제거하는 방법으로 악에게 대항하지 말고 자발적 수난을 당하여야 한다는 것이다. 왜냐하면 예수의 뜻은, 자발적 수난은 악보다 강하며 악의 종말을 가져오게 하고 악의 죽음을 의미하기 때문이다.[43] "악이 무서우면 무서울수록 수난을 각오해야 한다. 악한 자를 예수의 손에 맡기고 예수와 직

---

40) N, p.118, DBW 4, p.137.
41) N, p. 118, DBW 4, p.137.
42) Vgl. N, p.116f, DBW 4, p.135f.
43) N, p.117 DBW 4, p.136.

접 담판하도록 하여야 한다."[44] 자발적으로 방어를 포기한다는 것은 제자의 길을 가는 자가 예수에게만 무조건 매달림으로 자아로부터 해방되어 자유롭다는 것을 입증하고 선포하는 것이다.

둘째, 악을 통하여 새로운 악이 생기지 않도록 해야 한다. 보복의 의미는 예수의 뒤를 따르는 자에게 있어서 악에게 대항하지 않는 것이다. 악과 폭력은 대항하지 않을 때 저항력을 잃게 되어 새로운 악을 만들지 못하고 대상을 잃고 목적한 악을 다시 낳은 일에 실패하고 말 것이다. 그러나 문제는 "악에 대항하지 말라"는 명제가 어떻게 정당화될 수 있는가 하는 것이다. 악은 약한 자에게 위해를 가하고 저항하지 못하는 자에게 횡포를 부리는 경험에서 볼 때 이것을 어떻게 정당화될 수 있겠는가. 이 명제는 현실과 무관한 단순한 이데올로기가 아닌가. 그러나 예수는 악의 실체를 분명히 알았고 공생애 첫날부터 악마와 싸웠다. 예수는 악을 악이라 분명히 말했으나 악의 문제 해결방법은 비범했다. 악의 문제를 단순한 일반적 윤리명제로 이해하여 악은 선을 통해서만 극복된다는 식의 세상의 일반적 삶의 지혜로서 이해되는 것이 아니었다.

본회퍼는 이 구절을 해석하여 십자가와 고난을 통하여 옛 계명의 현실화를 말한 것이다. 예수의 악에 대한 접근 방법은 십자가와 수난을 통해서만 극복하는 방법이다. 예수는 악에 의하여 십자가에서 패배했으나 극복자와 승리자로서 나타났다. 제자들은 십자가를 지지 않고는 이 예수의 계명의 정당성을 이해할 수 없게 되었다. 예수가 십자가에서 악에 대한 승리의 신앙을 발견한 자만이 그의 계명에 순종하고 그런 순종만이 약속을 얻는다. 그 약속은 예수의 십자

---

44) N, p.118, DBW4, p.137.

가의 공동체와 그의 승리의 공동체의 약속이다.[45] 하나님 나라에 대한 약속은 정의와 평화, 자유가 되어야 할 것이다.[46] 본회퍼는 이 부분에서 오고 있는 하나님의 나라에 대하여 종말론적 관점을 너무 적게 강조하였다. 좀 더 강조하여 자세하게 설명되었어야 했다.[47]

지금까지 논의한 것에 대하여 요약과 비판을 하면 다음과 같다.

1. 본회퍼는 보복하지 말라는 산상설교의 다섯 번째 반제인 비폭력의 문제를 십자가와 수난의 문제와 연관시켜 그리스도 중심적으로 해결하려고 하였다. 본회퍼에 있어서 십자가와 수난은 고난받는 사랑을 의미한다. 이 계명(다섯 번째 반제)은 본회퍼에 의하면 불의에 대한 창조적 저항을 의미한다.

2. 보복하지 말라는 이 말씀을 폭력의 포기(Gewaltverzicht)로 해석하여 왔다. 그러나 이것은 폭력의 포기가 아니라 폭력으로부터 자유(Gewaltfreiheit)를 의미한다.[48] 폭력으로부터 자유스러운 것은 무엇을 의미하는가. 그것은 폭력에 대한 폭력보복인 대항폭력(Gegengewalt)의 악순환의 고리를 끊는 것이다. 폭력에 대하여 폭력으로 보복하여 폭력의 문제가 해결될 수 없다. 비폭력 저항을 통하여 폭력과 대항폭력의 악순환이 깨어진다. 악의 강함은 폭력이고 악의 약함은 불의(Unrecht)이다. 폭력으로부터 자유로운 반응을 통하여 악은 모든 그의 폭력의 정당성을 상실하고, 약함을 드러내고 폭

---

45) N, p.120. DBW4, p.139.
46) Vgl. W. Huber, Der Streit um die Wahrheit und die Fähigkeit zum Frieden, München, 1980, p.34.
47) Vgl. Lohfink, Wie hat Jesus Gemeinde gewollt?, Freiburg, 6.Aufl. 1985, 68. U. Luz, Das Evangelium nach Mattäus(Mt. 1-7)EKK I/1, 1985, p.304.
48) J. Moltmann, Der Weg Jesu Christi. Christologie in messianischen Dimensionen, München, 1989, p.150.

력의 효력을 상실한다. 여기에서 중요한 것은 폭력에 대한 비폭력적 극복이다. 비폭력으로 폭력을 이기는 것이요, 악을 극복하는 것이다. 예수가 악한 자를 대적하지 말라는 것은 비폭력을 가지고 악을 극복할 수 있는 이유가 여기에 있는 것이다. 바울도 예수의 산상설교의 해석을 "아무에게도 악을 악으로 갚지 말고… 악에게 지지 말고 선으로 악을 이기라"(롬 12:17,21)라고 하였다.[49] 예수의 비폭력에 대한 말씀은 비폭력 무저항이 아니라 비폭력 저항으로 해석해야 할 것이다. 이 다섯 번째 반제와 연관하여 논의할 문제는 비폭력과 저항권 그리고 평화문제이다.

2) 원수사랑 - 비범성[50]

마태복음 5:43-48의 말씀은 이른바 여섯 번째 반제(Antithese)로서 어록자료(Logionquelle)에서 유래한 원수사랑에 관한 말씀이다. 본회퍼는 이 반제를 「원수 - 비범성」(Der Feind - Das Auβerordentliche)의 제목으로 다루고 있다. 산상설교의 말씀의 총화는 사랑이고 그것도 원수사랑이라고 할 수 있다. 여기에서 중요시되는 이 원수사랑은 자연스런 적개심이 아니고 세상에 대한 하나님의 백성의 적개심이다.[51]

왜냐하면 자연적 인간에게 원수에 대한 사랑은 견디기 어려운 장

---

49) Ibid.

50) 이 문제에 관하여는 필자의 다른 논문 참조. Suk-Sung Yu, Christlogische Grundentschei-dungen bei Dietrich Bonhoeffer pp.82-91을 주로 참조하여 작성되었음. 유석성, "본회퍼 평화주의와 정치적 저항권", 신학사상, 1995, 겨울, 27-47. 참조.

51) Vgl. N 112. "원수사랑은 자연적 인간에게 단순히 하나의 감당하기 어려운 장애가 아니다. 원수사랑은 자연적 인간에게 능력을 넘어서는 것이며 그것은 그의 선과악의 개념과 상반된다."

애이기 때문이다. 그러나 예수에게는 원수사랑은 그의 율법 안에서 하나님의 뜻이다.

본회퍼의 산상설교의 원수사랑 세 가지 특징으로 말할 수 있다.

첫째. 십자가 공동체로서 원수사랑이다.

본회퍼에 의하면 원수사랑은 예수 그리스도의 수난과 십자가와 연관되어 있다. 원수사랑은 원수들을 위하여 십자가에 달리고 그들을 위해 십자가에서 기도한 예수 그리스도의 사랑이다. 이 원수에 대한 사랑은 제자들을 십자가의 길과 십자가의 공동체로 이끌었다. "원수사랑은 나 스스로 원수로서 경험하게 하고 진리를 못 보게 하고 오직 십자가에 달린 분의 사랑을 통하여 극복하게 되는 것을 전제로 한다."[52] 그리고 나서 원수사랑은 제자들을 보게 만든다. 그래서 그는 원수 안에서 형제를 인식하고 그에게 그의 형제같이 행동하게 된다. "제자들은 예수 그리스도의 십자가의 길 앞에서 예수사랑에 의해서 극복되어진 원수들 가운데 있음을 인식한다. 이 사랑은 제자들이 원수를 형제로 인식하고 또 형제에게 하는 것처럼 행하도록 만든다. 무엇 때문에 그런 것인가? 그것은 제자들이 형제자매에게 하는 것처럼 자기들을 대해주고, 그들은 원수들을 받아주고 그들의 이웃처럼 그의 공동체로 인도하는 사랑으로 살고 있기 때문이다. 이것은 제자들이 다음의 사실을 만들도록 만든다. 즉, 사랑은 원수들이 하나님의 사랑에 포함되어 있음을 보게 한다는 것이다.[53]

---

52) W. Huber, Feindschaft und Feindesliebe. Notizen zum Problem des "Feindes" in der Theologie, 128. in: ZEE. 1982, pp. 128-158.
53) N, p. 125. DBW 4. p. 144.

제자들은 예수를 통해 이 사랑에 동참한다. 하나님은 의인에게나 악인에게 모두 햇빛을 비추어 주고 비를 내리시기 때문이다.

둘째. 온전한 사랑으로서 원수사랑이다.

본회퍼는 원수사랑을 나눌 수 없는 온전한사랑으로 이해하였다. 나눌 수 없는 사랑이란 무엇인가? 첫째 나눌 수 없는 온전한 사랑은 편파적인 사랑이 아니다. 기독교 사랑은 사랑하는 사람들, 형제, 친구, 민족, 교회에서 주고받는 사랑이 아니다. 기독교사랑이 통상적으로 자연적으로 주고받는 사랑이라면 이방인과 다른 점이 무엇이겠는가? 온전한 사랑은 원수의 종류를 가리지 않는다. 원수가 적대적이면 적대적 일수록 더욱더 나의 사랑이 요구된다. 정치적 원수건 종교적 원수건 구별하지 않고 제자들은 온전한 사랑을 해야 할 것이다.[54] 본회퍼는 여기에서 다시 한 번 종교개혁자들 루터가 분리한 사적 인격과 공적 인격이 분리되지 않음을 강조한다. 온전한 사랑, 분리되지 않는 사랑에서는 사적 인간으로서의 나와 공적 인간으로서의 나 사이에 어떤 분열도 있을 수 없다. 왜냐하면 나는 두 인격 사이에서 다만 한 사람이며 오직 예수 그리스도의 제자일 뿐이기 때문이다. 이 나눌 수 없는 온전한 사랑을 어떻게 실천할 수 있을까, 본회퍼는 예수의 말씀 속에서 그 답을 찾고 있다. "예수는 말씀하셨다. 조건 없이 사람의 귀천을 가리지 말고 축복하며 선행을 행하고 기도하라고 대답한다."[55]

---

54) N, p. 123. DBW 4, p. 142.
55) N, p. 123, DBW 4, p. 142.

셋째 . 비범성으로서 원수사랑이다.

원수사랑은 본회퍼에 의하면 특별한 것, 비범성(das 'Außerordentli-che)이다. 본회퍼에 의하면 비범성은 본래 기독교적이다. 본회퍼는 이 표제어를 그리스어 페리손(περίσσόν)을 번역을 한 것이다. 본회퍼는 기독교적인 것과 자연적인 것을 구별하였다. "기독교적인 것은 특별한 것, 비범한 것, 규칙적이 아닌 것, 자명한 것이 아닌 것이다. [56] 다른 면으로 보면 '자연적인 것은 이방인과 기독교인을 위해 동일한 것이다. 자연적인 것은 뛰어난 것에서 시작하고 이것에서 비로소 저 본능적인 바른 빛을 얻을 것이다. 그리스도적인 것이 죽고 사는 것은 비범한 것이 죽느냐 사느냐 하는데 달려있다. 그리스도인은 뛰어난 것에 유의하면서 하기 때문에 세상과 자신을 동일시하지 못한다.

원수사랑은 비범한 것이다. 그것은 기독교적인 것이요, "더 나은 의"보다 더한 것이요 그것이 기독교인을 이방인으로부터 구별하는 것이다. 비범한 것은 무엇인가? 내용적으로 본회퍼는 삼중의 방법으로 비범한 것을 규정했다.

1. 비범한 것은 예수 그리스도 자신의 사랑이다. 그 사랑은 십자가상에서 고난받고 순종하는 것을 일컫는다.

2. 비범한 것은 십자가이다. 어떤 십자가인가? 십자가는 "기독교인을 이 세상을 넘어서는 존재로서 그리고 그가 이 세상 위에서 분리하는 것이다.

3. 비범한 것은 고난이다. "십자가에 달린 자의 사랑 안에서 고난

---

56) N, p. 128, DBW 4, p.147.

은 그리스도교 실존에서 비범한 것이다.

마지막으로 본회퍼는 질문한다. 특별한 것이 무엇을 행하는가? 특별한 것은 뒤따르는 자의 행위다. 그것은 명백히 행한 것이며 한편으로 그것은 교회에서 일어나고 다른 한편 예수 그리스도와의 관계 속에서만 행하게 될 것이다. "비범한 것은 예수를 좇는 자들의 행위라 하겠다. 즉, 이 비범한 것 – 더 나은 의와 같이– 행동으로 나타나 남에게 보여야 한다. 윤리적 고집이나 괴벽한 기독교 생활양식이 아니라 예수의 뜻은 단순하게 순종하는 행동이어야 한다. 이 행동이 계속 특별한 것으로 지속될 때 그리스도의 수난이 뚜렷하게 나타나는 것이다. 이 행동 자체가 이미 이어받은 수단이다. 아니 이 행동에서 그리스도가 다시 수난을 겪는 것이다. 그렇지 않으면 이 행동은 예수가 원하는 행동이 아니다. 뛰어난 것은 그러므로 행동에 따른 율법의 성취요, 계명을 지키는 행동이다. 십자가에 달린 그리스도 안에서 즉, 그의 교회에서 이렇게 이 비범한 것은 사건으로 다시 일어난다. 하늘에 계신 하나님 아버지와 같이 온전한 사랑의 소유자들이 여기에 있다. 아들을 십자가에서 우리에게 주신 아버지의 차별 없는 완전한 사랑이 곧 '비범한 것'이요 십자가의 공동체가 받은 수난은 예수를 좇는 자들의 완전함을 뜻하기 때문이다. 완전한 자란 다름 아닌 축복을 받은 자들이다.[57]

요약하자면 원수사랑의 계명은 예수의 윤리적 선포의 정점이며 예수의 강력요구의 정점이다.[58] 사실 원수사랑은 산상설교에서 지

---

57) N, p.129. DBW 4, p.149.
58) Vgl. H. Weder, Die "Rede der Reden". Eine Auslegung der Bergpredigt heute, Zürich, 1985, p.136.

금까지 말한 모든 것의 요약이다. 본회퍼에게 있어서 원수사랑은 비범한 것이며 따라서 율법의 완성이며 계명의 준수이다[59] 원수사랑은 자기의 십자가를 지는 예수의 뒤따름이며 그것은 예수의 뜻과 부름에 대한 단순한 복종과 고난이다. 결론적으로 원수사랑은 십자가이며 뒤따르는 자의 그리스도의 고난이다.

이 원수사랑 말씀에 대한 평가와 비판을 하자면 다음과 같다. 1. 본회퍼의 산상설교 해석은 원수사랑의 계명을 많은 다른 해석자(주석자)보다 철저하고 예리하고 엄격하다. 2. 본회퍼의 산상설교와 특히 원수사랑의 해석은 철저하게 예수 그리스도의 십자가로 실행된다. 3. 그리스도인 인격과 세계 인격, 개인적 인격, 공적 인격을 분리하는 신(新)프로테스탄트적 분리를 본회퍼는 이 해석을 통하여 극복하였다. 4. "너의 원수를 사랑하라." 이 고난의 말씀은 가장 풍부한 결실을 거둘 수 있고 함축적이며 해방적 능력을 지니고 있다. 우리는 산상설교자의 열정으로부터 그리고 원수사랑을 한 순교자의 고난의 역사로부터 고난의 의미를 배워야 할 것이다.[60]

필자의 견해로는 원수사랑의 문제는 다음의 관점에서 보완하여야 한다. 1. 원수사랑은 보복적인 사랑이 아니라 창조적인 사랑이다. 2. 원수사랑은 원수를 자기 책임 안에서 더불어 관계 맺는 것이다. 따라서 원수사랑은 심정윤리가 아니라 책임윤리이다. 3. 원수사랑은 개인적인 삶뿐만 아니라 정치적인 삶에 유효하다. 4. 원수사랑은 이웃과 더불어 연대성이요, 타자를 위한 책임적인 삶이다.[61]

59) N, p. 125.
60) J. Moltmann, Feindesliebe, Ev. Kommentare, 1972, p. 504. Suk Sung Yu, CG p. 87f.
61) Suk-Sung Yu, CG. p. 88.

4. 그리스도의 형상

본회퍼는 『나를 따르라』의 마지막 장을 「그리스도의 형상」(Das Bild Christi)으로 예수와 하나가 되는 것에 대하여 서술하고 있다. 본회퍼는 이 부분의 성서적 근거로 "하나님이 미리 아신 자들을 또한 그 아들의 형상을 본받게 하기 위하여 미리 정하셨으니 이는 그로 많은 형제 중에서 맏아들이 되게 하려 하심이니라."(롬 8:29)를 인용하고 있다. 본회퍼는 예수 그리스도의 제자직에로 부름은 그리스도를 닮아야만 되는 약속보다 더 큰 약속이 없다고 전제하고 그 약속은 하나님의 맏아들의 형제가 되어 그의 모습을 지니지 않으면 안된다고 강조하였다. 그리스도와 같이 되는 것은 제자들이 이루어야할 최후의 과제이다

"예수 그리스도의 형상은 그들 안으로 침투하고, 그들을 가득 채우며, 그들의 모습을 바꾸어 놓는다. 그래서 제자들은 스승과 비슷해진다. 아니 그들은 스승을 닮게 된다. 예수 그리스도의 형상은 매일의 사귐 가운데서 제자들의 형상을 새긴다. … 예수 그리스도에게 완전히 순종하는 자는 반드시 그분의 형상을 지니게 될 것이다."[62]

본회퍼는 그리스도가 이 세상에 오기까지의 과정을 하나님이 최초의 인간인 아담을 창조하셨으나 그가 타락하여 하나님의 형상을 잃게 되고 그후 하나님이 종의 모습을 입고 인간이 된 성육신의 과

---

62) N, p. 275. DBW 4. p. 297. 『나를 따르라』, 손규태·이신건 옮김, 대한기독교서회, 2010, pp. 351-352.

정을 설명하고 있다. 하나님은 옛날에 자기의 형상대로 아담을 창조하셨다. 하나님은 창조의 완성으로서 창조한 아담 속에서 자기 자신의 형상을 보고 만족하며 "보라, 매우 좋았더라"고 하셨다. 아담에게서 하나님은 자기 자신을 인식했었고, 피조물인 인간이 하나님의 형상을 지니게 되었다.

그러나 아담은 뱀의 유혹에 넘어가 "하나님 같이"(sicut deus) 된 비밀을 자기 스스로 풀려는 시도를 함으로써 타락하게 되었다. 이제 아담은 하나님으로부터 받은 하나님 같은(wie Gott) 자신의 본질을 상실하게 되었다. 그 결과 인간은 하나님의 형상이 될 수 있는 본질적 규정 없이 살게 되었다. "인간은 살아갈 수 없는 존재로서 살아야 한다. 이것이야말로 우리 존재의 모순이며 모든 괴로움의 원천이다."[63] 어떻게 인간이 하나님의 형상을 지닌 존재로 복귀가 가능한가? 본회퍼는 변형(Metamorphose), 즉 형상의 변화(Umgestaltung)를 강조한다.[64] 하나님의 모습에로 인간의 변형이 어떻게 다시 이루어질 수 있을까? 타락한 인간이 하나님의 형상을 다시 찾고 취할 수 없기 때문에 오직 하나의 길만이 있을 뿐이다. 그것은 하나님 자신이 인간의 모습을 취하고 인간에게 오는 것이다.

하나님은 피조물인 인간을 버리시지 않고 피조물에게서 두 번째로 자기의 모습을 취하려고 한다. 하나님과 함께 있던 하나님의 아들은 타락하고 죄된 인간의 모습으로 온다. 하나님의 형상으로서 인간이 된 그 모습은 세 가지 모습으로 나타난다. 인간의 모습으로 성육신하고 십자가에 달려 돌아가시고 변모한, 부활한 그리스도의

---

63) N ,p.276.DBW4,pp.297. 국역,『나를따르라』,p353.
64) Vgl.N,p.277.DBW4.p.299.『나를 따르라』,p.353.

모습이다.

첫째, 인간이 된 그리스도의 모습은 그의 인간성과 낮추심 속에 우리들은 자신의 모습을 인식한다. 성육신 속에서 하나님의 형상의 존엄성을 얻게 된다. 이뿐 아니라 인간이 되신 분은 제자들을 모든 인간의 형제로 만든다. 성육신에서 드러난 하나님의 인간애(人間愛)는 지상의 인간 모두에게 그리스도인의 형제애(兄弟愛)의 도리가 된다. 성육신을 통해서 교회는 지상의 그리스도 몸이 된다. 이 몸이 모든 인류의 죄와 곤궁을 담당하게 한다.

둘째, 십자가를 진 예수 그리스도의 모습이다. 본회퍼에 의하면 이 모습은 세 가지를 말하고 있다. 우선 그 모습은 십자가에 달린 죽음의 모습이며, 그 다음은 지상에서 그의 제자들 모두 고난을 당하여야 한다는 것을 의미한다.

셋째, 십자가에 달린 분과 함께 고난에 동참하는 것은 그리스도를 위하여 죄 없이 굴욕과 고난 그리고 죽음을 당할 때 그리스도의 형상을 볼 수 있도록 교회에 뚜렷이 나타난다. 변모하고 부활한 그리스의 모습이다. 이 성육신하고, 십자가에 달리고 변모한 분이 내 안에 들어 와서 내 삶을 사신다. 그리스도는 나의 삶이다.(빌 1:21) 본회퍼는 여기에서 삼위일체적 해석을 한다. "그리스도와 함께 아버지가 내 안에 사신다. 아버지와 아들은 성령을 통해 내 안에 사신다. 그리스도인이 안에 사시고 그를 채우시며 그를 하나님의 형상으로 만드시는 분은 삼위일체 자신이다."[65] 또 주목할 것은 본회퍼는 그리스도와 교회의 밀접한 관계를 말하고 있다. 교회는 그리스도의 몸의 지체이기 때문에 예수 그리스도의 인간의 모습, 죽음의 모습,

---

65) N, p.281. DBW 4, p.303. 『나를 따르라』, p.359.

부활의 모습을 지닌다. 교회는 그리스도의 형상이며 교회를 통하여 모두 그의 지체가 된다.[66] 본회퍼는 그리스도에 대하여 제자들이 따라야 할 모범적인 상(Vorbild)으로 강조하고 있다. 제자들은 그리스도와 같이 되어야 한다. 그리스도는 우리가 따라야 할 모범적인 모습이다. 그리스도 자신이 우리 안에서 진정한 삶을 살기 때문에 우리는 그가 변화된 것 같이 변화될 수 있고, 그가 행한 것처럼 행하고, 그가 사랑한 것처럼 사랑하고, 그가 용서한 것처럼 행하고, 예수 그리스도와 같이 생각하므로 우리는 그가 우리에게 보여준 예를 따를 수 있고, 그가 우리를 위해서 한 것처럼 형제들을 위해서 우리의 모습을 버릴 수 있다.

마지막으로 본회퍼는 "예수를 따르는 제자는 궁극적으로 하나님의 모방자(Nachahmer)가 되도록 부름을 받았다"고 역설한다. 그것은 성육신하고, 십자가에 죽고, 부활한 예수 그리스도 모습을 지닌 자, 하나님의 형상이 된 자에게는 하나님의 모방자가 되도록 부름을 받았다는 것이다.[67] "그러므로 사랑을 받는 자녀같이 너희는 하나님을 본받는 자가 되라."(엡 5;1)

결 언

본회퍼는 독일의 교회투쟁시기에 히틀러 치하의 상황 속에서

---

66) N.p. 282. DBW 4. p.303.
67) N.p. 282. DBW 4. p. 304.

『나를 따르라』(Nachfolge)를 저술하였다. 이 책의 제목이 나타내 듯이 예수를 따르는 제자의 길에 대하여 십자가와 산상설교, 신학적 해석을 통하여 밝혀보고자 하였다. 제자직에서 중요한 것은 "신앙의 순종"(Gehorsamm das Glaubens)이다.[68]

예수 그리스도는 제자직의 근거와 목적이다. 제자직에로 부름은 제자의 순종을 요구한다. 순종은 직접적이고 단순하며 구체적 순종이다. 예수 그리스도의 제자직은 십자가에 달린 그리스도의 제자직을 의미하며 제자직에로 부름은 예수의 수난 선포와 연관되어 있다. 십자가는 그리스도와 함께 고난당하는 그리스도의 고난을 뜻하며 제자직은 고난받는 그리스도에게 결합을 의미한다.

본회퍼에 의하면 십자가의 십자가는 이 세상 속에서 그리스도의 고난에 참여하는 것이다. 예수의 인격에 결합하는 것으로써 제자직은 그리스도의 율법 아래, 즉 십자가 아래 뒤따르는 자가 되는 것이다. 본회퍼는 제자의 삶의 모습을 원수사랑에서 찾는다. 원수사랑을 본회퍼는 비범한 것이라고 하였다. 본회퍼는 원수사랑을 십자가의 길과 완전한 사랑으로 이해하였다. 원수사랑은 이웃과 더불어 연대성이며 타자를 위한 책임적 삶이다.

본회퍼의 그리스도 제자직의 오늘날 현재화의 의미는 창조적 제자직이다. 그리스도를 뒤따른다는 것은 단순히 그리스도를 모방하는 것이 아니다. 왜냐하면 예수의 뒤를 따른다는 것은 그 스스로 하나의 예수가 되는 것을 의미하지 않기 때문이다. 이것은 한 영웅에 대해 경탄이거나 동시성이 될 수 없다. 그리스도의 제자직은 오늘 자기 십자가를 지고 그리스도의 보내심의 책임 속에서 이루어지는

---

68) M, Honecket, Einführung in die Theologische Ethik, Berlin, 1990, p.148.

것이다.[69] 이것이 곧 창조적 제자직이라 할 수 있겠다. 그리스도의 제자직은 오늘 이 세상 속에서 하나님의 고난에 참여하는 것이다. 그것은 평화와 정의실현을 통해 복수하는 사랑이 아니라 원수까지도 사랑하는 창조적 사랑을 실천하는 일이다. 폭력과 전쟁이 없고 "칼을 쳐서 보습을 만들고 창을 쳐서 낫을 만들어 다시 전쟁을 연습치 않는"(이사야 2:4, 미가 4:3) 평화의 세계를 만들어 가는 것이다. 인종, 종교, 성별, 이념, 학력, 빈부의 격차를 넘어서 각자의 목소리와 빛깔을 내는 것이다. 다양성 속의 조화이다. 마치 일곱 개의 색깔로 조화를 이루어 아름다운 자태를 빛내는 하늘의 무지개처럼 조화를 이루어 가는 것이다. 오늘의 제자직의 과제는 하나님 나라의 희망 가운데 자기 십자가를 지고 그리스도를 바르게 고백하면서 사랑과 정의 그리고 평화세계를 만들어 가는 일이다.

---

69) J. Moltmann, Der gekreuzigte Gott, p.62.

제5장 본회퍼의 그리스도 현실과 윤리

머리말

디트리히 본회퍼신학에서 그리스도는 가장 핵심적인 위치를 차지한다. 모든 그의 신학사상은 그리스도와 연관되어 있다. 따라서 그의 신학은 그리스도 중심적 신학이다. 더 나아가서 본회퍼신학은 그리스도 중심적인 것을 넘어서 모든 것이 그리스도에 의해서 지배되는 그리스도 지배적인 신학이다.[1]

본회퍼신학에서 필생의 역작은 『윤리학』(Ethik)이다. 이 저서는 기독교의 삶과 연관시켜 윤리사상을 그리스도 중심적으로 다루었

---

1) Yu, Suk-Sung, Christologische Grundentscheidungen bei Dietrich Bonhoeffer, Tübingen, 1990, p. 7. (이하 CG)

다. 이 책은 본회퍼가 히틀러에 저항하던 독일의 이른바 교회투쟁기(Kirchenkampf)인 1940-1943년에 집필하였다. 그러나 본회퍼가 계획한 대로 완성하지 못한 미완성의 책이다. 본회퍼는『윤리학』을 쓰던 도중에 1943년 4월 5일 체포되어 형무소에 수감되었기 때문이다. 본회퍼는 감옥 안에서도『윤리학』에 대하여 생각하면서 "이 윤리학 저술을 끝마쳤어야 했었다"라고 아쉬움을 토로하였다.[2]

『윤리학』은 본회퍼가 죽은 후 베트게(E. Bethge)에 의하여 편집되어 출판되었고 최근에 본회퍼 전집 16권이 새롭게 편집되어 새판이 출판되었다.[3]

본회퍼『윤리학』은 제2차 세계대전이 끝난 후 20세기 후반부 기독교윤리학의 고전이 되었다. 이 책에는 기독교인의 삶의 문제를 다루는 기독교윤리의 주제들을 그리스도 중심으로 다루었다. 현실 개념, 형성으로서의 윤리, 위임사상, 궁극적인 것과 궁극이전의 것, 책임윤리 등 기독교윤리 문제를 새로운 관점에서 다루었다.

본회퍼의 사상은 전기와 후기로 나눌 수 있으며 사상에 전환이 이루어지는 것이『윤리학』이다.『윤리학』이전『성도의 교제』(Sanctorum Communio)에서『나를 따르라』(Nachfolge)에 이르기까지 전기에는 교회 안에 그리스도의 현재에 대한 신앙의 결과로서 "교회 공동체로서 존재하는 그리스도"(Christus als Gemeinde Existierend)를 말하는 교회사회학을 강조하였다.『나를 따르라』(Nachfolge)에서는 교회 공동체의 특별한 특성을 말하였다.『윤리학』(Ethik)에서는 교회로부터

---

2) Widerstand und Ergebung München, 1951, p.118.(이하 WE), Widerstand und Ergebung Neuansgabe, 2 Auflage, München, 1977, p.182. (이하 WEN)
3) Dietrich Bonhoeffer, Ethik, hg, Ilse Tödt, Heinz Edward Tödt, Ernst Feil und Clifford Green. sechster Band, München, 1992. (이하 DBW6)

세상으로 확대된 그리스도 지배의 지평이 문제이다. 삶의 모든 영역과 중심에 그리스도가 현존한다는 것과 그리스도 안에서 화해되어진 세계로서 모든 사람과 연관된 관계를 맺고 있는 현실의 모습이 문제이다.[4]

이 글에서는 본회퍼『윤리학』에 나타난 주요 주제들에 관하여 다루고자 한다.

1. 현실개념과 기독교윤리

현실(Wirklichkeit)은 본회퍼『윤리학』에서 중심적이며 핵심적인 개념이다. 본회퍼의 윤리는 그리스도를 지향한다. 현실개념은 본회퍼에게 하나님과 세계에 관하여 말하는 신학적인 개념이다.[5] 그 현실개념은 예수 그리스도의 성육신과 십자가사건을 통하여 설명되어 질 수 있다. 이 현실은 하나님이 이 세상 속으로 들어오신 사건과 그리스도 안에서 행하여진 신적 통치의 모습 속에서 획득되어진다.[6]

본회퍼는 기독교윤리의 문제를 그리스도 현실개념으로부터 이해한다. 현실은 그리스도에 의하여 가능하다. 현실개념은 본회퍼에 의하면 오직 그리스도로부터만 이해되어 질 수 있다. 본회퍼 윤

---

4) J. Moltmann, Herrschaft Christi und Soziale Wirklichkeit nach Dietrich Bonhoeffer, München, 1959, p.32. (이하 Herrschaft Christi)

5) Vgl. E. Feil, Die Theologie Dietrich Bonhoeffers, München, p.86.

6) Yu, Suk-Sung, CG, p. 117.

리와 현실개념의 중심이 되는 구절을 우리는 찾아볼 수 있다. "예수 그리스도 안에서 하나님의 현실은 이 세계의 현실로 들어왔다. 세계의 현실에 관한 질문과 같이 하나님의 현실에 관한 질문에 동시에 대답을 찾을 수 있는 장소는 오직 예수 그리스도의 이름을 통해서만 드러난다."[7] 본회퍼는 강조하기를 예수 그리스도에 관하여 말하지 않고는 하나님에 관해서나 세계에 대해서 말할 수 없고, 그리스도를 제외한 모든 현실개념은 추상적이 된다는 것이다.[8]

철학적 윤리와 기독교윤리는 어떻게 구별되는가.

윤리적 질문은 선에 관한 질문이다. 아리스토텔레스 이후 윤리의 중심적 문제는 선(das Gute)의 문제이다. 아리스토텔레스는, 윤리학은 선(善)에 기초하여 있다고 하였다. 인간과 자연 만물은 각각 실현해야 할 목적을 가졌다는 목적론적 형이상학에 기초하고 있는데 그 목적이 선이라고 보았다. 아리스토텔레스는 인간과 사회는 선을 목표로 하고 있다는 것이다. 아리스토텔레스는『니코마코스 윤리학』에서 다음과 같은 말로 시작하고 있다. "모든 기술과 탐구 또 모든 행동과 추구는 어떤 선을 목표 삼는 것이라 생각된다. 그러므로 선이란 모든 것이 목표 삼는 것이라고 한 주장은 옳은 것이라 하겠다."[9] 본회퍼는 아리스토텔레스 이래의 윤리학의 전통에 따라 윤리

---

7) Dietrich Bonhoeffers, Ethik, hrsg. E. Bethge, 9. Aufl, München, 1981, p.207. (이하 E DBW 6, p.39.).『기독교윤리』, 손규태 역, 대한기독교서회, 1974. p.166. (이하『기독교윤리』) 본회퍼,『윤리학』손규태·이신건·오성현 옮김, 디트리히 본회퍼 선집7 (대한기독교서회8,2002) 이하『윤리학』 p.47.

8) E, p.207. DBW 6, p.39.

9) 아마도 에우독소스의 주장인 것 같다. 에우독소스는 "만물에 대하여 좋은 것, 그리고 만물이 목적으로 삼는 것이 바로 선이라고 생각하였다"고 아리스토텔레스는 말하였다. EN 1172b, Aristoteles, Ethica Nicomachea, 영역 The Ethics of Aristotle, The Nicomachean Ethics,(Translated by J. A. K.Thomson) Penguin Books, 1955. 독역, Nicomachische Ethik,(übersetzung von Eugen Rolfes). Ph.B. 5, Hamburg, 1985. 국역,『니코마코스 윤리학』, 최명관 역 , 서광사, 1984,

의 중요한 질문은 선한 존재 (내가 어떻게 선하게 될 수 있을까)와 선한 행위(내가 어떻게 선한 것을 행위 할 수 있을까)로 보았다. 그러나 기독교윤리에서는 선한 존재와 선한 행위에 관한 질문을 버리고 다른 질문을 먼저 하여야 한다.

그것은 "하나님의 뜻에 대한 질문"(Frage nach dem Willen Gottes)을 하는 것이 기독교윤리라는 것이다. 하나님의 뜻은 어디에서 발견할 수 있는가? 이 하나님의 뜻은 예수 그리스도 안에 나타난 하나님의 계시의 현실에서 발견할 수 있다. 본회퍼는 강조하기를 "하나님이 자기를 선으로 나타내셨다는 사실과 하나님이 궁극적 현실로서 믿어지는 장소가 윤리적 노력의 근원이 된다"[10]고 하였다. 하나님 없이 사물과 율법을 보고 이해하는 것은 모두 추상적이 되며 근원과 목표로부터 이탈되기 때문이다. 인간이나 세계가 선한 것에 대한 문제는 하나님의 선을 문제 삼기 전에는 불가능한 물음이 된다. 하나님 없이 인간이나 세계의 선은 아무 의미를 갖지 못한다. 하나님은 그리스도를 통하여 자기 자신을 계시한다. 그러므로 하나님은 예수 그리스도 안에서 계시기 때문에 선에 대한 물음은 그리스도 안에서만 그 대답을 발견할 수 있다.[11]

본회퍼는 기독교윤리의 근원과 기독교윤리를 그리스도 안에 나타난 하나님의 계시와 하나님의 계시의 현실과 연관시켜 말하고 있다. 기독교윤리의 근원은 자아의 현실이 아니고 세계의 현실도 아니고 또 규범과 가치의 현실이 아니라 예수 그리스도 안에 그리고

(이하EN)

10) E, p. 201. DBW 6, p. 32.

11) E, p. 202. DBW 6, p. 33.

그의 계시 안에 나타난 하나님의 현실이다.[12] 기독교윤리의 문제는 그리스도 안에 나타난 하나님의 계시의 현실이 그의 피조물 가운데 실현되는 것이다. 마치 교의학의 문제가 그리스도 안에서 하나님의 계시의 현실이, 문제는 그리스도 안에서 하나님의 계시의 현실이 진리이냐 하는 것을 문제 삼는 것과 같다.[13]

본회퍼는 일반윤리(철학적 윤리)와 기독교윤리를 구별하였다. 일반윤리에서는 당위와 존재, 이념과 실현, 동기와 결과의 대립으로 특징이 나타난다. 기독교윤리에서는 현실과 현실화, 과거와 현재, 역사와 사건(신앙)의 관계나 애매한 개념들을 분명한 이름으로 대치시키기 위해 예수 그리스도와 성령의 관계가 문제된다.

본회퍼는 현실개념에서 당위와 존재, 관념주의와 실증주의, 규범윤리와 사회윤리, 자연법과 법실증주의의 대립을 넘어서 해결을 찾고 있다.[14]

본회퍼는 주장하기를 "선에 대한 물음은 예수 그리스도 안에 계시된 하나님의 현실에 참여하는 물음이다."[15] "선은 현실적인 것 그 자체, 즉 추상적인 의, 하나님의 현실로부터 이탈된 현실적인 것이 아니라 오직 하나님 안에서 현실성을 갖는 현실적인 것이다. 선은 이 현실 없이는 존재하지 않으며, 또 보편적 형식도 아니다. 그리고 이 현실적인 것은 이 선이 없이 존재할 수 없다. 선에의 의지는 하나님 안에서의 현실적인 것에 대한 갈망으로서만 존재한다."[16] 따라

---

12) E, p. 202. DBW 6, p. 33.
13) E, p. 202. DBW 6, p. 34. 『기독교윤리』 p. 163.
14) J. Moltmann, Herrschaft Christi, p. 41.
15) E, p. 203. DBW 6, p. 34f.
16) E, p. 203. DBW 6, p. 35. 『기독교윤리』 p. 163.

서 본회퍼는 오직 현실에 참여할 때 우리는 선에 참여하게 된다고 강조하였다.[17] 그러므로 선에 대한 질문은 그리스도 안에 계시된 하나님의 현실에 참여하는 것에 대한 질문이 된다.[18] 따라서 본회퍼는 다음과 같은 결론에 도달한다. "기독교윤리는 다만 이 세상 속에서 그리스도 안에 주어진 이 하나님의 현실과 세상의 현실의 현실화에 대하여 묻는 것이다." 기독교윤리는 예수 그리스도 안에 있는 현실이 지금 어떻게 현재적인 것으로 작용하는가이다. 예수 그리스도 안에서 하나님의 현실과 세계의 현실에 참여하는 것이 문제이다. 따라서 나는 세계의 현실 없이 하나님의 현실에 참여할 수 없으며 하나님의 현실 없이 세계의 현실은 경험할 수 없다.[19] 주목할 것은 하나님의 현실이 예수 그리스도 안에서 세계의 현실과 하나가 되며 기독교윤리의 근원은 그리스도의 현실이 된다. 예수 그리스도를 말하지 않고는 하나님에 관해서도 세계에 관해서도 올바르게 말할 수 없다. 예수 그리스도를 제외한 모든 현실개념은 추상들이다"[20] 그리스도 안에서 하나님의 현실과 세계의 현실에 동시에 참여할 수 있는 기회가 우리에게 주어진다. 기독교윤리는 이제 우리의 세계 안에서 그리스도 안에 주어진 하나님과 세계현실의 실현되어짐에 관하여 묻는 것이다.[21] 그러므로 기독교윤리는 예수 그리스도 안에서 하나님과 세계의 현실에 오늘 참여하는가가 문제이다. 그것은 내가 이 세계의 현실 없이 하나님의 현실을 경험하지

---

17) E, p. 203. DBW 6, pp. 34-35.
18) E, p. 203. DBW 6, p. 35.
19) E, p. 208. DBW 6, p. 40.
20) E, p. 207. DBW 6, p. 39.
21) E, p. 208. DBW 6, p. 40.

못하고, 하나님의 현실 없이 세계의 현실을 경험할 수 없기 때문이다.[22]

본회퍼는 두 영역으로 분리하는 모든 사고방식을 거부하였다. 신약성서 시대 이후 기독교윤리가 시작된 후 윤리적 사고는 이원론적이었다. 이것은 신적인 것과 세상적인 것, 거룩한 것과 세속적인 것, 자연과 은총, 교회와 세계를 두 영역으로 나누는 윤리적 사고의 근본 흐름이었다. 중세기의 수도승과 19세기의 문화적 프로테스탄트가 극단적인 두 개의 가능성을 대표한다. 중세기 수도승은 이 세상적인 영역보다 성스러운 영역이 우위에 있음을 주장하였다. 자연왕국에 대하여 은총의 왕국이 우위에 있다는 종교적 실존의 우위성을 주장하였다. 19세기 문화적 프로테스탄트는 영적인 영역에 대하여 이 세상적인 영역이, 끊임없는 독립이 그 특징을 이룬다고 보았다. 본회퍼는 두 현실이 존재하지 않고 오직 하나의 현실이 있다고 하였다. 두 개의 현실이 존재하지 않고 오직 하나의 현실이 있을 뿐이다. 즉, 그리스도를 통하여 이 세상 현실 안에 나타난 하나님의 현실이다. 우리는 그리스도에 참여함으로써 하나님의 현실과 세계의 현실에 동시에 서게 된다. 그리스도의 현실은 세계의 현실을 그 자체 속에 포함한다. 세계는 그리스도 안에 나타난 하나님의 계시와는 별개의 자기 자신의 현실을 가지고 있지 않다. 이 세계를 그리스도 안에서 보고 인식하지 않고서는 "기독교적"이 되려는 것은 예수 그리스도 안에 나타난 하나님의 계시를 부정하는 것이다. 따라서 두 개의 영역이 존재하는 것이 아니라, 오직 하나님의 현실과 세계의 현실이 서로 하나로 통일되는 그리스도의 현실화의 영역이 존재

---

22) E, p. 208. DBW 6, pp. 40-41.

할 뿐이다. 그러므로 두 영역을 주제로 하는 사고방식은 기독교 역사를 거듭 지배해 오고 있지만, 신약성서와는 거리가 먼 것이다. 거기서는 오직 그리스도의 현실이 이미 그리스도의 현실에 의해 포섭되고, 붙잡혀지고, 소유되고 현재의 세계에서 현실화되는 것이 문제가 된다. 서로 대립하고 두 영역이 서로 싸우고 그 결과 그 경계선이 문제가 되풀이해서 역사의 결정적인 문제가 되는 것이 아니라, 이 세계의 현실의 전체는 이미 그리스도에 의하여 결합되고 역사의 운동은 오직 이 중심으로부터 출발하고 이 중심으로 모이는 것이다.[23)]

따라서 그리스도와 이 세상이 서로 대항하고 서로 반발하는 영역으로 간주되는 것은 자신을 기만하는 것이다. 이 세상에서는 오직 하나님의 현실과 세계의 현실이 서로 하나로 통일되는 그리스도도 현실의 영역만이 존재한다. 기독교인들은 하나님과 세계가 화해된 이 그리스도 현실 안에서 "우리들 사이에서(unter uns)", "오늘(heute)", "여기에서(hier)" 어떻게 구체적으로 참여할 것인가를 추구하는 것이 기독교윤리이다. 하나님이 그리스도를 통하여 세상을 사랑하고 자신과 세상을 화해시켰다. 이 세상 속에서 사랑과 화해를 실천하는 것이 기독교인의 삶이다.

2. 형성으로서의 윤리

본회퍼는 기독교윤리를 형성으로서의 윤리(Ethik als Gestaltung)라

---

23) E, p. 209f. DBW6, p.41f.

고 하였다. 그는 기독교인의 삶의 모습의 근거를 예수 그리스도의 모습에서 발견하고 예수 그리스도의 모습대로 닮아가는 것을 '형성으로서 윤리'라고 하였다.

기독교윤리는 현실(Wirkrichkeit) 안에서 그리스도에게 일치와 같은 모습으로 되는(Gleichgestaltung) 것과 연관되어 있다는 것을 밝히는 것이 형성으로서의 윤리이다.[24]

형성으로서의 윤리이며 본회퍼의 『나를 따르라』(Nachfolge)의 마지막 부분, 「그리스도의 모습」(Bild Christi)[25]과 연속성을 갖는다. 「그리스도의 모습」에서 부름받은 제자들의 목표는 그리스도와 같이(wie Christus) 되는 것이다.[26] 제자들은 하나님의 약속에 따라 예수의 영광에 참여하려면 십자가 위에서 순종하며 고난당한 하나님의 종의 모습과 같이 되어야 한다. 이 형상은 인간이 되고 십자가에 달린 예수 그리스도의 형상이다.[27] 본회퍼는 그리스도를 몸의 지체로 파악하고 "그리스도 몸에서 우리는 그리스도와 같이 된다"[28]고 말한다.

예수 그리스도를 따르는 제자는 인간이 되고 십자가에 달리고, 부활한 예수 그리스도의 모습을 지니고 있어야 하며 예수를 따르는 자는 하나님을 본 받는 자이다.[29]

본회퍼는 『나를 따르라』에서 그리스도의 몸인 교회와 연관시켜 제자직의 문제를 논하고 있고, 이제 『윤리학』(Ethik)에서는 제자직의

---

24) Yu, Suk-Sung, CG, p. 98.
25) Dietrich Bonhoeffers, Nachfoge, 11. Aufl. München, 1976, 275-282. (이하 N)
26) N, p. 275. DBW 4, p. 297.
27) N, p. 278f. DBW 4, p. 299f.
28) N, p. 282. DBW 4, p. 303.
29) N, p. 282. DBW 4, p. 303.

문제를 세계(Welt)와 연관시켜 다루고 있는 것이 형성으로서의 윤리이다.[30)]

본회퍼는 성육신하신 예수 그리스도가 하나님과 세상을 화해시킨 이 세계의 현실 안에서 기독교인의 삶의 근거를 발견한다.

> "하나님과 세계가 갈라져 있는 한 아무도 하나님과 현실의 세계를 완전한 시각으로 볼 사람은 없다. … 예수 그리스도 안에서 하나님과 화해된 세계의 현실에 근거를 둔 것이라면, 예수의 계명은 의미와 현실성을 획득하게 된 것이다. 예수 그리스도를 주목하고 있는 사람은 실제로 하나님과 세상을 하나의 것에서 보며, 그는 그때부터 세계 없이 하나님을 볼 수 없고 하나님 없이 세계를 볼 수 없다"[31)]

본회퍼는 세계와 하나님이 화해된 것 안에서 예수 그리스도의 모습을 발견하고 세 가지 방식으로 전개하였다. 인간이 되고, 십자가에 달려 돌아가시고 부활한 모습이다.

성육신하여 인간이 되었다는 것은 하나님이 실제로 인간이 되었다는 것을 의미하며 인간이 신격화의 대상이 아니라 하나님의 사랑의 대상이라는 것이다.

하나님은 인간을 사랑하고 세계를 사랑한다. 이상적인 인간이나 세계가 아니라 있는 그대로의 인간, 현실의 세계를 사랑한다. 현실의 인간 현실의 세계는 하나님에게는 무한한 사랑의 근거이며 그렇

---

30) Vgl, K. Müller, Von der Kirche zur Welt, Leipzig, 1961, p.272.
31) E, p. 74. DBW 6, p.68f. 『기독교윤리』 p.60. 『윤리학』 p.82f.

기 때문에 하나님은 가장 깊이 그것들과 관계한다. 하나님은 인간, 현실적 인간이 된다.[32]

둘째로 십자가에 달려 죽은 분과 같은 모습이 되는 것은, 즉 하나님에 의하여 심판 받은 인간이 되는 것, 이 인간은 하나님의 심판을 받고 죄 때문에 하나님 앞에서 매일 매일 죽어야 하는 인간이다. 십자가에 달린 인간은 하나님에 의하여 심판받은 인간이 되는 것이다.

이 인간은 하나님 앞에서 매일 죽어야 하는 인간, 세상 속에서 그리스도를 위해 그리스도 고난에 동참하는 것이다.[33] "오직 그리스도의 십자가에서만, 즉 심판 받은 자로서만 인류는 그 참모습에 도달하게 된다."[34]

셋째로 부활한 인간이다. 부활한 인간의 모습으로 닮아가는 것은 하나님 앞에서 새로운 인간이 되는 것을 의미한다. 하나님에 의해서 용납되고 심판받고, 새로운 생명에로 일깨워진 인간이 부활한 인간이다.[35]

"부활한 그리스도는 자기 안에 새로운 인간성을 지니고 있다. 그것은 새로운 인간에 대한 하나님의 궁극적이고 영광스런 긍정이다. … 하나님에 의해서 용납되고 심판받고 새로운 생명으로 일깨워진 인간, 이것이 예수 그리스도이며, 그 안에 전 인류, 우리들이 존재한다. 이 세계를 끝까지 이끄는 이는 오직 예수 그리스도의 인격이다. 이 인격

---

32) Vgl, E 75ff. DBW 6, p.69f.
33) E, p.86. DBW 6, p.81.
34) E, p.86. DBW 6, p.82.
35) E, p.87. DBW 6, p.82.

에 의해서만 하나님과 화해된 세계의 전 모습이 이루어진다." [36)]

　요약하면 그리스도의 모습은 인간에게서 그 모습을 취한다. 인간
은 자기 자신의 독자적인 모습을 취한 것이 아니라, 그에게 모습을
주고 새로운 모습으로 보존하는 것은 언제나 예수 그리스도 자신의
모습뿐이다. 그리고 그것은 예수 그리스도의 모습의 모방이나 반복
이 아니라 인간에게서 모습을 취한 그리스도 자신의 모습이다.[37)]

　형성(Gestaltung)의 의미는 무엇이며 어떻게 이루어지는가. 본회퍼
는 형성을 성서적인 근거에서 말하고 있다. 갈라디아서 4장 19절
"나의 자녀들아 너희 속에 그리스도의 형상을 이루기까지 다시 너
희를 위하여 해산하는 수고를 하노니" 하는 말씀 속에서 "그리스도의
형상을 이루기까지"가 형성으로서의 윤리의 성서적 근거가 된다.
　형성의 성서적 의미는 "그리스도의 모습대로 변화되는 것이
다"(갈 4:19)[38)] 본회퍼는 형성의 성격을 강조하였다. "성서에서 중요
한 것은 계획과 프로그램을 통한 세계형성이 아니라 거기서는 모든
형성들 가운데 오직 한 모습, 세상을 이긴 모습, 예수 그리스도의 모
습이 문제된다." 오직 형성은 예수 그리스도로부터 이룩된 형성만
이 존재한다. 예수 그리스도의 모습에 끌려 들어오는 것이다. 예수
그리스도의 모습은 인간이 되고 십자가에 달려죽고 부활한 인간의
유일한 모습과 같은 모습이 되는 것이 형성이다. 그러나 '예수와 같

---

36) E, p. 84. DBW 6, p. 79f. 『기독교윤리』 p. 68.

37) E, p. 85. DBW 6, p. 81.

38) E, p. 70, p. 86. DBW 6, p. 81.

이 되는 것'은 노력에 의해 되는 것이 아니라 예수 그리스도의 모습 자체가 우리에게 작용하며 또 이것이 그의 모습에 따라 우리의 모습을 부각시켜 준다는 사실에서 성립된다.

그리스도는 유일한 형성자로서 존재한다. 기독교인들은 그들의 이념에 따라 세계를 형성하는 것이 아니라 그리스도가 자기와 같은 모습으로 인간을 형성한다.[39] 형성에서 중요한 것은 그리스도의 모습과의 관계이다. 형성은 그리스도의 모습을 떠난 어떤 독자적인 과정이나 상태가 아니다.

> "오직 예수 그리스도의 이러한 모습으로부터 시작해서 그 모습에 도달하는 형성만이 존재한다. 그리스도교 윤리의 출발점은 예수 그리스도의 몸, 교회의 모습 안에 있는 그리스도의 모습, 그리스도의 모습에 따른 교회의 형성이다."[40]

본회퍼는 강조하기를 기독교윤리의 출발점은 형식주의와 결의론을 초월한다고 한다. 기독교윤리는 하나님이고 인간인 예수 그리스도가 세계가 화해한 사건, 하나님에 의해서 현실의 인간이 받아들여지는 곳에 그 출발점을 두고 있다.[41]

형성으로서의 윤리는 추상적 윤리가 아니라 구체적인 윤리이다. 구체적 기독교윤리는 확실히 선에 대하여 물을 것이 아니라 그리스도가 어떻게 오늘, 여기, 우리들 사이에서 모습을 얻는가와 우리

---

39) E, p. 85. DBW 6, p. 80. 『기독교윤리』 p. 72f. 『윤리학』 p. 103.
40) E, p. 89. DBW 6, p. 84.
41) E, p. 91. DBW 6, p. 87.

가 어떻게 그리스도 모습대로 닮아갈 수 있는가를 질문하여야 한다. 이 과제는 세 가지 영역이 중요하다. "우리들 사이"(unter uns), "여기"(hier), "오늘"(heute)[42] 이 세 가지는 결단과 만남의 영역이다. 우리가 결정하고 우리를 위한 현실이 되는 때와 장소는 확실한 경험과 책임과 결단과 연관된다.

본회퍼는 윤리의 구체적 장소로서 현실의 구체적 상황을 강조한다.

> "오늘 그리고 여기서, 우리 가운데서 이 모습이 취하는 형태에 관한 모든 발언은 엄격하게 예수 그리스도의 모습에 집중되어야 한다. 다른 한편으로 그리스도의 성육신은 그리스도가 오늘 그리고 여기서, 우리 가운데서 형태를 취하기를 원한다는 사실을 입증한다."[43]

형성으로서의 윤리는 예수 그리스도의 순종의 윤리이다. 형성의 윤리는 모험이며 추상적, 결의론적, 프로그램적이 아니라 구체적 판단과 결단 안에서 우리의 세계 안에서 예수 그리스도 모습대로 되어지는 것에 말하여야 한다.

형성으로서의 윤리는 예수 그리스도의 제자직의 윤리(Nachfolge-Ethik)이다. "형성으로서의 윤리는 오직 교회 안에 계신 예수 그리스도의 현재적인 모습에 근거해서만 가능하다. 교회는 거기서 예수 그리스도의 모습이 취해지고 있다는 사실을 선포하고 그 일이 일어나는 장소이다. 이러한 선포와 사건에 봉사하는 데서 기독교윤

---

42) E, p.92. DBW 6, p.87
43) E, p.93. DBW 6, p.89. 『윤리학』 p.108.

리가 성립된다.[44]

3. 궁극적인 것과 궁극이전의 것

본회퍼는 모든 기독교인의 삶의 본질과 근원과 방식을 설명하기 위하여 궁극적인 것(Letzte)과 궁극이전의 것(Vorletzte)의 표현을 사용하였다. 궁극적인 것은 은총과 신앙에 의하여 그리스도 안에서 의롭다 함을 얻는 것을 말한다. 즉, 하나님이 그리스도 안에서 우리를 구원해주시는 일을 말한다. 궁극이전의 것은 궁극적인 것의 조건이 되는 것으로써 궁극이전의 단계인 기독교인과 세상의 관계를 의미한다. 즉, 이 세상에 속한 일들이다.

본회퍼는 기독교인의 삶속에서 궁극적인 것과 궁극이전의 것의 관계에서 두 가지 극단적인 해결방법이 있다고 보았다. 급진적인 해결방법과 타협의 방법이다. 급진적인 해결방법에서는 궁극적인 것만을 고려하므로 궁극이전의 것과는 완전히 단절된다. 궁극적인 것과 궁극이전의 것은 상호 배타적 대립관계에 있는 것이다. 그리스도는 모든 궁극이전의 것의 파괴자요 원수가 되며, 궁극이전의 것은 그리스도에게 대적한다. 오직 두 가지 구별이 있는데 그것은 그리스도 편이냐, 그리스도에게 대적하느냐 하는 것이다. 모든 인간의 행위에 있어서 궁극이전의 것은 모두 죄이며 부정이다. 기독교인은 이 세상의 것은 부정되며 책임이 없다는 태도이다.

---

44) E.p.p.86-94, DBW6,pp.81-90.

타협적인 해결방법은 궁극적인 것의 증오에서 생기며 세계는 세계의 수단을 통해서만 다루어지고 궁극적인 것은 세계에서의 삶의 형태를 결정하는데 아무런 발언권도 갖지 못한다. 본회퍼는 이 두 극단적인 방법을 거부한다. 기독교적 삶의 문제는 극단주의에서도 타협주의에서도 아니고 인간이 되고 십자가에 달리고 부활한 예수 그리스도 자신에게서 궁극적인 것과 궁극이전의 것 사이의 관계가 해결된다는 것이다. 기독교인의 삶은 그리스도와 세계의 만남에 참여하는 것이다.[45] 본회퍼는 궁극적인 것과 궁극이전의 것이라는 이론을 통하여 그리스도현실과 세상의 현실을 분리하는 루터의 두 왕국론을 극복하였다.

4. 위임론

본회퍼는 이 세상 속에서 신적 계명(神的 誡命)의 구체적 형태로서 위임론(委任論)을 논한다.

이 위임은 그리스도 계시 안에 근거되어 있으며 신적인 위탁이다. 위임에 대한 신적 계명의 관계는 내용과 형식의 관계와 같다.[46] "위임은 하나님 앞에서의 순종과 고난과 찬양 가운데서 이루어지는 세상적 삶을 지향한다. 세상적인 삶은 위임 속에서 그의 근원적이

---

45) E, p. 128ff. DBW 6, p. 13.
46) Yu, Suk-Sung, CG p. 138.

고 본래적인 형태를 발견한다."[47] 위임은 하나님의 대리자로서 세상을 위하여 책임적 삶의 기능을 담당하는 것을 의미한다.

본회퍼는 그리스도와 관계된 이 세계 속에서 하나님의 계명을 구체적으로 수행하는 모습을 위임(Mandate)이라는 것으로 표현하였다. 이 세계는 그리스도와 관계되어 있다. 이 세계는 그리스도에 의하여 그리스도를 목표로 창조되었으며 그리스도 안에서 존립할 수 있다. 그리스도 없이 세계에 대하여 말하는 것은 공허한 추상이다. 이 세계는 알던 모르던 그리스도에 대한 관계 속에 놓여있다. 이 세계와 그리스도의 관계는 이 세계 안에서 일정한 하나님의 위임에서 구체화된다.[48]

이렇게 위임은 신적 계명의 구체적 형태이다. 위임과 신적 계명과의 관계는 내용과 형식과 같다. 본회퍼는 4가지 위임을 제시하였다. 노동 (또는 문화), 결혼과 가정, 정부, 교회이다.

노동의 위임은 소유, 문화, 사회를 포함하고 있다. 노동은 에덴동산과 인간타락과 연관되어 있다. 아담은 에덴동산을 경작하고 지키도록 되어있다. 타락 후 노동은 하나님의 훈련과 은혜의 위임으로 존속하게 되었다. 노동의 위임은 인간이 하나님의 처음창조에 근거를 둔 새로운 창조에 참여하는 것을 말한다. 누구도 이 위임에서 면죄된 사람이 없다. 하나님의 위탁을 완성하려는 인간들의 노력 가운데 하늘나라의 형상이 나타나고 그것에 의해서 예수 그리스도를 인식한 사람들은 실낙원을 회상하게 된다. 노동이라는 하나님의 위임을 통하여 그리스도를 대망하고, 그리스도를 지향하고 그를 향하여 자기를

---

47) Jürgen Moltmann, Herrschaft Christi, p.48.
48) E, p. 220. DBW 6, p.54.

열고 그에게 봉사하고 그를 영화롭게 하는 한 세계가 생겨났다. 모든 노동은 어떤 사실에 책임을 지는 대리의 특성을 지녔다.

결혼의 위임은 결혼과 가정을 포함한다. 결혼 안에서 인간들은 그리스도가 그의 교회와 하나가 되듯이 하나님 앞에서 하나가 된다. 본회퍼에 의하면 결혼의 위임 안에서 인간은 창조에 동참함으로써 창조주의 의지 속으로 들어간다. 결혼을 통하여 인간들은 아이들을 낳고 예수 그리스도에게 영광을 돌리고 봉사하며 그의 나라를 성장케 한다. 결혼은 출산의 장소뿐 아니라 예수 그리스도에게 순종하도록 자녀를 양육하는 곳이다. 부모는 하나님께 위탁받은 출산자이며, 교육자로서 하나님의 자녀들을 위한 대리자이다.

정부의 신적인 위임은 노동과 결혼의 위임을 전제로 하고 있으며, 그 두 위임에 대하여 의존한다. 정부가 존재하기 전에 노동과 결혼의 위임이 존재하고 있었다. 정부는 그 자체로서는 생명과 가치를 생산해 내지 못한다. 정부는 창조적이지 않고 하나님의 위탁에 의하여 그에게 주어진 질서를 지킴으로써 창조된 것을 보존한다. 정부는 하나님의 위임을 인정하는 가운데 법을 제정하고 그 법을 칼의 힘으로 지키게 함으로써 창조된 세계를 보호한다. 정부는 예수 그리스도의 현실을 위하여 법과 칼의 힘에 의하여 이 세계를 지킨다. 모든 사람은 그리스도를 위하여 정부에 복종해야 한다.[49]

교회의 위임을 노동, 결혼, 정부의 세 위임과 구별된다. 교회의 위임은 그리스도 안에 나타난 하나님의 계시를 선포하는 것이며 그리스도가 선포되는 곳에는 언제나 교회가 존재한다.[50] 교회는 그리스

---

49) E, p. 223f. DBW 6, p.58f
50) E, p. 224. DBW 6, p.59f

도를 선포함으로써 인간의 모든 삶이 의롭게 되어 구원받고 해방되도록 봉사한다.[51]

5. 책임윤리

책임(Verantwortung)은 현대 윤리학 논의의 핵심적인 개념이다. 19세기에는 의무(Pflicht)라는 개념 속에서 복음의 이해를 시도했다면 20세기는 복음이해에 본질적 도움으로써 책임의 개념을 사용하였다. 20세기 들어서 책임의 개념을 처음 부각시킨 사람은 막스 베버(Max Weber)이다. 베버는 1919년 뮌헨에서 행한 강연 「직업으로서의 정치」에서 신념윤리(심정윤리 Gesinnungsethik)와 책임윤리(Verantwortungsethik)를 말하였다. 베버는 신념윤리와 책임윤리의 차이점을, 신념윤리는 "기독교인은 올바르게 행한다. 그리고 결과는 하나님께 맡긴다"는 것이다. 책임윤리는 "자기행위의 예견할 수 있는 결과에 대하여 책임을 지지 않으면 안 된다는 준칙 아래서 행동하는 것이다."[52]

본회퍼는 신학계에서는 처음으로 책임윤리의 문제를 제기하였다. 1941년 여름부터 1942년 초 사이에 쓴 『윤리학』 가운데 「책임적 삶의 구조」에서 책임윤리 문제를 다루었다.[53] 본회퍼는 이때 히

---

51) Moltmann, Herrschaft Christi, p. 55.
52) M. Weber, Gesammelte Politische Schriften, hrsg. von J. Winkelmann, Tübingen, 4. Aufl. 1980, p. 552.
53) 본회퍼의 책임윤리에 관하여 다음을 참조할 것. Yu, Suk-Sung. CG pp. 131-136.

틀러 암살음모 계획의 과정에 있었으며 모반의 행위의 정점에 있을 때 책임과 책임윤리 문제를 썼다.[54] 본회퍼는 그의 책임윤리를 신학적이며 그리스도론적으로 해명하는데, 여기에 중심개념은 대리사상(Stellvertretung), 현실 적합성(Wirklicheitsgemäßheit), 죄책을 받아들임(Schuldübernahme), 자유(Freiheit)이다.[55]

본회퍼는 추상적 법칙윤리, 결의론, 의무론적 윤리를 거부하고 책임윤리를 주장하였다. 그의 책임윤리는 그리스도가 성육신한 이 세상의 현실에서 세상을 위한 책임적인 삶을 말한다. "이 세상은 예수 그리스도 안에서 예수 그리스도를 통하여 우리에게 주어진 구체적인 책임의 영역"이기 때문이다.[56] 본회퍼의 책임은 철저하게 신학적이요, 그리스도론적이며, 예수 그리스도를 통하여 우리를 향하여 하시는 하나님 말씀에 응답함으로써 사는 응답구조이다.

본회퍼에 의하면 책임적 삶의 구조는 인간과 하나님에게 속박(Bindung)되어 있다는 것과 자기의 삶이 자유(Freiheit)하다는 것의 이중적으로 규정된다.[57] 본회퍼는 책임이란 속박과 자유가 밀접하게 결합되어 있을 때 존재하게 된다고 하였다.[58] 속박은 대리행위와 현실적합성의 형태를 취하며, 자유는 삶과 행위의 자기검증과 구체적인 결단의 모험에서 증명된다. 책임은 대리행위에 근거하고 있다. "대리적 삶과 행위로서 책임은 본질적으로 인간과 인간에 대한

---

54) Vgl., E. Bethge, "Bonhoeffers Weg von 'Pazifismus' zur Verschwöroung", in : H. Pfeifer (Hg.), Friede-das unumgängliche Wagnis, Die Aktualität der Friedensethik Dietrich Bonhoeffers, München, 1982, 119ff.

55) E, p. 238. DBW 6, p. 256

56) E, p. 247. DBW 6, p. 266

57) Yu, Suk-Sung, CG, pp. 127-136.

58) E, p. 238. DBW 6, p. 256

관계이다. 그리스도는 인간이 되었고 따라서 인간을 위한 대리적 책임을 지셨다."[59] 예수 그리스도의 삶은 책임적 삶으로 대리행위의 근원과 본질과 목적이다. 책임은 타자를 위한 삶과 행위이다. 한 걸음 더 나아가서 책임은 죄책을 받아들이는 것이다. 죄 없는 예수 그리스도가 그의 형제의 죄를 대신 짊어지신 것은 타인에 대한 심과 형제에 대한 사심 없는 사랑이며 책임적 행위이다. 이 책임적 행위는 본회퍼에 의하면 현실에 적합한 행동이다. 이것은 주어진 구체적 책임의 영역에서 예수 그리스도 안에, 예수 그리스도를 통하여 역사적으로 현실적 상황에 적합한 행위여야 한다.

본회퍼의 책임윤리는 개인윤리가 아닌 공동체의 윤리이며, 사회윤리이다. 본회퍼는 교회의정치적 책임의 모습을 다음과 같은 말에 극명하게 잘 표현되었다. "바퀴 아래 깔린 희생자에게 붕대를 감아주는 것뿐 아니라 바퀴 자체를 멈추게 하는 것이다."[60] 따라서 본회퍼가 히틀러의 암살음모에 가담한 행위는 저항권과 그의 책임윤리적인 관점에서 이해하여야 할 것이다.[61] 오늘 책임의 의미가 강조되는 시대에 본회퍼가 주장한 "책임윤리"는 기독교인들에게 인간과 자연, 종교와 정치를 생각할 때 삶의 지표가 되고 있다.

59) E,p. 240. DBW 6,p.258.
60) Gesammelte Schriften II,p. 48.
61) Yu, Suk-Sung, CG, p. 185.

결 론

본회퍼의『윤리학』은 기독교인의 삶의 길을 예수 그리스도 중심적으로 탐구한 저서이다. 본회퍼가 필생의 저서로 쓰고자 했으나 전곡을 다 마치지 못한 미완성의 교향곡처럼 미완성의 저술로 끝났다. 그가 다 부르지 못한 노래이지만 그 멜로디는 오늘도 기독교인의 삶의 방향과 이정표가 되고 새로운 신학을 창출하는 계기가 되었다.

『윤리학』은 그리스도 중심적인 신학과 윤리이다. 핵심이 되는 개념은 그리스도현실(Christuswirklichkeit)이다. 이 현실은 이 세상의 현실 속에 그리스도의 현실을 통하여 나타난 하나님의 현실이다. 다른 말로 표현하면 하나님이 인간이 된 성육신을 의미한다. 이것으로부터 그리스도의 현실은 기독교인이의 삶이 근거와 원천이 되었다. 기독교인으로 산다는 것은 이 세상 속에서 그리스도의 현실에 참여하는 것이다. 그 참여하는 모습으로 본회퍼는 형성으로서의 윤리를 말하였다. 인간이 되고 십자가에 달려 돌아가시고 부활한 그리스도의 모습대로 닮아가는 것이다. 그리스도가 지배하는 궁극이전인 이 세상속에서 하나님의 나라인 궁극적인 것을 향해 하나님의 맡겨주시고 명령하시는 위임을 수행하시면서 책임적인 삶을 살아가는 것이 기독교인의 본래적 모습임을 밝혔다. 모든 사람을 위하여 대신 십자가를 진 그리스도의 대리행위의 의미와 가치가 강조되었다. 이 대리행위는 사회적이며 그리스도의 지배가 우주적으로 확대된 것을 윤리학에서 발견할 수 있다. 본회퍼 사상의 새로운 전기가 윤리학에 이루어진다. 타자를 위해 세상을 위해 존재하는 그리스도의 모습이다. 기독교인의 삶은 타자를 위하는 삶이며 그리스도의 고난에 동참하는 삶이다.

제6장 본회퍼의 예수 그리스도와 성인된 세계

유 석 성 (신학, 기독교윤리학)

머리말

디트리히 본회퍼는 히틀러 치하에서 반(反)나치 투쟁 중 베를린 테겔형무소에서 수감되어 18개월 동안 감옥에서 지냈다. 그후 부헨발트(Buchenwald) 집단수용소, 레겐스부르크(Regensburg), 쉔베르크(Schönberg) 플로센뷔르크(Flossenbürg) 집단수용소로 이송되었다. 1945년 4월 9일 이른 아침 플로센뷔르크에서 교수형에 처형되었다.

본회퍼는 테겔감옥에서 수감 생활하는 동안 독서와 사색과 새로운 저서를 위한 구상과 집필 그리고 편지를 쓰며 지냈다. 이때 그의 제자인 에버하르트 베트게(Eberhard Bethge)에게 보낸 편지에 신학적 내용을 써서 보냈다. 이 편지는 본회퍼가 변화하는 현대 세계 속의 기독교의 모습을 진단 평가하고 기독교, 교회, 신학의 새로운 방향을 제시하였다. 본회퍼는 기독교란 무엇이며 예수 그리스도는 오늘 우리에게 있어서 누군가를 질문하였다.[1] 이 대답으로 성인된 세계, 성서적 개념의 비종교적 해석, 비의훈련, 타자를 위한 존재 예수 등 중요한 주제들을 말하였다. 이러한 그의 신학적 사고들은 제 제2차 세계대전 후 새로운 신학을 가능케 하는 단초와 방향타 역 할을 하였다. 특히 세계의 비신성화와 세상성의 현대적 발견을 하 였다. 본 논고에서는 이러한 본회퍼의 사상들의 주제들을 고찰하고 자 한다.

1. 성인된 세계

성인된 세계(die mündige Welt / die mündig gewordene Welt)에 관한 개 념은 본회퍼가 테겔감옥에서 쓴 『저항과 복종』에서 유래한다. 본 회퍼는 새로운 시대 속에서 기독교의 위치에 대하여 철저하게 그 의 모습을 분석하였다. "성인된 세계"의 개념은 두 가지 견해를 포 함한다. 세계는 신에 대하여 성인이 되어 독립적으로 되었고, 인간 은 자율적 본질로서 이해되고 무종교적으로 되었다.[2] 중세 이후 세 계는 세속화의 과정을 겪게 되었고 점차로 사람들은 자기들의 개 인적, 사회적 문제를 신의 도움 없이 자기의 책임 하에서 해결하려

---

1) Widerstand und Ergebung München, 1951, p.178.(이하 WE), Widerstand und Ergebung Neuansgabe, 2 Auflage, München, 1977, p.305.(이하 WEN) DBW 8, p.402.

2) Vgl, E. Jüngel, Gott als Geheimnis der Welt, Tübingen, 1982, p.75f.

고 하는 성인된 세계가 되었다. 따라서 성인된 세계는 새로운 시대에 대한 선언이며 당시 종교적 상황에 대한 진단(Diagnose)이며 새로운 종교에 대한 예시(Prognose)였다.[3] 본회퍼에 의하면 종교의 시대는 지나갔고 내면성과 양심의 시대인 완전히 무종교의 시대가 되었다는 것이다.[4] 이것은 13세기부터 시작한 서구 인간의 자율과 세계의 독자성을 추구한 계몽주의와 연관되어 있다. 칸트는 "계몽이란 무엇인가?"라는 그의 글에서 유명한 정의를 한 바 있다. '계몽이란 사람이 자기 탓인 미성숙으로부터 벗어남이다'라고 규정한다. "'미성숙이란 타자의 지도 없이는 자신의 지성을 사용하지 못하는 무능력이다. 그리고 그 무능력의 원인이 지성의 결여에 있는 것이 아니라, 타자의 지도 없이 자신의 지성을 사용하고자 하는 결단과 용기의 결여에 있다면, 그 무능력은 자기 탓이다. 그러므로 계몽의 표어는 '과감(果敢)히 분별(分別)하라!', '너 자신의 지성을 사용할 용기를 가져라!' 이다. 그래서 칸트는 '이 계몽을 위해서는 다름 아닌 자유'가, 그것도 '모든 문제에서 자신의 이성을 공명하게 사용하는 자유'가 필요하다고 본다."[5]

본회퍼는 계몽주의 영향 아래 인간의 자율성을 추구한 이런 운동이 현대에 와서 완성되었다는 것이다. 인간은 후견인인 신 없이 살게 되었고, 신은 이제 인간의 삶의 중심에서 밀려나게 되었다. "신은 성인이 된 세계와 우리들의 인식과 삶의 영역으로부터 점점

---

3) Yu, Suk Sung, Christologische Grundentscheidungen bei Dietrich Bonhoeffer, Tübingen, 1990. (이하 CG)

4) WE, p. 178. WEN, p. 305. DBW 8, p. 403.

5) 백종현, 『칸트와 헤겔의 철학』(아카넷 : 2010), p. 50. Immanuel Kant, *Was ist Aufklärung? in : Immanuel Kant Werkausgabe(Hrsg. Wilhelm Weischedel) XI (Suhrkamp Taschenbuch Wissenschaft 192) Frankfurt, 1977,*

더 멀리 밀려났으며 칸트 이후에는 경험의 세계 피안에서만 공간을 보유하고 있다."[6] 성인된 세계에서 "마치 신이 없는 것처럼"(etsi deus non daretur) 살게 되었다. 여기에서는 신은 다만 "기계로부터의 신"(deus ex machina), 즉 해결사로서 필요하거나 미봉책(Lückenbüßer)으로서 신은 존재하게 되었다. 그뿐 아니라 신을 형이상학으로, 작업가설로서 파악한다. 이것은 잘못이다. 신은 주변으로 밀려날 수도 나서도 안 된다. 신은 삶의 중심에 계신 분이다. "신은 역시 여기에서 미봉책이 아니다. 신은 우리의 가능성의 한계에서가 아니라 삶의 중심에서 인식되어지지 않으면 안된다."[7] 하나님은 전적인 초월자로서 멀리 떨어져 있는 분이 아니다. 그리스도 안에서 세상속의 기독교인의 삶과 함께 계시는 하나님이다. 본회퍼는 하나님을 "우리들 한가운데 계시는 초월자"라고 말하였다. "초월자는 무한히 멀리 있는 분이 아니라 바로 가까이 있는 분"이다. 본회퍼는 이것을 "하나님 앞에 하나님과 함께 하나님 없이 우리는 산다"고 표현하였다.[8] 하나님 없이 세상 안에서 하나님 앞에서 산다는 것은 무엇인가. 이러한 삶은 전적으로 십자가에서 발견할 수 있다. 이러한 사람은 하나님의 버림을 받은 십자가상의 하나님의 아들의 모습에서 발견할 수 있다. 십자가상의 예수께서 "엘리 엘리 라마 사박다니"나의 하나님 나의 하나님 어찌하여 나를 버리셨나이까(막 15:34)라고 소리질렀다. 이 모습 속에서 하나님의 버림과 무기력한 하나님을 볼 수 있다. "신은 자기 자신을 이 세상에서 십자가 위로 추방한다."[9]

---

6) WE, p. 229f. WEN, p. 373f. DBW 8, p. 503f.
7) WE, p. 211. WEN, p. 341. DBW 8, p. 455.
8) WE, p. 241. WEN, p. 374. DBW 8, p. 534.
9) WE, p. 242. WEN, p. 374. DBW 8, p. 534.

본회퍼의 견해는 성서의 하나님을 이 세상 속에서 그의 무력함(연약함)을 통하여 힘을 얻는 역설적인 하나님이라는 것이다. "하나님은 세상 속에서 무기력하고 약하다 바로 이것 때문에 오직 그는 우리와 함께 계시고 우리를 돕는다. 마태복음 8장 17절에 아주 분명하게 되어있다." 이는 선지자 이사야를 통하여 하신 말씀에 우리 연약한 것을 친히 담당하시고 병을 짊어지셨도다 함을 이루려 하심이더라."(마 8:17) 그리스도는 그의 전능의 능력으로 돕는 것이 아니라 그의 약함의 능력과 그의 고난의 능력으로 돕는다.[10]

이러한 사실로부터 하나님은 고난 받는 자로서의 이 세계 속에서 현재한다는 것이 명백해진다. "오직 고난받는 신만이 도울 수 있다"[11] 그리스도는 고난을 통해서 우리를 돕는다. "기독교인은 그의 고난 속에서 하나님과 함께 있다는 것이 기독교인을 이교도로부터 구별한다. … 인간은 신을 상실한 세상에서 하나님의 고난에 동참하도록 부름을 받고 있다. 따라서 실제로 인간은 신을 상실한 세계 속에서 살지 않으면 안 된다. 그리고 이 세계의 무신성을 어떤 방법으로든지 종교적으로 은폐하거나 신성화하려고 시도해서는 안 된다. 그는 '세상적'으로 살지 않으면 안 된다. 그는 '세상적'으로 사는 것이 허락되어 있다. 즉, 그는 잘못된 속박과 억제로부터 해방되어진다."[12] 본회퍼는 강조하기를 "종교적 행위가 기독교인을 만드는 것이 아니라 세상적 삶속에서 신의 고난에 동참하는 것이 기독교인을 만든다"고 하였다.[13] 이 세상 속에서 고난에 동참하는 일이 바

---

10) WE, p. 242. WEN 394. DBW8, p.534
11) WE, p. 242. WEN 394. DBW8, p.534
12) WE, p. 244. WEN 395. DBW8, p.535
13) WE, p. 244. WEN 395. DBW8, p.535

로 회개(Metanoia)하는 일이며 예수 그리스도의 길과 메시아적 사건에 들어가서 그렇게 함으로써 이제 이사야 53장이 성취되는 것이다. 따라서 '복음을 믿으라'는 것은 요한 복음의 "세상죄를 지고 가는 하나님의 어린양"(요 1:29)과 관련되어 있다.[14)

본회퍼는 예수 그리스도의 십자가상의 모습을 예수 그리스도 안에 나타난 신의 메시아적 고난으로 이해하고 이것이 신약성서에서 다양한 방법으로 나타난다고 한다. 예수께서 제자들을 제자직에로 부르는 것을 통하여 죄인들과 더불어 식탁 공동체를 통하여 협의의 의미로 '회심'을 통하여(삭개오), 큰 죄가 있는 여자의 행위를 통해서(아무 죄의 고백 없이 행해진)(눅 7장), 병든 자의 치유를 통해서(마 8:17), 어린아이들을 받아들임을 통하여 등 여러 가지 모습으로 나타난다. 이들에 유일하게 공통적인 것을 그리스도 안에서 신의 고난에 동참하는 일이며 이것이 그들의 "신앙"이다.[15) 본회퍼는 '종교적 행위'와 '신앙적 행위'를 구별한다. '종교적 행위'는 언제나 무언가 부분적인 것이며 신앙은 어떤 전체적이며 삶의 행위(Lebensakt)라고 하였다.[16) 여기에서 중요한 것은 예수님은 새로운 종교로 부르는 것이 아니라 삶으로 부른다는 것이다. 신에 관해서 비종교적으로 말하는 것은 세계의 무신성을 어떤 방법으로 은폐하는 것이 아니라 폭로하고 바로 그것 때문에 세상에 대하여 놀라운 빛이 비치도록 신에 대하여 말하지 않으면 안 된다. 따라서 본회퍼는 역설적으로 강조한다. "성인된 세계는 더 무신적이지만 바로 그 때문에 성인이 되

14) WE, p. 245. DBW8, p. 536
15) Dietrich Bonhoeffers, Ethik, hrsg. E. Bethge, 9. Aufl. München, 1981, 245. (이하 E)
16) WE, p. 246. DBW8, p. 537

지 않는 세계보다도 더욱 신에 가까울 것이다"[17]

본회퍼는 하나님을 고난받는 하나님이라는 것이다. 이 고난받는 약한 하나님만이 우리를 도울 수 있다. 십자가에 달린 모습은 예수의 고난을 신의 고난에 동참하는 것이라고 보았다. 기독자가 된다는 것과 기독교인을 이교도와 구별하는 것도 이 고난에 있다. 기독교인은 신을 상실한 세계에서 하나님의 고난에 동참하도록 부름받고 있다.[18] 이 세상의 삶속에서 신의 고난에 동참하는 것이 기독자를 만든다.[19] 기독교인이 된다는 것은 세상의 삶속에서 신의 고난에 참여하는 것이요, 신앙은 그리스도 안에서 신의 고난에 참여하는 것이다.

2. 성서적 개념의 비종교적 해석

1) 비종교적 해석

본회퍼는 테겔감옥에서 신학적 사고 과정 속에서 독자적인 새로운 표현을 발견하였다. 그 중에 하나가 '성서적 개념의 비종교적 해석(die nichtreligiöse Interpretation der biblischen Begriffe)과 같은 것이다. '성서적 개념의 비종교적 해석(非宗敎的 解釋)'은 다른 말로 표현하면 하나님에 관하여 세상적으로 말하고 무신성의 세계를 이해하는 것이

---

17) WE, p. 246. DBW 8, p. 537
18) WE, p. 244. DBW 8, p. 537
19) WE, p. 244. DBW 8, p. 537

다. 다시 말해서 본회퍼는 이 개념을 사용하여 무신성의 세계에서 어떻게 신에 관하여 세상적으로 말할 수 있을까 하는 점을 밝히고자 하였다. 본회퍼는 이 문제를 제기하면서 질문을 하고 새로운 선언을 한다. 본회퍼는 "끊임없이 나를 움직이는 것은, 도대체 기독교란 무엇이며 그리스도란 오늘 우리들에게 누구인가라는 질문이다"라고 말하였다.[20] 그는 그것이 신학적인 말이건 경건한 말이건 말에 의하여 말할 수 있는 시대는 지나갔다고 하면서 내면성과 양심의 시대 그리고 일반적으로 종교의 시대가 지나갔고 완전히 무종교의 시대를 맞이하고 있다고 선언하였다.

본회퍼는 종교를 부정적인 개념으로 이해하였다. 종교는 "역사적으로 제약되고 지나가는 인간의 표현형식"[21]으로 "기독교 의복"이며 "완전한 무종교의 전단계"라고 하였다.[22] 종교는 형이상학이요 개인주의적이다. 본회퍼는 이것이 성서적 가르침에도 맞지 않는다고 한다.[23] 비종교적 해석은 이렇게 신에 관하여 '세상적'(weltlich)으로 말하는 것이다. 비종교적 해석은 예수의 고난에 동참하는 삶을 말한다. 무종교의 기독교는 새로운 세계이해와 신이해 경험을 의미한다. 세계와 신앙은 예수 그리스도 안에서 분리될 수 없는 것이다. 비종교적 해석은 사신신학이나 무신론의 원형으로 오해해서는 안 된다. 하나님에 대한 신앙과 하나님 불신세계가 역설적으로 통일된 것이다. 무종교적 기독교는 무신앙의 기독교를 의미하는 것이 아니다. 본회퍼에게 신앙은 이론적이거나 지적인 문제가 아니라 기독교

---

20) WE, p. 178. DBW8, p.402
21) WE, p. 179f. DBW8, p.404
22) WE, p. 180. DBW8, p.404
23) WE, p. 183f. DBW, p.414

적이며 인간적인 삶의 문제이다. 신앙은 인간을 부르는 예수 그리스도의 부름에 구체적으로 뒤따르는 것이다.

2) 계시 실증주의

본회퍼는 칼 바르트의 계시론을 계시실증주의(Offenbarungspositivismus)라고 판단하였다. 본회퍼는 우선 바르트가 종교문제에 관하여 언급한 것을 긍정적으로 보았다. 바르트가 종교비판을 시작한 첫 번째 신학자라고 그의 공로를 높이 평가하였다. 그러나 종교비판 과정에서 종교의 자리에 실증주의적 계시론을 대치하였다고 본회퍼는 보았다.

바르트는 "먹느냐 먹히느냐의 계제다"(friß Vogel, oder stirb)라는 표현을 사용함으로써 양자택일의 이분법적 흑백논리를 폈다는 것이다. 즉, 처녀탄생이든가 또는 삼위일체이든가, 그 밖에 어떤 것이든 전체로서 받아들이든가 아니면 거부하든가 하는 것이 바르트의 입장이었다.[24] 본회퍼는 이러한 바르트의 견해를 비성서적이라고 비판하였다. 칼 바르트의 계시실증주의의 위험은 계시만을 강조함으로써 계시와 세계 사이의 관계를 상실한다고 본회퍼는 본 것이다. 따라서 바르트의 계시론은 하나님의 계시와 세상 사이의 관계 상실의 위험이 있다.[25]

---

24) WE, p. 184, WEN, p. 312. DBW 8, p. 415

25) Vgl, E. Feil, Die Theologie Dietrich Bonhoeffers, Hermeneutik, Christologie, Weltverständnis, München, 1971, pp. 349ff, R. Prenter, "Dietrich Bonhoeffers und Karl Barths Offenbarungspositivismus" : in Die Mündige Welt III, München, 1960, p. 13ff.

3) 신도의 비의훈련과 세계성

본회퍼의 종교적 개념의 비종교적 해석론에서 이 세상과 연관시켜 신도의 비의훈련(秘義訓練/Arkandisziplin/ arcane discipline)의 중요성을 강조하였다.

본회퍼는 『저항과 복종』에서 두 번 비의훈련(Arkandisziplin)의 의미에 관하여 언급하였다.[26] 4세기 초 콘스탄틴 대제에 의하여 기독교가 국교로 된 후 이도교들이 교회로 물밀듯 들어왔다. 이것은 교회에 이중의 오해들의 위험을 포함하고 있었다. 종교적 성스러운 신앙적인 일의 가치저하와 외적으로 기독교회를 열망하는 대중들을 통하여 기독교적 삶이 세속화되는 위험이었다.[27] 이때 신자들의 비밀을 지키는 의무(Pflicht zur Geheimhaltung)가 필요하게 되었다. 신도의 비의훈련은 교회 공동체 삶을 지키고 속되는 것을 막기 위하여 세례받지 않은 사람들에게 성찬, 사도신경, 주기도문, 성만찬을 못하게 한 규칙을 말한다. 본회퍼는 이것을 기독교 신앙의 비밀이 속화되는 것을 막기 위하여, "속화됨 앞에 기독교신앙을 보호하는 것"[28]이라고 하였다. 이것은 교회와 세상의 격리되는 공간적 분리가 아니다. 여기에서 중요한 것은 신도의 비의훈련과 세상과의 관계이다. 비의훈련과 세상은 밀접한 관계를 가지고 있다. "신도의 비의훈련"은 세상과의 격리가 아니라 세상을 위한 봉사이다. "수도원적인 은거가 아니라 밖을 향한 봉사를 위한 가장 깊은 내적

---

26) WE, p. 180, p.185. WEN, p.306 312. DBW8, p.405. p.415

27) H. Lietzmann, Geschichte der alten Kirche, Bd. 4, p.91.

28) WE, p. 185. WEN, p.312. DBW8, p.415

인 집중이 목표이다."[29] 신도의 비의훈련은 세계에 대한 봉사이다. 본회퍼는 주장하기를 기도명상, 예배, 교회직분은 기독교인의 삶에서 포기하거나 양도할 수 없는 것이다. 정신적인 훈련을 위해 마치 매일 먹고 마시는 음식물같이 꼭 필요한 것이다. 본회퍼는 다음과 같이 말하였다. "오늘 우리가 기독교인이라는 것은 두 가지 존재방식에 의해서만 성립된다. 기도와 인간 사이에 정의를 행하는 것이다."[30] 본회퍼가 히틀러정권에 항거하였던 저항력의 원천은 바로 비의훈련에 있었다.

본회퍼는 교회 안에서 신앙의 권리를 위하여 죽었을 뿐 아니라 정치적 삶에 있어서 신앙의 복종의 권리를 위하여 죽었다. 본회퍼의 경건과 정치적 참여가 조화된 모습과 그의 기독교적-정치적 순교의 힘은 비의훈련과 연관시켜 생각할 수 있다.[31]

3. 타자를 위한 존재 예수

본회퍼는 베를린 테겔감옥에서 쓴 그의 옥중서간 1944년 4월 30일자 편지에서 중요한 질문을 한다.

"예수 그리스도는 오늘 우리에게 도데체 누구인가?"[32] 이 질문에

---

29) Dietrich Bonhoeffer, Gesammelte Schriften II, p. 449. (이하 GS)
30) WE, p. 207. WEN, p.328. DBW 8, p.435.
31) Vgl, Jürgen Moltmann, Der Weg Jesu Christi, München, 1989, p.223.
32) WE, p. 178. WEN, p.305. DBW 8, p.402.

대한 대답을 옥중서간『저항과 복종』,「어느 저서를 위한 초안」에서 발견할 수 있다. 거기에서 본회퍼는 "예수는 오직 타자를 위한 존재"라고 하였다.[33]

1) 초월경험

본회퍼는 "타자를 위한 존재" 예수(Das "Für-andere-Dasein" Jesu)를 초월경험(Transzendenzerfahrung)이라고 하였다.[34] 초월자 하나님을 인간이 된 예수를 통해 경험할 수 있기 때문에 초월경험이라는 표현을 사용하였다. 본회퍼는 강조하기를 "예수 그리스도와의 만남, 그것은 인간의 전 존재의 전환이 주어지는 경험이요 예수는 오직 타자를 위하여 존재한다는 경험이다."[35] 이것은 진정한 신경험은 예수 그리스도와 더불어 가능하다는 의미이다. 하나님은 인간이 된 예수 안에서만 이해되어 질 수 있다. 그러므로 신경험은 예수 그리스도 안에, 예수 그리스도와 더불어, 예수 그리스도를 통하여 성립될 수 있다. "신에 대한 우리들의 관계는 가장 높고, 가장 강하고, 가장 좋은 존재로 생각할 수 있는 종교적 관계가 아니고 (이것은 진정한 초월이 아니다) 신에 대한 우리의 관계는 예수의 존재의 참여 안에서, "타자를 위한 존재(Dasein für andere)에 있어서 새로운 삶이다. 초월적인 것은 무한하고 도달할 수 없는 과제가 아니라 그때 그때 주어지는 도달할 수 있는 이웃이다."[36] 이러한 사실로부터 예수는 타

---

33) WE, p. 259, WEN, p.414, DBW8, p.558
34) WE, p. 259, WEN, p.414, DBW, p.558
35) WE, p. 259, WEN, p. 414, DBW, p.558
36) WE, p. 259f, WEN, p. 414, DBW, p.559f.

자를 위한 인간인 것이 밝혀진다. 그런 까닭에 예수는 초월적인 것으로부터 살아있는 인간인, 십자가에 못 박힌 분이다.[37] 그러므로 "타자를 위한 존재" 예수는 인간의 모습을 취하신 하나님인 초월경험이다. 이 초월경험은 "타자를 위한 존재"로 살 것을 요구한다.

본회퍼는 신앙이란 성육신하고 십자가에 달려죽고 부활한 이 예수의 존재에 참여하는 것이라고 하였다.[38] 이것은 세계 안에서 하나님의 고난에 참여하는 것이다. 그러므로 이 신앙은 모든 세상과 관계되어 있지 저 세상의 것만이 아니다.

2) 대리행위

대리행위(Stellvertretung)는 본회퍼의 신학사상 중 중심개념의 하나이다. 본회퍼는 『성도의 교제』(Sanctorum Communio)로부터 옥중서간인 『저항과 복종』(Widerstand und Ergebung)에 이르기까지 그의 핵심사상으로 나타나 있다.

『성도의 교제』에서는 집합개념과 관련하여 『윤리학』(Ethik)에서는 책임적 삶과 연관시켜 다루고 있다. "예수 그리스도의 삶은 책임적 삶으로서 책임의 근원과 본질 그리고 목적이 된다. 책임은 타자를 위한 삶과 행위이다"[39]

『저항과 복종』에서는 또 한 번 "타자를 위한 존재 예수"에 관련하여 대리행위를 다루었다. 본회퍼는 그의 『저항과 복종』에서 그의 신

---

37) Vgl. WE, p. 260, WEN, p. 414. DBW, p. 559
38) WE, p. 259, WEN, p. 414. DBW, p. 558
39) CG 133.

학의 중심 테마의 하나인 대리행위로 기독론적 형식인 "타자를 위한 존재" 예수를 받아들였다. 본회퍼는 「그리스도론 강의」에서 『윤리학』에 이르기까지 그리스도의 존재를 우리를 위한(pro nobis) 존재로 말하였다. 본회퍼는 옥중서간인 『저항과 복종』에서 이 형식 우리를 위한 (pro nobis) 을 변형시켜 "타자를 위한"(pro aliis)것으로 표현하였다. 타자를 위한 존재는 대리행위를 나타낸다.

3) 십자가신학

"타자를 위한 존재" 예수의 형식으로 표현된 본회퍼의 옥중서신 「저항과 복종」의 기독론은 "영광의 신학"(theologia gloriae)이 아니라 "십자가신학"(theologia crucis)에 근거하여 있다. 영광의 신학은 사역을 통하여 그것도 창조 안에서의 하나님의 사역을 통하여 하나님을 인식할 수 있다는 것이고 십자가신학은 고난을 통해서만 하나님을 인식할 수 있다는 것이다.[40]

"십자가신학"이라는 용어는 마르틴 루터가 1518년 「하이델베르크 논쟁」에서 사용한 표현이다.[41] 루터가 이 개념을 사용한 것은 중세의 교회가 사용한 영광의 신학에 반대하여 십자가에 달린 분의 해방하는 복음의 종교개혁적 인식을 명확하게 표현하고자 한 것이다. 이 십자가신학의 성서적 근거는 로마서 1:17, 고린도 전서 1:18, 이하다. 루터는 바울서신에 나타나 있는 성서적 근거로 창조와 역사 안에서 그 업적들로부터 하나님을 인식할 수 있다는 인식을 거부하고 고난과 십

---

40) P. Althaus, Die Theologie Martin Luthers, 6, Aufl, Gütersloh, 1983, p.35.
41) Luther, WA, p.162, p.21.

자가로부터 하나님을 인식할 수 있음을 주장한 것이다.[42]

루터가 십자가신학을 주장하게 된 것은 인식과 업적을 통하여 자신을 신격화시키고자 하는 인간의 비인간적인 관심으로 흐르고 있는 영광의 신학에 대한 비판이었다. 영광의 신학은 고난보다는 행위를 십자가보다는 영광을 더 좋아한다. 그리스도의 고난과 십자가 안에서 하나님을 인식하는 십자가신학은 부끄러움 가운데서 하나님을 인식하는 것이다.[43] 루터에게서 하나님에 대한 참된 지식에 대한 관심과 또 올바른 윤리적 태도에 대한 관심은 서로 분리되거나 구별된 것이 아니고 궁극적으로 동일한 것이다.

십자가의 신학은 인간을 그의 비인간적 교만으로부터 참된 인간적 존재에로 해방시킨다. 루터는 십자가의 신학을 개혁적 신학의 프로그램으로 발전시켰다. 이 십자가의 신학은 선포의 삶을 통하여 이루어지는 비판적이고 해방시키는 실천에 관한 신학이다.

십자가신학의 한계는 루터가 십자가신학을 아리스토텔레스의 업적을 철학과 효과적으로 대결시켜 십자가 철학을 형성시키지 못못 한 것에 있다. 루터는 농민에게 보내는 서한에서 오히려 비개신교적인 고난의 신비와 겸손한 순종에 대하여 언급하고 있다. 십자가신학의 과제는 신학을 세계이해와 역사이해에 이르기까지 발전시키는 것이다. 교회개혁적일 뿐만 아니라 사회 비판적인 십자가신학을 비참한 사람들과 또 그들의 지배자들을 해방시키는 실천과 함께 발전시키는 것이다.[44] 본회퍼는 루터의 십자가신학을 타자를 위

---

42) J. Moltmann, Der gekreuzigte Gott, München, 1972, p.73f.

43) Vgl. Luther, WA I, p.362.

44) J. Moltmann, Der gekreuzigte Gott, p.73ff. 김균진 옮김.『십자가에 달리신 하나님』pp81-85.

한 예수의 모습으로 이 세상 속에 구체화시켰다. 본회퍼신학의 과제 역시 교회개혁과 사회비판적인 신학으로 더 발전시키는 일이다.

본회퍼에게 있어서 예수 그리스도의 성육신, 십자가 처형, 부활은 분리되지 않고 함께 속한다. "부활과 같이 성육신은 십자가 속에 포함되어 있는 한 예수 그리스도 안에서, 계시 안에서, 그의 은총 안에서, 이 세계에 대한 모든 하나님의 관계로서 존재하고 세상 가운데 있는 하나님의 고난이다"[45] 본회퍼에 의하면 신의 인식은 루터가 그의 십자가의 신학개념 안에서 보여준 것같이 오직 그의 고난과 십자가사건에서 이루어진다.

십자가에서 "타자를 위한" 고난의 길은 현세성을 본다. 본회퍼에 있어서 십자가신학은 세상적 삶속에서 그리스도의 십자가와 고난에 참여하는 것이다. 본회퍼에게 있어 "타자를 위한 존재 예수"는 세상을 위해 타자와 더불어 존재하는 예수 (Mit-anderen-Dasein Jesu)라고 말할 수 있다.

4) 타자를 위한 교회

본회퍼에게 있어서 "타자를 위한 존재" 예수와 연관시켜 우리는 반드시 "타자를 위한 교회"(Kirche-für-andere)를 고려해야 한다. "교회는 그것이 타자를 위해서 존재할 때만 교회이다"[46] 이것은 본회퍼의 유명한 말이다. 여기에는 두 가지 질문이 필요하게 된다. 첫째, 참된 교회는 어디에 있는가?, 둘째, 누가 "타자"인가?

---

45) M. Müller, Von der Kirche zur Welt, p.385.
46) WE, p.261, WEN, p.415. DBW, p.560

첫재 질문 "참된 교회는 어디에 있는가"에 대하여 참된 교회는 두 가지 조건들 하에 놓여 있다. 그것은 그리스도와 십자가이다.[47] 본회퍼가 이미 그의 『성도의 교제』에서 강조하였듯이 교회의 기초는 교회이다. 더 나아가서 명백한 것은 "그리스도 없이 교회는 없다"

둘째로 참된 교회는 십자가 아래 있는 교회이다. 십자가 아래 있는 교회는 십자가 공동체와 고난 공동체로 표현된다. 이것은 십자가 아래에서 고난의 몫을 감당하고 그리고 세상적 삶에서 하나님의 고난을 함께하는 것이다.

본회퍼에 의하면 타자를 위한 교회의 과제는 다음과 같다. 첫째, 교회는 궁핍한 자들에게 모든 소유를 나누어 주지 않으면 안 된다. 둘째, 교회는 사람들의 사회생활의 세상적 과제에 대하여 지배하면서가 아니라 도와주고 봉사하는 것에 참여하여야만 하는 것이다. 셋째, 교회는 모든 직업인들에게 그리스도와 더불어 사는 것이 무엇이며 타자를 위해서 존재한다는 것이 무엇을 의미하는지 말하지 않으면 안 된다. 특히 교회는 모든 악의 근원인 오만, 권력숭배, 시기와 환상주의의 죄에 대하여 항거하지 않으면 안 된다. 넷째, 더 나아가 교회는 절제, 순수, 신뢰, 성실, 견인, 인내, 훈련, 겸허, 온화, 겸손에 대하여 말하여야만 한다. 다섯째, 교회는 인간의 모범이 되어야 하며 교회는 개념에 의해서가 아니라 "모범"에 의해서 그의 말의 무게와 힘을 얻는다.[48] 본회퍼의 이러한 제안에 대하여 에른스트 랑에(Ernst Lange)는 너무 순진하고 현실에 낯설고 열광적이라고 논

---

47) Vgl, J. Moltmann, Kirche in der Kraft des Geistes, München, 1975, p.82.
48) WE, p. 261f, WEN, p. 415f, DBW 8, p.560f.

평하였다.[49)]

그러면 오늘 우리는 어떻게 "타자"를 구체화시킬 수 있겠는가. 도 대체 누가 오늘 우리에게 "타자"인가? 마태복음 25장은 이 질문에 대한 답을 하는데 도움을 준다. 그것은 가장 작은 형제이다. 즉, 그 것은 굶주린 자, 나그네된 자, 헐벗은 자, 병든 자, 감옥에 갖힌 자이 다. 또 타자를 사회 구조적으로 표현하면 정치적 억압받은 자, 경제 적으로 착취당한 자, 사회적으로 차별받는 자, 문화적으로 소외당 한 자이다. 그뿐 아니라 신으로부터 버림받음 속에서 삶의 의미의 상실을 느끼는 오늘의 사람들이다. 더 나아가서 "타자"는 파괴된 자 연도 포함된다.[50)] 본회퍼의 "타자를 위한 존재"는 다음의 몇 가지 점에서 보충되고 대치되어야 한다.

타자를 위한 교회 이것은 충분하지 않다. "타자를 위한 교회" (Kir- che- für-andere)는 "타자와 함께하는 교회"(Kirche-mit-andere)로 보충 되어져야 한다. 왜냐하면 "타자를 위한" 교회에게 "타자"는 교회의 주체(Subjekt)가 되지 못하고 객체나 대상이 되기 때문이다. "타자를 위한 존재"는 "타자와 더불어 존재"안에 그의 토대를 가지고 있어 야 한다.[51)]

더 나아가 "타자와 함께하는 교회"는 "민중의 교회"(Kirche des Volkes)로 나아가야 한다. 그래야 민중은 교회의 주체가 될 수 있기 때문이다.

본회퍼가 말한 '타자를 위한 교회(Kirche für andere)'는 '타자와 함께

49) Ernst Lange, Kirche für die Welt, München, 1981, p.56.

50) J. Moltmann, Neuer Lebenstil, Schritte zur Gemeinde, München, 1971, pp.125ff.

51) J. Moltmann, Gott Kommint und der Menich wird frei, Keiser Traktate 17, München, 1975, p.34, J. Moltmann, Neuer Lebensstuil Kirche in der Kraft des Geistes, p.115. "기독교적인 '타 자를 위한존재'는 연대적 '타자와 더불어 존재'는 '타자를 위한존재'로부터 해소 되어질 수 없 다" Yu, SukSung CG, p.166f.

하는 교회(Kirche mit andere)'가 되어야 하며 더 나가서 민중의 교회 (Kirche des Volkes)로 되어야 할 것이다.[52] 본회퍼는 나치 치하에서 박해받고 있는 유태인들에게 교회가 침묵하거나 그들에 대하여 무관심하고 있을 때 "유대인을 위하여 소리치는 자만이 그레고리안 찬가를 부를 수 있다"고 갈파하였다. 본회퍼는 책임적인 기독교인의 삶의 모습과 교회의 참모습을 가르쳐주었다. 오늘의 교회는 '가난한자들에 대한 우선적 선택'과 가난한 자들을 위한 당파성을 고려하는 교회의 모습에서 그의 역할을 찾아야 한다. 그뿐 아니라 평화를 만들어가는 교회가 되어야 할 것이다. 오늘날처럼 핵무기의 위협, 생태학적 위기, 제1세계 국가들에 의한 제3세계 국민들의 착취, 세계 도처에서 자행되는 인권침해, 경제적 불평등의 상황에서 평화만이 인간다운 삶을 가능하게 한다. 평화를 만드는 것이 본회퍼가 오늘 우리에게 남겨준 신학과 교회의 과제이다. 평화를 실현하는 것이 교회와 신학을 위한 책임이며 하나님의 명령이다.[53]

결 론

지금까지 본회퍼의 "성인된 세계"에 대하여 논하였다. 요약하면 다음과 같다. 본회퍼의 테겔감옥 생활 중 신학적 사고를 통하여 새로운 신학을 제시하였다. 이 모든 신학은 그리스도 중심적 신

---

52) CG, pp.165ff.
53) CG, p.185.

학이다.

"성인된 세계"는 본회퍼가 그의 시대 종교적 상황에 대한 진단이
었다. 그의 진단에 의하면 당시 상황은 신에 대한 인간의 자율과 세
계의 자립이었다. 그것들은 세계의 비신성화와 그의 세상성의 발견
을 의미한다.

그리스도의 십자가와 현실 안에서 하나님의 인간됨을 종교적 세
계의미의 극복과 성인된 세계의 긍정의 근거이다. 그의 무력함을
통하여 하나님은 이 세상 안에서 힘을 얻는다. 고난받은 하나님만
이 도울 수 있다. 성인된 세계는 더 무신적이며, 따라서 바로 이 점
때문에 하나님은 비성인된 세계보다 성인된 세계에 더 가까이 있
다. 본회퍼는 20세기에 새로운 독일신학계에 처음으로 "하나님의
고난 받는 자"의 사상을 제기하였다. 본회퍼를 철저하게 그리스도
중심적 신론을 가능하게 하였다. 그리스도의 고난들은 하나님 자신
의 고난이다. 왜냐하면 그리스도는 "이 세상 안에서" 그의 편에서
는 하나님의 고난을 겪는 것이다. 그리스도의 제자직은 "이 세상 안
에서" 하나님의 고난에 참여하는 것이다. 본회퍼의 저서『나를 따르
라』는 예수의 길로 제한하였지만, 옥중서간인『저항과 복종』에서는
『윤리학』에서와 같이 저 우주적 의미를 얻게 된다.

본회퍼의 신학의 영향과 공헌은 현대신학에 지대하다. 본회퍼의
신학사상은 특히 개신교와 가톨릭교회, 에큐메니칼 운동에 영향을
주었다.

제2차 세계대전이 끝난 1945년 이후의 신학은 직접 간접으로 본
회퍼와 연관이 되어있다. 직접적으로는 사신신학, 세속화신학, 상
황윤리, 에큐메니칼 평화신학 등이고, 간접적으로는 정치신학, 해
방신학, 민중신학 등이 연관되어있다. 본회퍼가 옥중에서 말한 "성

인된 세계"와 "성서적 개념의 비종교적 해석"은 60년대 신학적 논쟁을 불러 일으켰고 새로운 신학을 창출하였다.

독일신학에서는 급진적인 불트만학파의 브라운(H. Braun)과 죌레(D. Sölle) 사이에 유신론(Theismus)과 무신론(Atheismus)의 논쟁을 불러일으켰다.[54] 알타이저(C. T. Altizer), 해밀톤(W. Hamilton)의 사신신학(God is dead Theology)과 반 뷰렌(P. Van Buren)과 하비 콕스(H. Cox)의 세속화신학에 영향을 주었다.[55] 사신신학은 본회퍼신학의 인본주의적인 급진적 해석이며 이것은 유신론과 무신론의 논쟁을 극복할 수 있는 삼위일체론적 지평을 결여하고 있다.[56] 세속화신학에서는 세속화와 세속주의를 구별하여 사용한다. 세속화(Secularization)는 그리스도에게서 부여받은 자유를 가지고 하나님 앞에서 책임 있게 세상을 맡아 다스린다는 뜻이다. 세속주의(Secularism)는 하나님과는 아무 상관없이 인간 스스로 자유하다고 자부하며 세상을 다스리는 것을 뜻한다. 본회퍼는 말년에 아래로부터의 관점(der Blick von unten)을 이야기하였다.[57] 이것은 '눌린 자들과 함께하는 고난'을 말하는 해방신학, 민중신학, 흑인신학과의 접촉점이 되기도 한다. 몰트만의 삼위일체론적 십자가신학, 윙엘(E. Jüngel)의 현대무신론 토론 속에서의 십자가에 달린 하나님의 개념, 한국의 민중신학, 상황윤리에 영향을 주었고 현대에 "정의, 평화, 창조질서의 보전"의 에큐메

---

54) D. Sölle, Stellvertretung, Ein Kapitel Theologie nach dem Tode Gottes, Stuttgart, 1965. H. Braun. H. Gollwitzer : Post Bultmann Locutum, Theologische Forschung 37. Bd 2-4.(Hg. H. Szymanowsky) Hamburg, 1965.

55) Thomas J. J. Altizer and William Hamilton, Radical Theology and the Death of God (New York : 1966) ; Paulvan Buren, The Secular Meaning of the Gospel (New York, 1963) ; Harvey E. Cox, The Secular City (New York : 1965)

56) CG 4, 182.

57) WEN 27.

니칼 평화운동에 선구적 역할을 하였다. 본회퍼는 무엇보다도 기독교인의 책임적 삶을 강조하는 책임윤리를 신학계에 제기하여 책임적 기독교인의 삶의 길을 제시하였다.

본회퍼는 기독교인뿐만 아니라 비기독교인들에게도 그의 삶과 사상의 결합에서 관심을 끌게 하고 매력을 느끼게 하였다. 특히 기독교인들에게는 신앙과 행위가 일치된 그리스도의 증인으로서의 그의 순교자의 모습이 감명을 주었다. 그의 삶과 신학에서 신앙과 행동, 개인적 경건과 정치적 책임, 자유와 복종, 의인과 성화, 교회와 세상, 성스러움과 세속적인 것이 분리되지 않고 함께 일치되는 것이다. 본회퍼의 공헌은 요약컨대 그리스도 중심적인 사고와 신학, 제자직의 고귀함, 기독교신앙에서 세상성의 강조를 통하여 기독교인의 책임적인 삶을 일깨워 준 것에 있다.[58]

---

58) John Godsey, Teh Legacy of Dietrich Bonhoeffer A.T. Klassen(ed.) A Bonhoeffer Legacy,(William B, Eerdmans Publishing Company : 1981),p.169

제7장 본회퍼의 평화 윤리

1. 서론

본회퍼는 평화주의자였으며, 현대 에큐메니칼 평화운동의 선구자였다. 본회퍼는 1934년 8월에 이미 평화를 위한 에큐메니칼 회의를 개최할 것을 제창한 바 있다. 본회퍼의 평화회의 구상은 그 당시에는 이루어지지 않았지만 50년이 지나서 실현되었다. 1990년 3월 5-11일 서울에서 "정의, 평화, 창조질서의 보전"(Justics, Peace and Integrity of Creation)을 주제로 평화에 관한 세계대회가 개최되었다. 이 대회는 1983년 카나다 뱅쿠버에서 개최된 세계교회협의회 총회에서 독일 대표에 의하여 제안되었고, 그후 몇 차례의 협의 과정을 거쳐 1988년 8월 10-20일까지 독일 하노버에서 열린 실행위원회에서 서울에서 개최하기로 결정되어 열리게 되었다.

본회퍼의 평화에 대한 구상과 사상은 1945년 제2차 세계대전 후 핵시대를 맞아 평화의 문제를 생각하는데 출발점이 되었다. 제2차 세계대전 중 '아우슈비츠'의 대학살(Holocaust)과 히로시마 - 나가사끼에 원자폭탄 투하에 따른 인류의 참사에서 그 필요성을 절감하게 되었다. 오늘의 역사 속에서 그 어느 시대보다도 평화에 대한 학문적 연구와 관심이 높은 것은 인류의 생존을 위협하는 핵무기의 개발과 자연환경 오염에 따른 생태학적 위기에서 비롯된 것이다. 본회퍼의 평화사상은 시대의 변화를 넘어서 오늘의 평화문제를 생각하는데 큰 의미를 지닌다.

본회퍼와 평화를 논의할 때 문제는 다음과 같다.

본회퍼는 과연 평화주의자였는가. 본회퍼가 평화주의자였다면 어떻게 평화주의자인 목사요, 신학자가 사람을 죽이는 히틀러 암살 음모에 가담할 수 있었겠는가 하는 문제이다. 이러한 문제점을 가지고 본회퍼의 평화사상과 그의 정치적 저항의 문제와 평화에 대한 오늘의 의미를 다루고자 한다.

2. 평화강연과 평화설교

본회퍼는 1930년대에 두 차례에 걸쳐 평화에 관한 그의 견해를 발표하였다. 첫 번째는 1932년 7월 체코슬로바키아 체르노호르스케 쿠펠레(Cernohorske Kupele)에서 개최된 청년평화회의에서 「세계

연맹 사업의 신학적 근거를 위해서」라는 제목으로 행한 강연이다.[1]
두 번째는 1934년 8월 덴마크 파뇌(Fanö)에서 에큐메니칼협의회 때
행한 강연과 평화에 과한 설교가 남아 있다.[2]

1) 체르노호르스케 쿠펠레강연

본회퍼는 1932년 7월 26일 체코슬로바키아 체르노호르스케 쿠
펠레(Cernohorske Kupele)에서 개최된 청년평화회의에서 「세계연맹
사업의 신학적 근거를 위해서」라는 제목으로 강연을 하였다.[3] 이
강연을 할 당시 독일은 바이마르 공화국이 붕괴되기 직전으로 세계
적 경제공황의 시기에 경제적 위기와 좌우익의 극단주의자들이 정
치적으로 대결하는 혼란기였다. 본회퍼는 이러한 내적인 정치적 위
기를 국제적인 제도와 밀접히 연관되어 작용된다고 보았다. 본회퍼
교회의 평화에 대한 관심과 그 운동의 전개도 개신교회적인 것보다
전(全)세계적인 접근방법을 시도하였다.

이 강연은 세 가지 측면에서 그 내용의 주안점을 파악할 수 있다.

첫째, 본회퍼는 이 강연에서 평화운동의 신학적 근거는 교회론
적. 기독론적이어야 한다고 강조하였다. 본회퍼는 "에큐메니칼 운
동에 신학이 없다"고 말하고 에큐메니칼 운동에서 교회의 자기 이
해의 새로운 모습을 위하여 새로운 신학이 필요하다고 강조하였

1) Dietrich Bonhoeffer, *Gesammelte Schriften I*, (이하GSI) *München, 1978, 3Auflage.* pp.141-161.
2) *GS I, pp.212-219.*
3) GS I, p.140, p.158; 테제, pp.159-161

다.[4] 본회퍼는 에큐메니칼 운동을 신학적으로 이해할 때 이 운동을 이끌어가는 지도자들이 에큐메니칼 기구를 목적조직(Zweckorganisation)으로 만들어 정치적 경기변동에 종속시키게 되었다고 비판하였다. 예를 들면 독일에서 젊은이들에게 압도적으로 흥미를 끌며 정치적 물결을 일으키고 있는 민족주의 때문에 에큐메니칼 운동이 무기력하고 무의미하게 되었다는 것이다.[5] 에큐메니칼 운동을 교회의 새로운 모습으로 이해한 본회퍼는 세계연맹 사업의 영역을 "전 세계"라고 주장한다. 그 이유는 전 세계는 그리스도에게 속하였기 때문에 장소적 제약을 받지 않기 때문이다. 세계의 주가 되는 예수 그리스도의 공동체로서 교회는 전 세계에 그리스도의 말씀을 말하여야 하는 위탁을 받았다. 교회는 그리스도 현존이다. 따라서 오직 전권을 가지고 복음과 계명을 선포한다. 계명은 구체성을 띈다. 하나님은 우리에게 "언제나" 바로 "오늘"의 하나님이기 때문이다. 여기에서 그리고 지금(hier und jetzt) 하나님의 계명의 인식은 하나님의 계시의 행위이다. 이것은 다음의 내용을 의미한다. 산상설교 역시 성서적 법이 아니고 우리의 행위를 위한 절대적인 규범도 아니다. 우리는 산상설교를 단순하게 받아들이고 현실화시켜야 한다. 이것이 신적인 계명에 대한 순종이다. 산상설교는 바로 오늘 우리를 위한 하나님의 계명일 수 있는 그의 계명들 안에서 예증(Voranschaulichung)이다.[6]

둘째, 본회퍼는 질서를 이해할 때 창조질서(Schöpfungsordnung)를

---

4) GS I, p.140.
5) GS II, p.141.
6) GSI, p.148.

거부하고 보존질서(Erhaltungsordnung)라는 표현을 사용한다. 모든 주어진 질서는 단지 타락한 세계의 부분이기 때문에 창조질서가 아니다. 타락한 세계의 질서들은 그리스도를 향하여, 새로운 창조를 향하여, 미래로부터 이해되지 않으면 안 된다.[7] "우리는 전 세계를 타락한 세계로서 그리스도로부터 이해하지 않으면 안 된다."[8] 본회퍼가 1932년 사용한 이 보존(Erhalten)이라는 표현은 하나님이 새로운 가능성을 보증한다는 것을 뜻한다.

보존은 타락한 세계와 더불어 하시는 하나님의 행위를 의미한다.[9] 그리스도 안에서 계시를 위하여 개방되지 않는 것은 파괴되어야 한다.[10] 본회퍼는 1932년경 몇 년 동안 보존질서라는 말을 사용하였으나 그후 신(新)루터교의 오용 때문에 이 표현을 사용하지 않았다. 본회퍼는 이 질서로부터 세계연맹의 평화에 대한 인식을 새롭게 한다. "국제적 평화의 질서는 오늘 우리를 위한 하나님의 계명이다."[11]

셋째, 평화를 어떻게 이해할 것인가? 본회퍼는 잘못된 평화주의 이해를 비판하고 있다. 본회퍼는 세계연맹 안의 앵글로색슨계의 신학적 사고의 압도적인 영향력으로 복음의 현실로서 평화를 "지상에 건설된 하나님 나라의 일부"로 이해하였다. 여기서부터 "평화의 이상"은 절대화되었다. 그것은 국제적 평화를 보존질서로 이해하는 것이 아니라 그 자체가 완성된 가치질서 속에 궁극적인 것으로서,

---

7) GS I, pp.149ff.
8) GS I, p.160.
9) GS I, p.151.
10) GS I, p.131.
11) GS I, p.152.

타락된 세계 속으로 피안의 질서가 침투하는 것으로서 오해되었다. 이러한 평화에 대한 이해는 평화주의적 인도주의인 것으로서 광신적이며, 따라서 비복음적이기 때문에 거부될 수밖에 없다.[12) 본회퍼는 평화주의(Pazifismus)라는 말을 두려워하여서는 안 된다고 말한다. 궁극적인 평화를 만드는 것은 하나님의 재량에 맡기고 우리는 "전쟁의 극복"을 위한 평화의 실천을 하여야 한다.[13) 본회퍼는 보존질서로서의 국제 평화는 진리와 정의가 확립되는 곳에 건설된다고 하였다. 진리와 정의가 유린되는 곳에 평화는 성립될 수 없다.[14)

2) 파뇌강연과 평화설교

(1) 파뇌강연

본회퍼의 파뇌(Fanö)의 「교회와 민족들의 세계」라는 강연의 원고는 남아 있지 않고 7개항의 테제(These)만 남아있다.[15) 이 강연에서 본회퍼는 세계연맹(Weltbund)의 신학적, 교회론적 의미와 평화를 위한 세계연맹 사업의 방향,(테제 1.2) 전쟁의 특성,(테제 3) 전쟁의 정당성,(테제 4) 세속적 평화주의와 전쟁의 거부,(테제 5) 전쟁과 평화의 세계관적 평가에 대한 기독론적 비판,(테제 6) 기독교 교회적 대답(테제 7)에 관하여 논하였다.

본회퍼는 세계연맹의 성격에 대하여 분명하게 교회론적으로 밝

---

12) GS I, p.152f.
13) GS I, p.155f.
14) GS I, p.160.
15) GS I, pp. 212-215.

힌다. 세계연맹은 자기 스스로를 교회로서 이해하는가 아니면 목적단체(Zweckverband)로서 이해하는가에 세계연맹의 운명이 결정된다. 세계연맹은 자신을 목적단체가 아니라 교회로서 이해하여야 하고 순종 가운데 함께 하나님의 말씀을 듣고 선포하는데 그의 근거를 가진다. 세계연맹은 교회로서 이해할 때만 교회와 민족들에게 전권을 가지고 그리스도의 말씀을 말할 수 있기 때문이다. 세계연맹 사업이라는 것은 민족들 가운데서 평화를 위한 교회의 일을 뜻하며 전쟁의 극복과 종식을 위하여 진력하는 것이다. 본회퍼는 평화사업의 적(敵)은 전쟁이라고 전제하고 전쟁의 수단을 가지고 인류의 평화적 복지를 가져올 수 없다고 말한다.[16)

본회퍼는 세속적 평화주의(säkularer Pazifismus)와 기독교의 평화를 구별한다. 세속적 평화주의에서는 인간행위의 척도는 인류의 복지이지만 교회는 하나님의 계명에 대한 순종이다. 평화를 위한 기독교 교회의 계명은 "살인하지 말라"는 산상설교의 예수의 말씀이다. 본회퍼는 전쟁을 통한 국가안보, 평화창출 등을 거부한다. 전쟁은 평화를 창조하는 것이 아니라 인류멸절을 가져온다. 평화를 위한 세계연맹의 에큐메니칼 운동은 조직을 통하여 평화를 실현하겠다는 환상을 버려야 한다. 악마의 세력들은 조직을 통하여 파멸시키는 것이 아니라 기도와 금식을 통하여 파괴시킬 수 있다.(막 9:29) 지옥의 악령들은 오직 그리스도 자신을 통하여 몰아낼 수 있다. 따라서 숙명론이나 조직이 아니라 기도가 중요하다. 기도는 조직보다도 더 강하다고 하였다.[17)

---

16) GS I,p.212.
17) GS I,p.214

본회퍼는 이렇게 1934년의 긴급하고 위협적인 상황 속에서 정열적으로 산상설교의 정신에 따라 예수 그리스도에게 단순한 순종을 하는 행위로서 평화를 주장하였다.

(2) 평화설교

1934년 8월 유틀란드 서해안에 위치한 덴마크의 작은 섬 파뇌(Fanö)에서 에큐메니칼협의회가 개최되었다. 청년협의회가 1934. 8.22-23 본회의는 8월 24-29일까지 열렸다.

본회퍼는 1933년 10월 17일 이후 영국 런던에서 목회를 하고 있었다. 8월 28일 아침예배시간에 본회퍼는 「교회와 민중들의 세계」라는 제목으로 평화에 관하여 설교하였다. 이 설교는 평화설교(Friedenspredigt)라고 일컬어진다. 이 설교는 청중들에게 깊은 감명과 공명을 일으켰다고 한다.[18] 28세의 본회퍼가 행한 이 설교는 그후 평화를 위한 세계교회협의회(Ökumeuische Konzil)의 출발점이 되었다. 이 설교는 앞의 강연과 함께 민중들을 위한 그리스도의 평화의 계명을 연관시켜 선포한 것이다. 평화의 설교는 시편 85:8 말씀이었다. "내가 하나님 여호와께서 하실 말씀을 들으리니 무릇 그의 백성, 그의 성도들에게 화평을 말씀하실 것이라." 평화설교에 나타난 본회퍼의 평화사상은 다음과 같다.

첫째, 하나님의 계명(Gebot Gottes)으로서의 평화를 이해한다. 본회퍼는 평화문제를 신학적으로 접근하고 있다. 평화는 민족주의나 국

---

18) 청중의 그날 기록에 의하면 다음과 같이 기록하고 있다. "morning, striking speech by Bonhoeffer", E. Bethge, DB, p.449

제주의에서 말하는 정치적 필요성과 가능성에서 말하는 평화가 아니라 하나님의 계명으로서의 평화이다.[19] 평화를 향한 하나님의 부름은 토론이 아니라 엄격한 계명을 뜻하며 이 계명은 그리스도 자신이 나타나신 것을 의미한다. 이것은 평화를 향한 그리스도의 부름을 가리키며 하나님의 평화의 계명에 순종하도록 부르심을 말한다. 계명은 고려함 없이 세상의 한가운데로 부른다.[20] 따라서 평화를 건설하는 것이 기독교인과 교회의 의무이자 신학의 과제이다. 본회퍼에게 있어서 하나님의 계명은 본질적으로 신앙과 순종 안에서 성립된다.[21]

둘째, 평화는 이 세상 속에 그리스도의 현존 때문에 가능하다. 평화에 대한 교회와 기독교인의 의무는 이 그리스도의 현존(Präsenz Christi)에 근거하고 있다. 왜냐하면 지상의 평화는 예수 그리스도가 스스로 나타남으로써 주어진 계명이기 때문이다. 본회퍼는 여기에서도 또 한 번 평화에 대한 기독론적, 교회론적 근거를 말한다. 평화는 이상주의나 휴머니즘에 의해 기초되어 있는 것이 아니라 그리스도론적 교회론에 기초되어 있다. 평화는 세상 안에서 그리스도와 오직 전 세계를 생존하게 하는 그리스도의 교회가 있기 때문에 존재할 수 있다. 이 그리스도교회는 민족적, 정치적, 사회적, 인종적 방식의 한계를 넘어서 존재하고 있다.[22] 이 세계 안에서 거룩하고 신성한 영역만이 그리스도에게 속한 것이 아니라 이 세계 전

---

19) GS I, p. 216
20) GS I, p. 216
21) Yu, Suk-Sung, Christologische Grundentscheidungen, Tübingen, 1990. Diss., p.183 (이하 CG)
22) GS I, p.217

체가 그리스도의 영역이다. 셋째, 평화는 어떻게 이루어질 것인가? 본회퍼는 사회복음적 전통에서 하나님 나라가 차안의 세계에서 현실화할 수 있다는 세속적 평화주의를 거부한다. 본회퍼는 정치적 계약이나 제도 같은 정치적 방법, 국제자본의 투자 등의 경제적 수단, 군비확장 같은 군사적인 방법을 통하여 진정한 평화가 실현될 수 없다는 것이다. 왜냐하면 이런 것들은 평화(Friede)와 안전(보장)(Sicherheit)를 혼동하기 때문이다. 안전보장의 길에는 평화에로의 길이 존재하지 않는다. 평화는 안보와 반대이다. 안보는 불신이라는 것을 요구하며 이런 불신은 전쟁을 초래한다. 안보는 자기를 지키려는 것을 뜻하며 평화는 신앙과 순종 안에서 모든 것을 하나님의 계명에 맡기는 것을 의미한다.[23] 이것은 1933년 10월에 히틀러 나치정권은 국제연맹을 탈퇴하였고 재군비에 착수하였다. 본회퍼는 여기에서 간접적으로 히틀러의 재군비 착수를 비판하고 있는 것이다. 본회퍼는 평화는 민족중심주의적인 정치·경제적·이데올로기의 방법이 아니라 신학적·신앙적 방법으로 이룰 것을 촉구한 것이다. 본회퍼는 여기에서 평화는 하나의 위대한 모험(großes Wagnis)이기 때문에 과감하게 행하지 않으면 안 된다고 강조한다.[24] 본회퍼는 여기에서 무기와 군비확장, 안전보장의 방법을 통해서가 아니라 기도와 비폭력적 방법을 통하여 평화를 추구할 것을 호소하고 있다. 전쟁은 파멸을 가져오기 때문에 교회에 의해서 거부되어야 한다. 평화를 위한 싸움은 무기를 가지고 이기는 것이 아니라 하나님과 함께 함으로 이기는 것이다. 평화를 위한 싸움은 십자가의 길로

---

23) GS I, p.218

24) GS I, p.218.

인도하는 곳에서 승리하게 된다.[25] 본회퍼는 평화를 위하여 성스러운 그리스도 교회의 거대한 세계교회회의(großes Ökumenisches Konzil)을 개최할 것을 촉구하였다. 개개 그리스도교신자도 아니고 개개의 교회도 아니고 다만 세계 모든 곳으로부터 모인 세계교회회의가 필요하다는 것이다. 본회퍼는 소리 높여 비명을 지르듯이 갈파하였다. "시간이 급박하다.(Die Stunde eilt) 세계는 무기를 가지고 노려보고 있으며 모든 사람들이 무섭게 불신의 눈초리로 바라보고 있다. 내일아침 전쟁의 나팔소리가 들릴 수 있다."[26] 본회퍼의 촉구하는 말은 그 당시 개신교, 가톨릭교회에서 실현되지 않았다. 본회퍼의 예언은 그대로 적중하였다. 7개월 후 히틀러는 독일에서 국민개병의무를 선포하였다. 물론 독일이 재무장을 위한 정당성을 줄 수 있도록 소련의 군사적 위협도 없었고 교회의 저항도 없었다.[27] 그로부터 5년 후 1939년 9월 1일 독일의 폴란드 침공으로 시작된 제2차 세계대전(1939-1945)이 일어나 수천만 명의 사망자를 내고 인간의 불행과 고통, 정치적 혼란, 경제 질서의 붕괴, 재산의 손실을 가져온 전쟁을 겪게 되었다. 넷째, 본회퍼는 간디의 비폭력 저항의 방법에 감명을 받아 이를 실천에 옮기고자 하였다. 본회퍼는 평화설교에서 "우리는 동쪽에 있는 이교도로부터 수치를 당하지 않으면 안 되는가"라고 질문을 한다.[28] 이것은 간디를 두고 한 것으로 짐작된다. 본회퍼는 1933년 10월 이후 영국 런던에서 목회를 하는 동안

---

25) GS I, p.218.

26) GS I, p.219.

27) H.E. Tödt, "Dietrich Bonhoeffers ökumenische Friedensethik", in *Frieden-das unumgängliche Wagnis, München*, 1982, p.106.

28) GS I, p.219.

에 인도에 가서 간디의 평화주의에서 비폭력적 방법을 배우기 위하여 간디를 만나러 갈 계획을 세웠다. 간디에게 편지를 보내 한번 만나고 싶다는 뜻을 전달하였고 간디로부터 환영의 1934년 11월 1일자의 답신을 받았다. 그러나 독일 고백교회에서 세운 목사연수소인 핑켄발데 신학교 책임자로 부름을 받아 인도행을 포기하였다.[29]

3. 신앙의 결단과 정치적 행위로서 평화의 실천

　　(『나를 따르라』『윤리학』『옥중서간』의 평화신학)

　　지금까지 본회퍼가 체르노호르스케 쿠펠레에서 행한 강연과 파뇌에서 행한 강연과 설교를 통하여 1930년대 본회퍼의 평화사상을 고찰하였다. 본회퍼는 세속적 평화주의를 거부하고 평화를 하나님의 계명과 그리스도의 현존으로 파악하고 평화의 문제가 그리스도에 대한 신앙의 순종문제라는 것을 명확하게 밝혔다. 여기에서 본회퍼의 1930년대 후반부터 1945년 4월 처형당하기까지 쓴 그의 저서 『나를 따르라』(Nachfolge)『윤리학』(Ethik) 『저항과 복종』(Widerstand und Ergebung)을 중심으로 본회퍼의 평화사상을 밝혀 보자.

　　본회퍼는 파뇌강연 이후 1935년 독일로 돌아와 고백교회에서 세운 목사 후보생을 위한 신학교의 책임을 맡게 된다. 이때 본회퍼는 신학생들에게 강의한 내용이 『나를 따르라』(Nachfolge)는 책으로 발

---

29) 본회퍼와 간디의 평화주의 비교에 관하여:W.Huber/H.R. Reuter, *Friedensethik, Stuttgart,* *pp.123ff.*

간되었다. 본회퍼는 이 책에서 평화사상을 비폭력과 원수사랑의 문제를 중심으로 다루었다.

또한 본회퍼는 『나를 따르라』에서 평화를 제자직(Nachfolge/discipleship)과 연관시켜 다루고 있다. 본회퍼는 예수의 부름에 순종하는 신앙, 자기 십자가를 지고 그리스도의 고난에 참여하여 평화를 건설하여 가는 모습에서 평화의 문제를 논하고 있다. 『나를 따르라』에 나타난 본회퍼의 평화사상은 두 가지로 요약될 수 있다.

첫째, 십자가신학(theologia crucis)에 근거한 제자직의 평화론이다. 본회퍼는 산상설교 가운데 "화평하게 하는 자는 복이 있나니 그들이 하나님의 아들이라 일컬음을 받을 것임이요"(마 5:9)라는 말씀을 다음과 같이 해설하고 있다. "예수를 따르는 자들은 평화를 위하여 부름받았다. 예수가 그들을 불렀을 때 그들의 평화를 발견하였다. 예수가 그들의 평화이기 때문이다. 그런데 이제 그들은 평화를 소유할 뿐 아니라 평화를 만들어야 한다. … 그리스도의 나라는 평화의 나라이다. 그리스도의 공동체에서는 서로 평화의 인사를 나눈다. 예수의 제자들은 다른 사람에게 해를 끼치기보다 스스로 고난을 당함으로써 평화를 지킨다. 예수의 제자들은 다른 사람들이 파괴하는 곳에서 그들의 사귐을 유지하며 자기 주장을 포기하고 증오와 불의에 대하여 참는다. 이렇게 그들은 선으로 악을 극복한다. 이리하여 증오와 전쟁의 세상 한가운데서 신적 평화의 창설자가 된다. 평화 수립자들은 그들의 주님과 함께 십자가를 진다. 십자가에서 평화가 이루어지기 때문이다. 그들이 이렇게 그리스도 평화작업에 참여하게 되기 때문에 하나님 아들로서 부름을 받고 하나님의 아들들로 일컬어진다."[30)]

본회퍼는 제자직의 주제를 중심 주제로 부각시키는데 공헌하였
다. 예수 그리스도를 뒤따르는 제자직은 십자가에 달린 그리스도를
추종함으로써 성립한다. 본회퍼는, 제자직에로 부름은 예수의 수난
선포와 밀접하게 연관되어 있다고 하였다.[31)] 예수의 십자가의 종합
적 표현은 수난과 버림받음을 뜻한다. 제자직은 예수 그리스도와의
인격적 결합이요, 십자가를 의미한다. 수난을 위한 제자직의 표현
은 그리스도의 십자가를 의미하고, 이 십자가는 철저하게 예수 그
리스도의 고난에 동참하는 것을 의미한다.[32)]

본회퍼는 예수 그리스도를 뒤따르는 제자직에서 평화의 원천을
발견하고, 십자가에서 평화가 이루어진다고 본 것이다.

둘째로, 절대적 비폭력을 통한 비폭력 저항의 평화주의이다. 본
회퍼는 평화를 만들어 가는데 "폭력이나 폭동을 포기"할 것을 강조
하며 폭력이나 반란의 방법으로 그리스도의 일을 결코 도울 수 없
다고 하였다.[33)] 그러나 그는 "예수도 악인을 악한 사람이라고 말했
다"[34)]고 하면서 무저항이 세상적 삶의 원리가 된다면 하나님이 은
혜로 보존하는 세상질서를 파괴하는 결과를 가져올 것이라고 하였
다. 따라서 『나를 따르라』에서 본회퍼의 평화주의는 비폭력 무저항
이 아니라 비폭력 저항이다. 그러나 그것은 수동적 저항이다.

그후 『윤리학』(Ethik), 『저항과 복종』(Widerstand und Ergebung) 등에

---

30) Nachfolge, p.88.
31) Nachfolge, p.61.
32) Yu, Suk-Sung, *Christologische Grundentscheidungen bei Dietrich Bonhoeffer, p.174.*
33) Nachfolge, p.87f.
34) Nachfolge, p.117.

서 그의 사상적인 발전을 찾아볼 수 있다. 하나님의 계명과 그리스도의 현존으로 파악된 평화는 『윤리학』(Ethik)에서는 계명의 구체성과 상황성, 현실, 책임의 개념과 연관되어 파악될 수 있다. 1938년 이후 독일에서는 모든 독일인의 이름으로 자행된 살인적인 유대인 배척주의, 군국주의, 민족주의를 내세우는 정치적 상황이 전개되었다. 본회퍼는 더 이상 원칙적 평화주의를 고수할 수 없었고 상황에 의존하는 상황적 평화주의를 택할 수밖에 없었다. 여기에서 평화주의적 준칙(pazifistische Maxime)은 더 이상 비폭력이나 무저항일 수 없었다.[35] 하나님의 계명인 평화는 구체적으로 현실에 적합하게 정치적. 책임적 모습으로 실현된다. 평화는 "오늘" "여기에서" "우리들 사이에서" "예수 그리스도 안에서 하나님의 현실이 이 세계의 현실로 들어온"[36] 그 그리스도의 현실에 참여함으로써 이루어진다. "그리스도의 현실은 그 자신 안에 세계의 현실을 포함한다."[37]

본회퍼의 "직접적, 정치적 행동"은 히틀러 암살음모에까지 나아갔다. 이 저항은 기독교인의 신앙의 결단에서 오는 정치적 책임의 행위였다. 구체적 상황에서 내린 그의 결단은 평화의 실천을 위한 이웃과 다음 세대를 위한 책임적 행위였다.[38]

4. 본회퍼 평화주의 발전과 그 문제점

---

35) E. Bethge, *"Dietrich Bonhoeffers Weg von "Pazifismus" zur   Verschwörung", in: Hans Pfeifer(Hg.), Frieden-das unumgängliche Wagnis, München 1982, p.126.*

36) Ethik, p.207.

37) Ethik, p.210.

38) Vgl.:Widerstand und Ergebung, Neuausgabe, p.16, p.25.

여기서 문제가 제기된다. 본회퍼의 신학사상은 어떻게 발전했으며, 근본적 변화는 없었는가? 다시 말하면 그의 신학에서 단절인가 연속성인가? 즉, 1930년대 평화를 통한 기독교인과 교회의 정치적, 사회적 책임을 강조하며 비폭력적 방법으로 평화를 실현하여야 한다고 강조한 평화주의자가 어떻게 히틀러 암살음모에 가담할 수 있었는가 하는 점이다. 본회퍼는 평화주의를 포기하였는가? 본회퍼의 평화주의에 사상적 변화가 온 것일까? 본회퍼의 신학적 사고와 정치적 행동 사이의 차이가 있는 것인가?

본회퍼는 신학에서 행위로, 교회에서 세상으로, 성찰에서 행위의 길로 나가지 않았다. 오히려 본회퍼에게는 신앙과 행위, 성찰과 행동이 일치를 이룬다. 히틀러 암살음모에 참여하면서 같은 시기에 그의 필생의 저작이었을 『윤리학』를 쓴 것은 가장 인상 깊은 증명이 된다. 본회퍼는 정치적 현실에 관계하면 할수록 더욱더 신학적 사색이 깊어졌다. 그는 그가 참여하였던 정치적 행위의 모험이 커지면 커질수록 그의 윤리적 성찰을 철저하게 하였다.[39]

본회퍼가 1930년대 초 평화주의를 주장하거나 1940년대 초에 히틀러 암살단에 가담한 것은 평화주의를 포기한 것이 아니라 구체적인 신의 계명에 순종한 것을 의미한다. 본회퍼는 일찍이 말하였다. "계명은 구체적이어야 한다. 그렇지 않으면 계명이 아니다. 하나님의 계명은 지금 우리로부터 아주 특별한 어떤 행동을 요구한다. 그리고 교회는 이것을 회중에게 전파하여야 한다."[40]

---

39) W. Huber, *Protestantismus und Protest*, Hamburg, 1987. p.40.
40) GS I, p.149.

본회퍼는 "히틀러는 전쟁을 의미한다"[41]고 말한 바 있다. 평화를 위한 기독교 교회의 일이 전쟁의 종식과 극복을 뜻한다면, 본회퍼의 결단의 행위는 구체적이고 신적인 계명에 순종하는 행위로 이해할 수 있을 것이다. 본회퍼신학과 평화사상은 그의 삶속에서 전기와 후기의 단절이 아니라 "일치속의 다양한 모습의 결단"이었다.

5. 본회퍼 평화사상에서 저항권과 책임윤리의 문제

평화주의자인 본회퍼가 히틀러 암살모의에 가담한 행위를 어떻게 볼 것인가. 이 문제는 두 가지 관점에서 이해하여야 한다.

첫째, 폭력과 비폭력의 시각에서가 아니라 저항권의 관점에서 이해하여야 한다. 평화연구에서 또 평화 실현과정에서 직면하게 되는 문제가 폭력의 문제이다. 폭력의 문제를 이야기할 때 두 가지 핵심적 문제가 제기된다. 첫째, 폭력적 방법인가 아니면 원칙적 비폭력인가, 둘째, 폭력과 저항권의 문제이다.[42] 이 문제를 논의할 때 원칙적인 폭력의 포기인가, 아니면 폭력사용이 최후의 비상수단(ultima ratio)으로 허용되는 문제인가 하는 것이 논의되어 왔다.

평화는 궁극적으로 폭력, 구조적 폭력의 제거에 있다. 평화는 폭력으로부터의 해방, 즉 폭력으로부터 자유한 곳에 있다. 이 폭력으로부터 자유는 탈정치화(Entpolitisierung)나 권력에 대한 포기를 의

---

41) E. Bethge, DB, p.446.
42) Yu, Suk-Sung, *Christologishe Grundertscheidungen bei Dietrich Bonhoeffer*, p.88.

미하는 것이 아니다. 언어상으로 폭력(violence, Gewalt)과 권력(power, Macht)은 아주 분명하게 구별되기 때문이다. 권력은 힘의 정당한 사용을 의미하고, 폭력은 힘의 정당하지 못한 사용을 의미한다.[43] 폭력의 문제는 폭력인가 또는 비폭력인가의 양자택일의 문제가 아니라 정당한 권력의 사용인가 아니면 정당치 못한 권력의 사용인가에 따른 판단의 표준문제이다.[44] 폭력의 대립(Gegensatz)은 비폭력에서가 아니라 정의(Gerechtigkeit)에서 성립된다. 폭력의 척도(Maßstab)는 정의에 있다.

폭력을 어떻게 극복할 것인가. 이 문제를 놓고 서구의 신학자들은 예수의 산상수훈(마 5:38-48)의 말씀에서 그 해결방법을 찾는 논의를 하여 왔다. 예수의 산상설교의 중심은 비폭력을 통한 폭력의 극복, 폭력으로부터의 해방과 자유이다. 원수사랑을 통한 적대감의 극복이다. 평화를 창조함으로써 적대관계의 극복을 말한다. 보복을 하지 말라(마 5:38-42)는 예수의 말씀은 그동안 폭력의 포기(Gewalt-verzicht)로 간주되어 왔으나 이것은 폭력의 포기가 아니라 폭력으로부터 자유스러운 것(Gewaltfreiheit)를 의미한다.[45] 따라서 평화의 실현은 비폭력적 방법에 있으나, 이 비폭력의 방법은 비폭력 무저항을 의미하는 것이 아니다. 히틀러 암살단에 가담한 본회퍼의 결단과 행위도 저항권의 관점에서 보아야 한다.[46] 저항권(Widerstands-recht/right of resistance)이란 무엇인가. 일반적으로 저항권은 "민주적ㆍ

43) J.Moltmann, *Der Weg Jesu Christi, Christologie in messianischen Dimensionen*, München, 1989, p.150.

44) J.Moltmann, *Das Experiment Hoffnung*, München,1974,p. 153.

45) Ibid.

46) Vgl., Yu,Suk-Sung, *Christologische Grundeutscheidungen bei Dietrich Bonhoeffer.,s.88ff.*

법치국가적 기본질서 또는 기본권 보장체계를 위협하거나 침해하는 공권력에 대하여 더 이상의 합법적인 대응 수단이 없는 경우에 주권자로서의 국민이 민주적·법치국가적 기본질서를 유지·회복하고 기본권을 수호하기 위하여 공권력에 저항할 수 있는 최후의 비상 수단적 권리를 말한다."[47] 중세의 교회에서는 기독교의 자연법에 근거하여 저항권을 받아들였다. 토마스 아퀴나스는 한계상황에서 폭군살해를 허락하였다. 루터도 극단적인 경우 저항할 것을 언급하고 저항을 위한 신적 계명을 말하였다.[48] 1560년 작성된 스코틀랜드 신앙고백 14조에도 "무죄한 자의 생명을 보호하고 폭정에 저항하며 억압을 받는 자를 돕는다"[49]고 말하고 있듯이 무죄한 자의 피를 흘리게 하는 폭군이나 폭정, 불의에 대해서는 항거할 의무가 있다. 칼 바르트도 이 14조 "폭정에 저항하는 것"(tyrannidem opprimere)의 해설에서 무죄한 자의 피흘림을 허용하지 않는 것이 "살인하지 말라"는 계명을 성취하는 것에 속한다고 하였다.[50] 사랑 안에서 수행하는 예수 그리스도에 대한 신앙은 우리의 적극적(정치적) 저항을 불가피한 필연적인 것으로 만든다.[51] 정치적 권력의 오용에 저항하기 위하여 필요한 경우에는 폭력사용은 이웃과 국가를

47) C.Creigelds, Rechtswörterbuch, 3.Aufl., München, 1973, p.1315. 참조. 권영성, 『헌법학원론』 서울:법문사, 1995, p.76. 저항권에 관하여: E.Wolf, Wirderstandsrecht, RGG, Bd.6, 3.Aufl. s.168ff. E.Wolf. Sozialethik. Theologische Girundfrangen. Göttingen 2.Aufl.982. C.Creigelds, Rechtswörterbuch, 3.Aufl., München, 1973, p.1315.

48) Jürgen Moltmann, Das Experiment Hoffnung, p.154f.

49) K. Barth, Gotteserkenntnis und Gottesdienst nach reformatorischer Lehre, Zürich, 1938, p.21.

50) Ibid., p.213.

51) Ibid., p.214.

위한 책임의 틀 속에서 계명이 된다.[52] 명백한 폭정과 폭군에 대하여 기독교 전통에 따라 세운 신학적 근거에서 저항에 대한 의무와 권리가 정당화된다.

본회퍼의 저항과 폭력사용은 처음부터 정상적인 상황에서 행하여진 것이 아니라 마지막으로 비상시에 행하여진 것이다.[53] 처음의 수단(prima ratio)으로 한 것이 아니라 최후의 수단(ultima ratio)으로 한 것이다.

둘째, 본회퍼의 히틀러 암살음모에 가담한 행위를 책임윤리적 시각에서 이해하여야 한다. 책임의 개념은 본회퍼가 히틀러를 제거하기 위해 참여한 모반행위를 이해하는데 열쇠가 되는 개념이다.[54]

본회퍼는 신학계에서는 처음으로 책임윤리의 문제를 제기하였다. 1941년 여름부터 1942년 초 사이에 쓴『윤리학』가운데「책임적 삶의 구조」에서 책임윤리 문제를 다루었다.[55] 본회퍼는 이때 히틀러 암살음모 계획의 과정에 있었으며 모반의 행위의 정점에 있을 때 책임과 책임윤리 문제를 썼다.[56] 본회퍼는 그의 책임윤리를 신학적이며 그리스도론적으로 해명하는데, 여기에 중심 개념은 대리사상(Stellvertretung), 현실적 합성(Wirklicheitsgemäßheit), 죄책을 받아들임(Schuldübernahme), 자유(Freiheit)이다.[57]

---

52) J.Moltmann, Das Experiment Hoffnung, p.156.

53) W.Maechler, "VonPazifistenzum Widerstandskämpfer. Bonhoeffer Kampf für die Entrechteten", in : Die Mündige Welt, I, p.92.

54) W.Huber, Protestantismus und Protest, p.40.

55) 본회퍼의 책임윤리에 관하여 다음을 참조할 것. Yu, Suk-Sung.CG.pp.131-136.

56) Vgl., E.Bethge, "Bonhoeffers Weg von 'Pazifismus'zur erschwöroung", in : H.Pfeifer(Hg.), Friede-das unumgängliche Wagnis, Die Aktualität der Friedensethik Dietrich Bonhoeffers, München, 1982, p.119ff.

57) Dietrich Bonhoeffer, Ethik, pp. 238-278.

본회퍼는 추상적 법칙윤리, 결의론, 의무론적 윤리를 거부하고 책임윤리를 주장하였다. 그의 책임윤리는 그리스도가 성육신한 이 세상의 현실에서 세상을 위한 책임적인 삶을 말한다. "이 세상은 예수 그리스도 안에서 예수 그리스도를 통하여 우리에게 주어진 구체적인 책임의 영역"이기 때문이다.[58] 본회퍼의 책임은 철저하게 신학적이요, 그리스도론적이며, 예수 그리스도를 통하여 우리를 향하여 하시는 하나님 말씀에 응답함으로써 사는 응답구조이다.

본회퍼에 의하면 책임적 삶의 구조는 인간과 하나님에게 속박 (Bindung)되어 있다는 것과 자기의 삶이 자유(Freiheit)하다는 것의 이중적으로 규정된다.[59] 본회퍼는 책임이란 속박과 자유가 밀접하게 결합되어 있을 때 존재하게 된다고 하였다.[60] 속박은 대리행위와 현실적 합성의 형태를 취하며, 자유는 삶과 행위의 자기검증과 구체적인 결단의 모험에서 증명된다. 책임은 대리행위에 근거하고 있다. "대리적 삶과 행위로서 책임은 본질적으로 인간과 인간에 대한 관계이다. 그리스도는 인간이 되었고 따라서 인간을 위한 대리적 책임을 지셨다."[61] 예수 그리스도의 삶은 책임적 삶으로 대리행위의 근원과 본질과 목적이다. 책임은 타자를 위한 삶과 행위이다. 한걸음 더 나아가서 책임은 죄책을 받아들이는 것이다. 죄 없는 예수 그리스도가 그의 형제의 죄를 대신 짊어지신 것은 타인에 대한 관심과 형제에 대한 사심 없는 사랑이며 책임적 행위이다. 이 책임적 행위는 본회퍼에 의하면 현실에 적합한 행동이다. 이것은 주어

58) Ethik, p.247.
59) Yu, Suk-Sung, CG, pp.127-136.
60) Ethik, p.238.
61) Ethik, p.240.

진 구체적 책임의 영역에서 예수 그리스도 안에, 예수 그리스도를 통하여 역사적으로 현실적 상황에 적합한 행위여야 한다. 본회퍼의 책임윤리는 개인윤리가 아닌 공동체의 윤리이며, 사회윤리이다. 본회퍼는 교회의 정치적 책임의 모습을 다음과 같이 말에 극명하게 잘 표현되었다. "바퀴 아래 깔린 희생자에게 붕대를 감아주는 것뿐 아니라 바퀴 자체를 멈추게 하는 것이다."[62] 따라서 본회퍼가 히틀러의 암살음모에 가담한 행위는 저항권과 그의 책임윤리적인 관점에서 이해해야 한다.[63]

결론 : 하나님의 계명과 그리스도 현존으로서의 평화

지금까지 본회퍼의 평화사상의 전개과정을 고찰하였다. 본회퍼의 평화사상과 윤리를 해석학적 의미를 찾아보면 한편으로 그리스도론적이며 교회론적으로 이해할 수 있고, 다른 한편으로 세상에 대한 책임과 그리스도를 뒤따르는 순종과 십자가적 제자직으로 파악할 수 있다.

본회퍼는 평화를 하나님의 계명과 그리스도의 현존으로 이해하였다. 하나님의 계명으로서 평화는 구체성을 띠고 있으며, 신앙의 결단의 문제로서 책임적·정치적 행위였다. 본회퍼는 평화주의자였고 동시에 저항의 투사였다. 그는 저항의 투사로서 평화주의자였으

---

62) Gesammelte Schriften II, 48.

63) Yu, Suk-Sung, CG, p.185.

며, 평화주의자로서 저항의 투사였다. 본회퍼가 기독교인과 교회에 남긴 오늘의 과제는 평화를 위한 의무와 책임을 인식하고 평화를 증언하고 평화를 만들어 가는 것이다. 평화는 주어진 상태가 아닌 실현되어 가는 과정이다. 본회퍼가 평화를 위대한 모험(großes Wagnis)이라고 말하였듯이 오늘 평화를 위하여 기독교인과 교회는 과감히 행하여야 할 것이다. 무엇보다도 한국의 기독교인과 교회는 불평화의 구조적 원천인 분단을 극복하고 민족의 비원인 평화통일을 이루도록 헌신하여야 한다. 그뿐 아니라 정의로운 평화가 실현되도록 하여야 할 것이다.

　본회퍼가 참된 교회의 모습을 타자를 위한 교회(Kriche für andere)에서 찾았듯이 오늘 교회는 평화를 위하여 평화를 건설하는 교회가 되어야 한다. 본회퍼는 나치 치하에서 박해받고 있는 유대인들에게 교회가 침묵하거나 그들에 대하여 무관심하고 있을 때 "유대인을 위하여 소리치는 자만이 그레고리안 찬가를 부를 수 있다"고 갈파하였다. 본회퍼는 책임적인 기독교인의 삶의 모습과 교회의 참모습을 가르쳐 주었다. 오늘의 교회는 "가난한 자들에 대한 우선적 선택"과 "가난한 자들을 위한 당파성"을 고려하는 교회의 모습에서 그의 역할을 찾아야 한다. 오늘의 세계는 인구 폭발, 자원 고갈, 환경 파괴 속에서 폭력 제거를 위한 제도 확립, 경제적 남북문제 해결, 지구 환경보전의 과제를 안고 있다. 이 모든 문제는 평화의 문제와 직결되어 있다. 오늘날처럼 핵무기의 위협, 생태적 위기, 제1세계 국가들에 의한 제3세계 국민들의 착취, 세계 도처에서 자행되는 인권 침해, 경제적 불평등, 성적 차별, 종교 간의 갈등의 상황에서 평화만이 인간다운 삶을 가능하게 한다. 본회퍼는 기독교인과 교회에게 평화의 책임과 의무를 일깨워 주었다. 오늘 본회퍼가 남겨준 과제는 그리스도를 뒤따르는 제자로서 그리스도에 순종하는 행위로 평화 창조를 통하여 제자직을 수행하는 것이다. 그 제자직은 정의로운 평화를 이루어가기 위한 평화의 사명과 책임 속에서 자기의 십자가를 짊어지는 가운데 이루어질 것이다.

오늘의 세계는 탈냉전 시대를 맞아 신(新) 국제질서로 개편되는 대변혁의 역사적 전환점에 서 있다. 신 국제질서는 제2차 세계대전이 끝난 후 이데올로기적 대결의 냉전 체제를 청산하고 화해와 협력의 시대로 나아가는 탈냉전, 탈이념의 시대를 의미한다. 오늘날 한반도에 삶을 살아가는 우리는 지구상 마지막 분단국가로 남아 탈냉전 시대에 냉전 지역으로 남게 되었다. 이러한 때 평화는 세계와 한민족과 교회와 이 시대에 부여된 절대적 명령인 정언 명법(katego-rischer Imperativ)이다.[64] 또한 새로운 세기를 맞아 종교에 의한『문명충돌』[65]로 인해 세계평화를 위협하게 될지도 모르는 21세기에 "평화의 문화"(Culture of Peace)를 만들어 가야 할 것이다.[66]

64) Yu, Suk-Sung. CG. p.185.

65) Samule P.Huntington, *The Clash of Civilization and The Remaking of World Order, 1996*, 이희재 역『문명충돌』, 1997. 참조.

66) UNESCO and a Culture of Peace, Promoting a Global Movement(Paris: UNESCO Publishing, 1995): From a Culture of Violence to a Culture of Peace(Paris: 1996). 참조.

제8장 본회퍼와 동아시아의 평화

1. 시작하는 말

지금 한반도는 탈냉전 시대에 냉전 지대로서 지구상에 남은 마지막 분단국가이다. 더구나 미국이 "악의 축"(axis of evil)의 하나로 지목한 북한이 핵문제를 가지고 동아시아뿐 아니라 세계의 평화를 위협하고 있다.

한반도의 남북분단은 평화를 위협하는 근원이며, 분단이 되어 있는 한 한반도의 진정한 평화는 있을 수 없고 한반도의 평화가 없는 한 동아시아의 평화는 있을 수 없다.

디트리히 본회퍼는 기독교 평화운동의 선구자이다. 본회퍼는 예수 그리스도의 가르침인 평화를 이 사회 속에 실천하고자 투쟁하다가 순교하였다. 미국의 라인홀드 니버는 본회퍼의 처형 2개월 후 본

회퍼를 순교자라 칭하고 "그의 삶은 현대 사도행전에 속한다"고 말한 바 있다.[1]

본회퍼가 남긴 공언 중 가장 위대한 것은 정의와 평화를 위한 기독교인의 의무와 책임을 강조한 것에 있다.

한국에서는 일본을 가리켜 "가깝고도 먼 나라"라고 한다. 지리적으로 가까운 이웃나라지만 그동안 역사 속에서 선린의 관계보다 증오와 원한의 관계로 지낸 일이 많았기 때문이다. 한국을 둘러싸고 있는 동북아에도 북한 핵문제를 비롯한 중국의 팽창주의, 일본의 신군국주의가 평화를 위협하고 있다.

기독교는 정의와 평화를 위한 사회적 책무에는 소홀히 하고 오직 기복주의 경향으로 나가고 있다. 이러한 상황에서 "본회퍼는 오늘 여기에서 우리들에게 구체적으로 정의와 평화를 위한 기독교의 과제를 위해 무엇을 말하고 있으며 무슨 의미가 있는가?"를 찾아보는 일은 의미가 깊은 일이다.

이러한 때 이 강연을 통하여 본회퍼의 평화사상에 비추어 한국과 일본의 교회와 그리스도인들이 동아시아의 평화를 위해 무엇을 어떻게 할 것인가를 찾아보는 기회를 삼고자 한다.

2. 본회퍼의 평화사상

본회퍼는 신앙과 행동, 개인적 경건과 정치적 책임이 일치된 삶

---

1) Reinhold Niebuhr, "The Death of a Martyr, *Christianity and Crisisis*, 25(June 1945), p. 6.

을 살았다. 본회퍼는 기독교 평화운동의 선구자였다. 그는 평화를 실천하는 길이 히틀러를 제거하는 것이라고 믿고 나치정권에 항거하다가 처형된 순교자이다.[2]

1990년 3월 서울에서 개최되었던 "정의, 평화 창조, 질서의 보전"(JPIC)의 대회는 본회퍼가 1934년 8월 28일 덴마크 파뇌(Fanö)에서 제안한 "평화를 위한 에큐메니칼 회의"가 실현된 것이다.[3]

본회퍼는 예수의 산상설교에 나타난 비폭력의 가르침 속에서 평화의 의미를 발견하였다.[4]

보복하지 말고 원수를 사랑하고, 박해하는 사람을 위하여 기도하라는 말씀(마 5:38-48)에서 기독교의 복음의 핵심과 평화의 계명을 발견하였다. 당시에 독일 루터교에서는 평화주의에는 관심이 없었고 오히려 평화란 조국을 위해 군사적 행동이 요구될 때 적극적으로 참여하는 것이 자연스럽다고 하였다. 그러나 본회퍼는 이러한 교회의 태도에 문제가 있다고 생각하였다. 본회퍼는 그리스도를 뒤따르는 십자가적 제자직(弟子職 Nachfolge)과 세상에 대한 책임 속에서 평화를 파악하였다. 여기에서 예수 명령의 구체성과 값비싼 타자를 위한 삶, 개인적 훈련과 신앙의 공동체에서 평화를 발견하였

---

2) 유석성, "디트리히 본회퍼", 『현대신학을 이해하기 위해 꼭 알아야 할 신학자 28인』(대한기독교서회, 2001), 200. Suk Sung Yu, "Dietrich Bonhoeffer," 28 Theologians for Understanding Modern Theology, Christian Literature Crusade, 2001, p. 200.

3) Dietrich Bonhoeffer, Gesammelte Schriften. Band 1, München, 1978, 219. (이하 GS) 한국기독교 사회문제연구원 편, 「정의 · 평화 · 창조질서의 보존 세계대회자료집」(한국기독교사회문제연구원, 1988), p. 22. Dietrich Bonhoeffer Works 1, Munich, ed., Korea Christian Social Issues Institute, World Conference on Justice, Peace and the Integrity of Creation, 1988, p. 22.

4) Dietrich Bonhoeffer, Nachfolge (DBW4), München, 1989, 134ff.

다. 그에게 있어서 평화는 신앙의 결단과 정치적 책임적 행위였다. 본회퍼는 평화를 하나님의 계명과 그리스도의 현존이라고 갈파하였다.[5]

평화 실천은 하나님의 계명에 순종하는 일이며, 평화의 왕으로 이 세상에 성육신한 그리스도의 뒤를 따르는 값비싼 제자직을 이행하는 일로 본 것이다. 평화를 건설하는 것이 기독교인과 교회의 의무와 책임이자 신학의 과제이다.

3. 본회퍼의 평화사상과 한·중·일 3국

1989년 11월 9일 베를린 장벽의 붕괴로부터 시작된 동구 사회주의권의 몰락, 독일의 통일, 소련의 붕괴는 세계를 탈냉전, 탈이념, 신 국제질서로 변화시켰다.

미국과 소련의 두 축으로 지배하던 국제질서는 소련의 해체로 미국이 세계 유일 초강대국이 되어 세계 패권국가가 되었다.

9.11사태 이후 세계는 테러와 침략과 전쟁 속에 있다. 미국이 아프가니스탄을 침공한 이래 세계의 비난에도 불구하고 미국은 찾아내지도 못하는 대량살상무기(WMD)를 이유로 이라크를 침략하였다. 테러를 없앤다고 하면서 더 큰 국가적 테러를 자행한 것이다.

지금 북한 핵문제는 세계평화문제의 초점이 되고 있다. 북한 핵

---

5) GS I, p.216.

문제를 놓고 6자 회담이 몇 차례 열렸으나 중단된 상태다. 동북아시아의 평화문제는 동아시아인의 생존의 문제인 동시에 세계평화와 직결된 일이기도 하다.

한·중·일에서는 북한 핵문제, 한·일 간의 독도문제, 일본의 역사교과서 왜곡문제, 일본의 고이즈미 총리의 야스쿠니 신사참배로 나타난 신군국주의 기도(企圖), 중국의 고구려사를 중국역사로 편입시키고자 하는 동북공정(東北工程) 등이 한·중·일 삼국 간에 현안문제로 제기되고 있다.

동아시아가 함께 공존하려고 하면 동북아의 역사문제를 바로 잡고 비핵, 평화를 실현해야 한다. 동아시아 한·중·일 3국은 지리적으로 이웃하고 있어서 때로는 선린관계를 때로는 전쟁과 침략과 약탈의 관계로 지내왔다.

지난 20세기에도 전반기는 제국주의 침략과 전쟁의 시기였으며, 후반기에는 동서 이데올로기 대립에 의한 냉전체제 속에서 대결과 비극적 분단의 역사였다.

한반도는 일제 강점기로부터 해방됨과 동시에 남북으로 분단되었다. 해방의 역사는 곧 분단의 역사가 되었다. 한국이 분단된 것은 무엇보다도 일본의 35년의 식민통치가 없었더라면 분단되지 않았을 것이다.

물론 분단의 원인은 미국과 소련 등의 강대국의 이해관계와 통일국가를 세울 만한 역량을 갖추지 못한 것도 있지만 원천적으로 일제 강점기가 없었더라면 분단되지 않았을 것이다.[6] 한반도 분단은

---

6) 분단의 원인에 대하여: 강만길, 「고쳐 쓴 한국현대사」, 창작과 비평사, 1994, 2002(21쇄), 201.
강정구, "미국의 한반도 전략과 조선의 분단", 제주4.3연구소 엮음, 「동아시아의 평화와 인권. 제주4.3 제 50주년기념 제2회 동아시아 평화와 인권 국제학술대회 보고서」(역사비평사:

불합리한 분단이었다. 독일이 제2차 세계대전을 일으킨 전범의 나라로서 그 죗값으로 분단된 것이라면, 그렇다면 한반도가 분단될 것이 아니라 일본이 분단되었어야 마땅한 일이다.

한반도는 일본 대신에 분단된 것이라 말할 수 있으며, 한반도 분단은 불합리하고 억울한 분단이라고 말할 수 있다. 더구나 일본은 한반도의 6.25한국전쟁과 다른 분단국인 베트남전쟁 때문에 경제적 기반을 다지고 경제 대국으로 갈 수 있었다. 이런 일을 보면서 하나님의 의(義)가 어디에 있는가 묻지 않을 수 없다. 일본은 한국과 중국 등에 침략과 전쟁, 학살과 약탈을 자행하였다. 일본은 한국에서 1592년 '임진왜란'을 비롯하여 일제 강점기(1910-1945)를 통하여 학살과 약탈과 만행을 저질렀다. 이러한 사실은 경기도 화성의 제암리교회 학살사건(1919)에서도 이러한 사실은 잘 증명된다. 중국에서도 난징(南京) 대학살사건(1937.12-1938.1) 때 일본군은 중국인 30만 명을 학살하였다.

동아시아 3국은 평화(平和)와 공존(共存)을 위해 본회퍼로부터 무엇을 배울 수 있으며 어떤 교훈을 얻을 수 있겠는가?

첫째, 역사적 잘못을 바르게 인식하고 참회하여야 한다.

본회퍼가 죄의 인식(Schulderkenntnis)과 죄의 고백(Schudbekenntnis)을 강조하였듯이 과거의 역사적 과오를 바르게 인식하고 철저하게 반성하고 참회하여야 한다.[7] 잘못을 참회하려면 먼저 잘못을 바르

1999),pp.79-117. Concerning the cause of division see: Maan Kil Kang, *The Rewritten Korean Modern History, Creativity and Criticism Press, 1994, 2002(21st printing), p. 201. Jung Goo Kang, "America's Strategy on the Korean Peninsula and the Division of Chosun," ed. Cheju 4.3 Institute, Peace and Human Rights in East Asia, Report on the 2nd International Conference on Peace and Human Rights in East Asia commemorating the 50th anniversary of Cheju 4.3, Criticism of History Press, 1999, pp. 79-117.*

7) Dietrich Bonhoeffer, *Ethik(DBW6), München, 1992, 127.*

게 인식하고 깨달아야 반성과 참회를 바로 할 수 있다.

지나간 역사에 대한 정리가 되어야 평화공존이 가능하다. 지나간 역사에 대한 반성과 사죄가 동아시아의 선린과 평화공존을 위한 선결 사항이다.

일본인들은 그들이 행한 침략과 학살에 대하여 반성과 사죄와 참회를 하기는커녕, 오히려 자기들이 행한 잘못을 은폐·왜곡·미화시키고 있다.[8] 그들은 역사적 과오에 대하여 형식적인 사과의 말 몇 마디만 하고, 잊을 만하면 또 다시 신 군국주의와 패권주의를 꾀하는 망언을 하고, 한국 영토인 독도를 일본영토라고 주장하고, 후손을 교육시키는 역사교과서마저 왜곡시키는 일을 하고 있다.[9] 1982년 역사교과서 왜곡문제는 한국 국민을 격분케 하여 독립기념관을 건립하는 계기가 되기도 하였다. 이 왜곡된 역사교과서는 1905년 을사조약과 1910년 일제의 한국 병탄(倂呑)을 "동아시아의 안정에 필요한 정책이었다"고 정당화하였고,[10] 태평양 전쟁을 침략전쟁이 아니라 서구열강의 지배 아래 있는 아시아를 잘 살게 하기 위한 해방전쟁인 '대동아전쟁'이라고 규정하였다.

정신대 종군위안부 사건도 자발적 매춘이라 하여 삭제시켰다고 한다. 이런 왜곡 날조된 역사교과서는 일본의 침략행위를 정당화하며 역사적 사실을 은폐시키고 잘못을 미화시킨 것이다. 이 일은 일

---

8) 다카하시 데츠야,『일본의 전후 책임을 묻는다』,이규수 옮김 (역사비평사, 1999). Dakahasi Deacheya, *Questioning Japan's Responsibility after the War, Kyu Soo Lee trans.*, Criticism of History, 1999.

9) 코모리 요우이치.다카하시 테츠야 엮음,『내셔널 히스토리를 넘어서』, 이규수 옮김(삼인, 2000). Komori Yoeooichi and Dakahasi Tetsya eds., *Beyond National History, Kyu Soo Lee trans.*, SamIn, 2000.

10) 이태진 편저,『한국병합 성립하지 않았다』, pp30ff. 참조. Tae Jin Lee ed., The Non-negotiation of the Annexation of Korea, TaeHak Press, pp. 200, 30ff.

본인에 의해서도 비판을 받은 바 있다.

소설가 시바 료타로(司馬遼太郞)는 이렇게 말하였다.

"교과서에 거짓말을 쓰는 나라, 특히 이웃국가에 대해 거짓말을 쓰는 나라는 망한다."

그러나 이와 달리 600만의 유태인을 학살한 독일은 어떠한가?

독일정부는 나치 치하에서 범한 잘못을 진심으로 사죄하고 보상하였다. 한 장의 사진이 우리를 숙연하게 할 뿐 아니라 감동을 준다. 그것은 1970년 독일의 빌리 브란트 수상이 바르샤바 유대인 게토 기념비 앞에서 무릎을 꿇고 두 손을 모아 사죄하고 있는 모습의 사진이다.[11] 일본의 왕이나 수상에게 가능하기나 한 모습인가?

독일은 과거 극복 방법으로 전쟁범죄를 단죄하였고 유대인 수용소를 과거를 기억하려는 기념관으로 잘 보존하게 하여 일반인에게 역사 교훈의 장소로 공개하고 있다. 물론 독일교회, 일본교회, 한국교회는 죄책고백을 한 일이 있다. 그러나 한국이나 중국에서는 아직도 일본정부가 진심으로 사과하거나 과거의 잘못을 반성하고 있다고 인정하지 않고 있다.

둘째, 전쟁을 반대하고 비폭력적 방법으로 평화를 실현하는 것이다.

본회퍼는 무기와 군비확장을 의미하는 안보(Sicherheit)로는 평화를 이루어 낼 수 없다고 하였다.[12] 안보는 불신을 요구하며 불신은 전쟁을 가져오기 때문이다. 본회퍼는 전쟁을 반대하였다. 본회퍼는

---

11) 서울대학교 독일학연구소, 「시인과 사상가의 나라 독일 이야기 I. 독일어권 유럽의 역사와 문화, 여름, 2000. 277. Seoul Theological University German Language Institute, The Story of Germany, the Land of Poets and Thinkers I, History and Culture of German-speaking Europe, Summer 2000., p. 277.

12) *GS I,p. 218.*

히틀러는 전쟁을 의미한다고 말하기도 하였다. 그래서 본회퍼는 히틀러를 제거하려고 하였던 것이다.

미국의 이라크 침략전쟁에 일본자위대의 파병, 한국의 추가파병 문제는 본회퍼의 입장에서 보면 어떻게 하여야 하겠는가? 파병반대는 자명한 일이다. 오늘 세계는 보복전쟁 속에 있다. 테러와 폭력의 근절은 보복전쟁을 통해서 해결될 수 없다. 폭력과 전쟁은 또 다른 폭력을 가져오기 때문이다. 폭력은 폭력을 낳고, 보복은 보복의 악순환을 가져오고 피는 피를 부른다.

평화에 이르는 길은 무력이나 보복으로 이루어질 수 없고, 정의로운 전쟁이란 있을 수 없다. 평화의 길은 비폭력(非暴力)의 길이다. 비폭력의 길은 고통과 희생과 십자가의 길이다. 비폭력방법은 위대하지만 그 길을 사는 사람은 죽음의 길을 가는 것을 각오해야 한다. 비폭력을 주장한 분들은 한결같이 폭력적인 방법에 의하여 죽임을 당했다.

예수님은 폭압적 정권에 의하여 처형되었고 마하트마 간디와 마르틴 루터 킹은 암살당했다. 그러나 비폭력을 통한 평화실현의 가르침은 세계를 지배하고 인류의 빛이 되었다. 비폭력적 방법은 약한 것 같으나 강한 방법이며 지는 것 같으나 이기는 길이다.

폭력적 방법은 일시적으로는 이기는 것 같으나 결국에는 지는 방법이다. 폭력은 어두움의 세력들이 사용하는 방법이요, 비폭력은 빛의 자녀들이 사용하는 방법이다. 폭력은 생존자에게는 비참함을, 파괴자에는 야수성을 남겨주고 마침내 그 자체를 파괴한다. 미국 대통령이었던 케네디는 이렇게 말한 바 있다. "인류는 전쟁을 종식시켜야 합니다. 그렇지 않으면 전쟁이 인류를 종식시킬 것입니다." 테러의 극복 방법은 테러로서는 해결할 수 없고 평화는 폭력적 방법으로 해결할 수 없다. 평화학자 요한 갈퉁은 "평화적 수단에 의한 평화"를 주장한 바 있다.[13] 본회퍼가 평화는 위대한 모험이라고 하였듯이 평화의 길은 험한 길이다.

셋째, 본회퍼가 평화는 정의와 진리가 확립되는 곳에 건설된다고 하였듯이 정의를 실현하는 것이 평화를 실현하는 길이다.

평화는 정의의 실현을 통하여 구체화된다. 사회정의를 실현하는 것이 평화를 실현하는 것이다. 오늘 세계가 당면한 테러와 전쟁의 극복문제는 빈곤의 문제와 사회정의문제를 해결하지 않고는 안 된다. 코피 아난 유엔사무총장이 노벨평화상 수상연설에서 한 말은 이 시대 평화의 과제를 위해 깊이 새겨볼 말이다. "인류평화는 빈곤 퇴치, 분쟁예방, 민주주의 발전 없이는 이룰 수가 없습니다." 평화 실현의 첫걸음은 가진 자와 못 가진 자의 문제를 구조적으로 해결하고, 미국을 위시한 가진 자가 나눔을 실천하여 빈부의 격차를 줄여야 한다. 오늘의 테러의 문제는 빈곤의 문제를 해결하여야 극복될 수 있다. 북한에서는 지난 10년간 식량난으로 250만 명 이상 굶어 죽었다고 한다. 인도적 견지에서라도 북한을 도와야 한다.

넷째, 본회퍼는 평화를 실현하기 위해 기독교인의 책임적인 행위와 공동체성의 실현을 통하여 가능하다고 하였다. 이것으로부터 평화를 위한 책임과 이웃과의 연대를 말하는 것이다. 본회퍼는 평화를 실천하기 위하여 책임적인 기독교인의 신앙적 결단과 행위가 필요함을 보여주었다. 본회퍼는 개인의 관심이나 이해관계, 국가가 침략하는 행위에서는 폭력을 거부하였지만 그러나 수많은 사람의 학

---

13) 요한 갈퉁, 「평화적 수단에 의한 평화」(강종일 외 옮김: 들녘), 2000. Johan Galtung, *Peace By Peaceful Means*

살이 계속되는 상황에서 죄악의 공범이 되지 않기 위해 비폭력의 순결함을 지킬 수 없었고 히틀러 제거계획을 세웠던 것이다. 본회퍼의 저항과 폭력사용은 처음부터 정상적인 상황에서 행한 것이 아니라 마지막 비상시에 행한 것이다. 처음의 수단(prima ratio)으로 행한 것이 아니라 최후의 수단(ultima ratio)으로 한 것이다. 평화주의자인 본회퍼가 사람을 죽이는 암살계획에 가담한 행위는 책임윤리와 저항권의 입장에서 이해하여야 한다.[14]

본회퍼는 평화를 실현하기 위해서 공동체성을 강조하였다. 그는 그리스도를 "공동체(교회)로서 존재하는 그리스도"라고 하였다.[15] 이러한 공동체성은 국가주의나 인종주의를 넘어설 수 있는 개념이다.

동아시아 삼국은 평화를 위해 본회퍼의 공동체성을 깊이 생각하고 재일교포 도쿄대(東京大) 강상중(姜尙中) 교수나 일본인 와다 하루키(和田春樹) 교수가 이야기한 대로 "동북아시아 공동의 집"을 건설하는 일이 필요할 것이다.[16]

동아시아의 평화는 미국의 태도에 달려 있다. 미국은 북핵문제 때문에 북한을 공격의 표적 삼아 한반도 평화공존과 긴장완화를 저해하지 않도록 하여야 할 것이다. 그동안 미국은 패권주의와 국익을 위한 정책을 펴 왔다. 부시 대통령은 취임한 후 미사일 방어체제

---

14) 유석성, "본회퍼의 평화주의와 정치적 저항권", 신학사상 91집, 1995 겨울. 42ff. Suk Sung Yu, Bonhoeffer's Pacifism and the Political Right of Resistance, Theological Thought Vol. 91, p. 42ff.

15) Dietrich Bonhoeffer, Sanctorum Communio (DBW1), München, 1986, 126.

16) 강상중, 『동북아시아 공동의집을 향하여』, 이경덕 옮김(뿌리와 이파리: 2001). Sang Joong Kang, Towards a House of Community in East Asia, Kyung Duk Lee trans., Roots and Leaves, 2001.

(MD) 강행, 일방적인 친 이스라엘 외교정책, 교토 기후협약 탈퇴, 유엔 인종차별 철폐회의에서의 퇴장 등 국익 위주의 정책을 펼쳐왔다. 그러나 미국은 초강대국으로서 세계평화를 위한 도덕적 책무가 있다. 미국은 이라크문제, 북핵문제를 빨리 해결하고 테러의 근본적인 원인을 제거하고, 나아가서 인류가 함께 공존하며 상생(相生)할 수 있고 평화롭게 살 수 있는 국제질서를 만들어야 한다.

다섯째, 동아시아에 있는 평화의 전통을 존중하여 평화실현에 원용(援用)하는 것이다.

한·일·중 3국은 유가(儒家), 불교(佛教) 도가(道家) 및 묵가 墨家), 법가(法家) 등의 영향 속에서 살았고 그들에게는 각각의 평화사상(平和思想)이 있다. 유가(儒家)는 예치(禮治), 덕치(德治)에서 찾았고, 도가(道家)는 무위자연(無爲自然), 소국과민(小國寡民), 비전론(非戰論)에서, 묵가(墨家)는 상현(尚賢), 상동(尚同), 반전론 反戰論)에서, 법가(法家)는 강제규범(强制規範)과 법치(法治)에서, 병가(兵家)는 강력한 군사력에 기반을 둔 힘의 통치에서 평화를 추구하였다.

공자(孔子)는 덕치주의(德治主義)의 관점에서 인(仁)과 예(禮)를 중시하였고 균형과 조화를 뜻하는 화(和)를 중시하고 정명사상(正名思想)을 말하였다.[17] 인정(仁政)이나 왕도정치(王道政治), 폭군방벌론(暴君放伐論)을 중시한 맹자(孟子)의 사상은 본회퍼와 일맥상통(一脈相通)하는 점이 있다. 본회퍼가 히틀러를 제거하려고 하는 것은 맹자가 폭군은 죽여도 좋다고 한 것과 유사한 것이다.[18]

---

17) 『論語』, 「顏淵」, 君君 臣臣 父父 子子.
18) 『孟子』, 「梁惠王章句下」, 臣弑其君 可乎, 曰 賊仁者 謂之賊 賊義者 謂之殘 殘賊之人 謂之一夫 聞誅一夫紂矣 未聞弑君也. 정인재, 「중국의 평화사상」, 서강대학교 철학연구소 편, 『평화와 철학』(철학과 현실사:1995) p.241-272

한국에는 신라의 원효(元曉)의 화쟁(和諍)사상이 있다.[19] 화쟁이란 부처의 근본 가르침에 근거하여 온갖 주장(이쟁,異諍)을 화회(和會)시키고 회통(會通)시키는 것을 의미한다.

화쟁(It is based on Buddha's foundational teaching and denotes)은 주장(이쟁, 異諍)을 화회(和會)시키고 회통(會通)시키는 것을 의미한다. 다시 말하여 "화쟁이란 불교 신앙 안에서 다양한 경향의 경전이나 여러 종파의 상호 대립하는 가르침들 사이의 다툼과 갈등을 화해. 융합시키는 원효 특유의 해석학적 방법을 말한다."[20] 오늘 종파 안에서 그리고 종교 간에 평화를 위하는 일에 원효의 사상은 시사하는 바가 크다.

1909년 10월 26일 하얼빈 역에서 이토 히로부미(伊藤博文)를 죽인 안중근(安重根 1879-1910)은 여순감옥에서 『동양평화론』(東洋平和論)을 썼다. 안중근은 동양평화를 위해 이토 히로부미를 죽였다고 하였다.[21] 안중근이 이토를 죽인 이론적 근거가 『동양평화론』에 있다. 안중근이 이토 히로부미를 죽인 것은 동양평화를 위한 전쟁 중에 의군 참모 중장으로서 행한 일이기에 "기독교인은 살인하지 말라"는 계명과 다른 것이라 생각하였다. 안중근 의사는 법정에서 검사가 "그대가 믿는 천주교에도 사람을 죽이는 것은 죄악이 아닌가?"라는 질문에 안중근은 대답하기를 " 성서에도 사람은 죽임은

19) 元曉撰, 十門和諍論, 「한국불교전서」1, 1979. 최유진, 「원효 사상 연구-화쟁을 중심으로-」(경남대학교출판부: 1998). Collection of Korean Buddhism I, 1979. Yu Jin Choi, Study of Won-Hyo's Thought-Focusing on 화쟁, KyungNam University Press, 1998.

20) 신옥희, 「일심과 실존. 원효와 야스퍼스의 철학적 대화」(이화여자대학교 출판부:2000), p.240. 최유진 『원효사상연구 - 화쟁을 중심으로』(경남대 출판부:1998)참조

21) Ok Hee Shin, One Mind and Existence, the Philosophical Dialogue of WonHyo and Jaspers, Ehwa Woman's University Press, 2000, p. 240.

21) 신용하 엮음, 『안중근유고집』(역민사 : 1995), pp.169-180. 제1회 공판기록에 대하여: 『안중근유고집』pp.222-226. 윤병석, 『안중근 문집』(독립기념관한국독립운동사 연구소:2011). 안중근의사 기념사업회 편, 『안중근과 동양평화』(채륜 : 2010)

죄악이라고 있다. 그러나 남의 나라를 탈취하고 사람의 생명을 빼앗고자 하는 자가 있는 데도 수수방관한다는 것은 죄악이므로 나는 그 죄악을 제거한 것뿐이다"고 대답했다.[22] 이 문제는 전쟁 중 수행한 일과 정당방위와 저항권의 입장에서 이해하여야 한다.

안중근의 이토 히로부미를 처단한 일을 당시 가톨릭 조선교구의 뮈텔 주교는 살인행위로 간주하였다. 1993년 8월 21일 김수환 추기경은 안중근 의사의 단죄에 대해서 사과했다. 김수환 추기경은 미사에서 "안 의사는 신앙인으로서 믿음과 사랑으로 따랐고 민족의 자존을 위해 의거를 이룩했다"고 말하고 "일제 강점기 제도교회가 의거를 평가하지 못함으로써 그분의 의거와 정당방위에 대해 그릇된 판단의 과오를 범했습니다. … 이에 대해 나를 포함한 모든 사람들이 연대책임을 져야 합니다"고 말했다.

2010년 3월 26일 정진석 추기경은 안중근을 신자로 복권시켰다.

본회퍼가 히틀러 암살계획을 세운 것과 안중근이 이토를 포살한 것과 그 동기에 있어 유사한 점이 있다. 오늘 한·중·일 동양 3국은 본회퍼에게서 책임(Verantwortung)과 연대(Solidarität)의 정신을 배우는 길이 평화를 실천하는 길이 될 것이다.

동아시아의 평화를 위해서는 한반도의 평화가 중요하다. 더 이상 한반도에서 전쟁을 하지 않고 평화적으로 평화통일하여야 한다. 한반도의 통일의 문제는 민족적인 문제인 동시에 국제적인 문제이다. 강대국의 이해관계가 맞물려 있는 일이다.

한반도의 평화와 동아시아의 평화를 위해서는 한국과 일본의 기독교인과 교회가 연대(連帶)하고 평화를 위한 책임(責任)을 다 하여

---

22) 국사편찬위원회 편, 『한국독립운동사』자료6 (정음문화사: 1968), p.284f.

야 하겠다. 이것이 오늘 본회퍼 평화사상에 비추어 평화문제를 생각하는 우리가 평화를 만들어 가야 하는 "시간이 긴급한"(Die Stunde eilt)[23] 과제라고 생각한다.

맺는말

동아시아의 평화를 위협하는 것은 자국 중심적 국수주의적 민족주의이다.

그것은 일본의 우경화된 자국 중심적 국가주의(nationalism)와 군국주의적 경향, 중국의 팽창주의, 북한의 핵문제이다.

일본은 교과서의 역사왜곡, 한국 영토인 독도의 영유권 주장, 총리의 야스쿠니 신사참배, 평화헌법 개정추진, 장관과 도쿄지사의 계속적인 망언을 통해 역사를 왜곡하고 극우화된 국수적인 침략적 군국주의적 경향으로 나아가고 있다. 일본은 한국과 중국을 위시한 동아시아에게 식민지배와 침략전쟁을 통해 큰 고통과 상처를 주었다.

일본은 과거를 반성하고 사죄하여야 한다.

독일의 바이체커 대통령은 1985년 5월 8일 종전 40주년을 맞아 기념식에서 행한 연설에서 다음과 같이 말했다.

"과거 앞에 눈을 감는 사람은 현재에 대해서도 눈이 어둡게 된다."

---

23) *GS I, p. 219.*

일본은 과거에 대하여 눈을 감을 뿐 아니라 과거의 역사를 왜곡하고 있다. 이것은 일본을 위해서도 동아시아의 평화를 위해서도 시정되어야 한다. 왜곡된 교과서로 교육을 받는 일본의 국민들에게 인류의 평화에 공헌할 미래는 없다.

중국 역시 바른 역사인식이 필요하다. 고구려사를 중국역사에 포함시키려는 것은 중국의 팽창주의 결과이다.

한국과 중국과 일본은 평화적인 아시아를 위해서 바른 역사인식을 하여야 하고 보편적 가치인 평화와 인권과 자유와 평등과 정의 그리고 민주주의를 추구하여야 할 것이다. 이것은 침략과 전쟁의 과거의 역사를 극복하고 더불어 사는 상생과 평화공존의 길로 나아가야 한다.

평화를 추구했던 본회퍼에게 동아시아의 평화를 위해 한·중·일 3국은 본회퍼의 평화사상에서 큰 교훈을 받을 수 있을 것이다.

본회퍼는 기독교인뿐만 아니라 비기독교인들에게도 그의 삶과 사상의 결합에서 관심을 끌게 하고 매력을 느끼게 하였다. 특히 기독교인들에게는 신앙과 행위가 일치된 그리스도의 증인으로서의 그의 순교자의 모습이 감명을 주었다. 그의 삶과 신학에서 신앙과 행동, 개인적 경건과 정치적 책임, 자유와 복종, 의인과 성화, 교회와 세상, 성스러움과 세속적인 것이 분리되지 않고 함께 일치되는 것이다.

본회퍼의 공헌은 요약컨대 그리스도 중심적인 사고와 신학, 제자직의 고귀함, 기독교신앙에서 세상성의 강조를 통하여 기독교인의 책임적인 삶을 일깨워준 것에 있다. 본회퍼는 그리스도의 증인으로서, 책임적인 기독교인의 삶의 모습과 교회의 참모습을 가르쳐주었고, 사회참여신학의 선구자로서 정의와 평화 그리고 사랑을 실천하는 길을 보여주었다.

- 동아시아 본회퍼학회 발표 일본 東京 루터대학 (2013. 10. 11-15).
2012 11월 일본 同志社大 강연 -

제9장 본회퍼의 평화사상과 평화통일

2015년은 디트리히 본회퍼가 히틀러 나치정권에 의해 처형된 지 70년 주년이 되는 해이다. 동시에 올해는 한민족이 일제 강점기로부터 해방된 지 70주년인 동시에 분단 70주년이 되는 해이기도 하다.

본회퍼는 기독교 평화통일의 선구자이다. 현대 기독교 평화운동은 본회퍼로부터 시작된다. 1990년 서울에서 개최되었던 "정의, 평화, 창조질서의 보전"(Jutice, Peace and Integrity of Creation)의 대회도 본회퍼가 1934년 제안했던 것을 실현한 것이다.

한반도는 통일이 되어야 한다. 한반도의 통일은 평화통일이어야 한다. 평화통일을 위하여 본회퍼의 평화사상은 기독교의 역할에 대하여 많은 가르침을 주고 있다.

1. 본회퍼의 평화사상

디트리히 본회퍼는 20세기 후반 세계 신학계와 교회에 큰 영향을 준 신학자였다. 그뿐 아니라 히틀러 나치정권에 항거한 본회퍼는 독재정권에 맞서 저항하는 곳에 정신적 지주가 되었다. 본회퍼는 민주화와 정의와 자유와 평화를 위해 투쟁하는 곳에 항거의 모범이 되었다. 한국의 민주화운동뿐 아니라 남아프리카, 남미 등 민중이 억압받는 고난의 현장에서 본회퍼는 저항하는 사람들에 용기를 주었다.

본회퍼는 세계와 교회에 하나님 안에서 이루어지는 그리스도 평화를 가르쳐 주었다. 본회퍼는 히틀러 암살계획에 가담하였다가 2년간의 감옥생활 후 1945년 4월 9일 이른 아침 플로센뷔르크 수용소에서 교수형에 처해진 순교자였다. 본회퍼는 처형된 후 시체를 태워 재를 뿌렸기 때문에 그의 무덤은 없다.

2015년 1월 플로센뷔르크를 방문하였다. 플로센뷔르크 수용소가 있었던 마을의 루터교회당 내부 벽에 이렇게 새겨져 있었다.

"그의 형제들 가운데 예수 그리스도 증인 디트리히 본회퍼 1906년 2월4일 브레슬라우에서 태어나 1945년 4월9일 플로센뷔르크에서 죽다."(DIETRICH BONHOEFFER EIN ZEUGE JESU CHRISTI UNTER SEINEN BRUEDERN GEB 4 FEBR 1906 IN BRESLAU + 9 APRIL 1945 IN FLOSSENBUERG)

본회퍼는 그렇게 죽었기 때문에 오늘도 이렇게 살아있다. 본회퍼는 그리스도의 평화가 무엇인가를, 평화를 위하여 사는 사람은 어떻게 살고 어떻게 죽임을 당하는가를, 평화를 위하여 교회는 무엇을 해야 하는가를 보여 주었다.

본회퍼가 기독교 평화에 관심을 갖게 되는데 영향을 준 두 사람이 있다. 첫째는 프랑스인 장 라세르이다. 이 사람은 본회퍼가 평화에 대하여 눈을 뜨게 해 준 사람이다. 본회퍼가 1930-1931년 미국의 유니온 신학교에서 연구하는 동안 프랑스에서 온 장 라세르는 본회퍼에게 기독교 평화주의에 대하여 소개하여 주었다. 본회퍼는 산상설교에 나타난 평화사상을 깨닫게 되었다. 예수의 가르침 중에서 보복금지, 비폭력, 원수사랑으로부터 기독교 평화를 깨닫고 배우게 되었다. 그 당시 독일 루터교에서는 이런 평화를 생각하지 못하였다. 본회퍼는 이때 기독교 평화는 민족적 배경을 초월해야 할 필요성을 인식하였다.

또 한 사람은 인도의 간디이다. 본회퍼는 간디의 비폭력방법을 높이 평가하고, 그의 "폭력을 필요로 하지 않는 저항의 형식"에 감명을 받았다. 본회퍼는 인도를 방문하여 간디를 만나기로 간디의 허락을 받았으나 그 뜻은 이루어지지 않았다. 본회퍼는 간디가 예수님의 산상설교의 가르침을 잘 실천하고 있다고 보았다. 본회퍼는 그의 평화설교에서 이렇게까지 말한다. "우리는 동쪽에 있는 이교도로부터 수치를 당하지 않으면 안 되는가?" 이때 이교도는 간디를 지칭한 말이다. 간디가 예수님의 산상설교의 평화사상을 가장 잘 실천했다고 평가하면서 힌두교도인 간디가 기독교인보다 잘 실천했기에 수치스럽다는 표현을 한 것이다. 본회퍼의 평화사상은 1930년대 강연과 설교, 그의 저서 『나를 따르라』, 『윤리학』에 잘 나타나 있다.

특히 1934년 8월에 덴마크 파뇌에서 열린 에큐메니칼 교회회의

인 생활과 봉사(Life and Work)에서 행한 강연과 설교에 그의 사상이 잘 나타나 있다. 1934년 8월 28일 아침에 행한 평화설교「교회와 민족들의 세계」는 기독교 평화운동의 시발점이라고 할 수 있다.

본회퍼의 평화사상은 성서에 기초한 기독교 평화사상이다. 산상설교와 구약과 복음서 바울서간에 나타난 평화에 관한 말씀을 토대로 기독교 평화를 말하고 있다. 그리스도론적이며 교회론적이다.

기독교의 평화는 그리스도 안에 그리스도를 통하여 나타난 하나님의 계명이다. 기독교인은 평화실천을 위하여 그리스도 안에 나타난 계명에 순종하도록 부르심을 받는다. 평화는 예수 그리스도가 평화의 왕으로 이 세상에 성육신하심으로 주어진 계명이다. 산상설교에 "화평케 하는 자는 복이 있나니 저희가 하나님의 아들이라 일컬음을 받을 것임이요"(마 5:9)라고 말하듯이 평화를 위하여 일하는 것이 하나님의 자녀로서 마땅히 해야 할 의무와 책임이다.

평화가 있는 근거는 그리스도가 이 세상에 오셔서 존재하기 때문에 평화가 있는 것이다. 그리스도는 우리의 평화이다.(엡 2:14) 평화의 왕(사 9;6)으로 이 세상에 왔고 우리에게 평화를 만드는 사람들(peacemakers)이 되라고 명령하였다.(마 5:9)

본회퍼는 평화를 계명으로 이해한다. 평화는 해도 좋고 안 해도 좋은 것이 아니라 의무적으로 꼭 해야 할 하나님의 계명과 그리스도의 명령으로 본 것이다. 또한 본회퍼는 교회가 있기 때문에 평화가 있어야 한다고 하였다. 이 말은 평화를 실현하기 위한 근거와 방법을 이야기한 것이다. 평화는 그리스도의 계명을 통해 분리되지 않고 전 세계가 결합하고 연대하여야 하는데 교회라야 이것이 가능하다는 의미이다. 교회는 민족적, 정치적, 사회적, 인종적인 종류의 모든 한계를 초월한다.

본회퍼는 평화를 위해 교회가 나설 것을 촉구하며 큰 규모의 위대한 에큐메니칼 공의회를 열 것을 촉구하였다. 본회퍼는 평화는 민족중심적인 정치적. 경제적 방법이 아니라 신학적. 신앙적 방법으로 이루어야 한다고 촉구하였다. 본회퍼는 여기에서 평화는 무기와 군비확장 안전보장의 방법을 통해서가 아니라 기도와 비폭력적 방법을 통해서 이룰 것을 말하고 있다.

본회퍼는 정치적 계약이나 제도와 같은 정치적 방법, 국제자본 투자 등의 군비확장 같은 군사적 방법을 통하여 진정한 평화가 실현될 수 있다고 생각하는 세속적 평화주의를 거부하였다. 본회퍼는 군비확장 등 군사적 방법을 안보(안전보장 Sicherheit)라는 용어로 사용하였는데 이 안보라는 개념을 가지고는 평화가 실현될 수 없음을 말하였다. "안보로 향한 길 위에 평화는 없다."(Es gibt keinen Frieden auf dem Weg der Sicherheit) 본회퍼는 안보는 평화의 반대라고 하였다. 왜냐하면 안보는 불신을 초래하기 때문이다. 본회퍼는 전쟁을 준비하고 있는 히틀러의 재군비 착수를 우회적으로 비판한 것이다. 본회퍼는 "히틀러는 전쟁을 의미한다"고 말한 바 있다.

본회퍼의 안보에는 평화가 없다는 것은 오늘날에 핵시대에 더욱더 실감나는 말이다. 공멸의 수단인 핵으로 어떻게 세계평화를 이룰 수 있겠는가. 핵무기는 첫 번째 쏘는 자가 두 번째로 죽는, 모두 죽이는 무기이다.

본회퍼는 평화는 과감하게 실현되는 것이며 커다란 모험이라고 하였다. 평화는 무기와 함께 이루어지는 것이 아니라 하나님과 함께 이루어지는 것이다. 평화는 십자가로 인도하는 길에서 얻어진다.

본회퍼는 평화를 위하여 교회가 나서야 하며 큰 공의회를 열 것을 주장하였다. 이것은 56년 후 1990년 서울에서 "정의, 평화 그리고 창조 질서의 보전" 대회로 열렸다.

본회퍼는 평화의 긴급성을 이야기한다. 시간이 급하다(Die Stunde eilt) 평화를 위해 교회가 앞장서지 않으면 내일 전쟁의 나팔소리가 울려 퍼질 것이라고 평화의 긴급성을 촉구하였다. 5년 후 1939년 제2차 세계대전이 일어났다

본회퍼는 진리와 정의가 실천되는 곳에 평화가 실현된다고 보았다. 본회퍼는 기독교적 평화를 정의로운 평화로 본 것이다.

본회퍼는 "진리와 정의가 유린되는 곳에서는 평화가 성립될 수 없다"고 하였다. 본회퍼는 최초로 유태인들에 대한 박해를 교회의 도전으로 받아들이고 유태인을 돕는 것이 평화를 위한 일이라고 하였다. 본회퍼는 "유태인을 위하여 소리치는 자만이 그레고리안 찬가를 부를 수 있다"고 하였다. 본회퍼는 평화를 실천하는 길은 십자가를 지는 제자의 길을 가는 것이고, 하나님과 이웃 앞에서 평화를 행하는 책임을 다하는 것이다.

평화주의자인 본회퍼가 어떻게 사람을 죽이는 암살계획을 할 수 있는가? 평화주의를 포기한 것이 아닌가? 평화주의를 포기한 것이 아니라 원칙적 평화주의에서 상황에 의존하는 상황적 평화주의를 택할 수밖에 없었다.

1938년 이후 독일에서는 모든 독일인의 이름으로 자행된 유대인 배척주의, 군국주의, 민족주의를 내세우는 정치적 상황이 전개되었다. 본회퍼의 "직접적, 정치적 행동"은 히틀러 암살계획에까지 나아갔다. 이 저항은 기독교인의 신앙의 결단에서 오는 정치적 책임의 행위였다. 구체적 상황에서 내린 그의 결단은 평화의 실천을 위한 이웃과 다음 세대를 위한 책임적 행위였다.

1930년대 초에 평화주의를 주장하였던 본회퍼가 1940년대 초에 히틀러 암살단에 가담한 것은 평화주의를 포기한 것이 아니라 구체적인 신의 계명에 순종한 것을 의미한다. 본회퍼는 일찍이 말하였다. "계명은 구체적이어야 한다. 그렇지 않으면 계명이 아니다. 하나님의 계명은 지금 우리로부터 아주 특별한 어떤 행동을 요구한다. 그리고 교회는 이것을 회중에게 전파하여야 한다."

본회퍼는, "히틀러는 전쟁을 의미한다"고 말한 바 있다. 평화를 위한 기독교 교회의 사업이 전쟁의 종식과 극복을 뜻한다면, 본회퍼의 결단의 행위는 구체적이고 신적인 계명에 순종하는 행위로 이해할 수 있을 것이다. 본회퍼의 신학과 평화사상은 그의 삶 속에서 전기 후기의 단절이 아니라, "일치 속의 다양한 모습의 결단"이었다. 본회퍼는 교회의 정치적 책임의 모습을 다음과 같은 말에 극명하게 잘 표현되었다. 교회와 기독교인은 "바퀴 아래 깔린 희생자에게 붕대를 감아주는 것뿐만 아니라 바퀴 자체를 멈추게 하는 것이다."

본회퍼에게 늘 제기되는 문제가 있다. 평화주의자인 목사요, 신학자인 본회퍼는 감옥에서 말하였다. "만일 어떤 미친 운전사가 사람들이 많이 다니는 인도위로 차를 몰아 질주한다면 목사인 나는 희생자들의 장례나 치러주고 가족들을 위로하는 일만 하는 것이 나의 임무라고 생각하지 않습니다. 나는 그 자동차에 올라타서 그 미친 운전사로부터 핸들을 빼앗아야 할 것입니다." 본회퍼는 그 당시 미친 운전사인 히틀러를 제거하려고 하였던 것이다. 따라서 본회퍼가 히틀러의 암살계획에 가담한 행위는 저항권의 입장에서 이해하여야 한다.

2. 한반도의 평화통일

한반도의 평화통일은 한민족의 염원이요 이루어져야 할 과제이다. 평화통일은 우리가 이루어내야 할 역사와 시대적 사명이다.

신앙적 차원에서 보면 평화통일은 하나님의 계명이며 평화를 만들라는 예수님의 명령을 실천하는 일이다. 한국기독교는 130년의 역사속에서 조선말과 대한제국시대에 개화, 문명운동, 일제 강점기에 항일, 독립운동, 해방 후 민주화 운동에 큰 역할을 하여 왔다. 이제 기독교의 역사적 사명은 평화통일을 이루는 것이다.

1945년 제2차 세계대전이 끝난 후 분단된 국가인 독일, 한반도, 베트남, 중국, 4개국이다. 그리고 50년의 시간을 두고 분리 독립되어 분단국가가 아니라 분열국가로 분류되는 예멘이 있다. 이들 국가들은 한반도와 중국을 제외하고 모두 통일이 되었다.

1990년 10월 3일 독일은 통일되었다. 분단된 국가는 중국과 대만, 한반도 남한과 북한이 남게 되었다. 그러나 중국과 대만의 분단문제는 오늘날 국제사회에서 분단국 문제로 취급되지 않고 있다. 왜냐하면 1971년 UN에서 대만이 추방된 후 세계의 여러 국가들은 중국을 유일한 합법정부로 승인하고 대만은 중국내 영토의 일부로 인정하였기 때문이다. 그렇다면 이제 분단국가는 '우리 한반도밖에 없다. 우리는 1,000년이 넘는 통일의 역사를 가지고 있다. 독일은 통일되기 전 통일의 경험이 단 74년뿐이었다.

우리 한민족은 분단으로 인해 민족역량을 낭비하는 대결을 피하고 민족번영을 위하여 반드시 통일되어야 한다. 통일이 되면 한민족은 선진국이 되지만 통일이 안 되면 한반도는 '3류 분단국가'로 남게 될 것이다. 통일비용을 염려하지만 통일이 되면 남북한은 경제적으로 큰 시너지효과가 나타나게 될 것이다. "골드만 삭스는 통일된 한반도가 2050년에 1인당 국민소득에 있어 미국 다음으로 세계 2위를 차지할 것"이라는 연구보고서를 낸 바 있다. 통일이 되면 통일한국은 동아시아뿐만 아니라 세계평화에 기여할 수 있을 것이다.

1945년 제2차 세계대전이 끝난 후 미국과 소련의 강대국의 이해관계에 의해 강제적으로 38°선으로 갈라 한반도의 남북을 분단시켜 놓았다. 분단의 원인이 여럿이 있지만, 가장 근본적인 것은 일본이 한반도를 강점하였다는 것이다. 독일이 전범국가로서 분단된 것처럼 한반도가 아니라 일본이 분단되었어야 마땅하다. 패망한 일본은 한국 전쟁 때문에 경제적으로 일어서게 되었고 또 다른 분단국인 베트남 전쟁으로 경제 대국이 되는데 큰 도움을 받았다.

동아시아의 평화를 위협하는 것은 북한의 핵문제, 일본의 우경화된 자국 중심적 국가주의와 군국주의적 경향과 과거 침략의 역사를 부인하는 역사인식의 문제, 중국의 신중화주의와 팽창주의와 과거 역사 왜곡시키는 역사왜곡의 문제가 있다.

특히 일본의 아베총리는 과거 침략의 역사에서 발생한 위안부 문제를 부인하고 있다. 일본은 한국과 중국을 위시한 동아시아에게 식민지배와 침략전쟁으로 큰 고통을 주었다. 일본은 일제 강점기 동안 학살과 약탈과 만행을 저질렀 다.　　제암리교회 학살사건에서도 잘 나타나 있다.

일본은 중국에서 1937년 난징(南京) 대학살사건 때 최소 30만 명을 학살하였다. 유대인 600만을 학살한 독일은 나치 치하에서 범한 잘못을 진심으로 사죄하고 보상하였다. 일본은 과거의 침략행위를 인정하고 사죄하여야 한다. 최근 일본을 방문한 독일의 메르켈 총리는 일본 아베정권에게 과거를 직시하라고 하면서 위안부문제를 해결할 것을 촉구하였다.

독일의 대통령 폰 바이츠체커 대통령은 1985년 5월 8일 종전 40주년 기념식에서 "과거 앞에 눈을 감는 사람은 현재에 대해서도 눈이 어둡게 된다."고 말하였다.

중국은 동북공정을 통해 고구려역사를 중국역사로 만드는 역사를 왜곡시키고 있다. 동아시아 삼국의 문제는 역사인식의 문제다. 한국과 중국과 일본은 동아시아 평화를 위해서 바른 역사 인식을 하여야 하고 정의로운 평화를 추구하여야 할 것이다. 한·중·일 3국은 침략과 전쟁의 과거역사를 극복하고 상생과 공존의 길로 나아가야 한다.

1909년 10월 26일 동양평화를 위하여 안중근 의사(1879-1910)는 이토 히로부미를 포살하였다. 안중근은 여순감옥에서 미완성의 『동양평화론』을 썼다. 안중근이 제안한 '동양평화회의'는 오늘 동아시아의 평화를 위해서 필요한 시사점이 될 것이다.

한반도의 통일은 동아시아의 평화를 위해서도 꼭 필요한 일이다. 한반도의 평화통일 없이 동아시아의 평화 없고 동아시아의 평화 없이 세계평화가 없다.

오늘 한반도의 긴급한 과제요, 꼭 이루어야 할 예수 그리스도의 명령인 한반도의 평화통일을 위해 기도와 헌신을 해야 할 때이다.

통일은 복음화의 문제요 선교의 문제다. 통일이 되어야 복음전파와 선교도 가능하기 때문이다. 우리 민족에게 평화통일의 종소리가 들리는 그날은 남북한 8천만 모두 감격에 넘친 환희의 합창을 부르는 통일의 날이 될 것이다.

3. 본회퍼와 한반도 통일

한국과 본회퍼, 한국기독교와 본회퍼는 어떤 관계인가.?

한국에 본회퍼가 집중적으로 소개되고 그의 책들이 번역된 것은 1960년대 부터이다. 본회퍼의 저서 『신도의 공동생활』(1964년, 문익환)『나를 따르라』(1965, 허혁), 『옥중서간』(1967, 고범서), 『기독교윤리』(1974, 손규태), 『창조·타락·유혹』(1976, 문희석), 『그리스도론』(이종성)이 번역되어 소개되었다. 그리고 독일에서 새로 편집되어 출판된 디트리히 본회퍼 전집(Dietrich Bonhoeffer Werke, DBW) 중에서 주요 저서 8권이 한국본회퍼 학회 주도로 2010년 기독교서회에서『디트리히 본회퍼 선집』으로 출판되었다.

한국에서 최초의 본격적인 본회퍼 연구서, 박봉랑의『기독교의 비종교화』(1975)가 출판되었다.

본회퍼 연구로 박사학위자들이 나오게 되었다. 유석성(독일, 튀빙겐대), 정지련(스위스, 바젤대), 현요한(미국, 프린스턴신학대), 박재순(한국, 한신대), 강성영(독일, 하이델베르크), 고재길(독일, 베를린 훔볼트대), 강안일(독일, 보쿰대), 김성호(독일, 오스나브뤼크대), 김정환(독일, 하이델베르크대), 김현수(미국, 프린스턴신학대), 홍성국(한국, 실천신학대학대학원대)이다.

1989년에 한국본회퍼학회가 창립되어 활동하고 있고 외국의 본회퍼학회와 학술교류도 하고 있다.

본회퍼는 한국기독교에 새로운 신학으로 소개되었고, 교회와 그리스도인이 이 사회와 역사 속에서 어떻게 참여하여 실천하는가 하는 사회참여 신학의 신학자로 알려지게 되었다. 특히 독재정권에 항거한 민주화 투쟁의 시대에는 투쟁의 귀감과 멘토로 젊은이들에게 큰 용기를 주었다. 그의 『옥중서간』(저항과 복종)은 감옥에 간힌 학생들의 애독서가 되기도 하였다.

본회퍼의 평화신학으로부터 한반도의 평화통일을 위해 무엇을 배울 수 있는가?

통일신학은 평화신학에 근거해야 한다. 통일은 평화적 방법으로 하는 평화통일이 되어야 하고 통일은 평화를 실천하는 한 과정이다.

본회퍼는 평화를 하나님의 계명과 그리스도의 명령으로 이해하였다. 통일은 평화통일이 되어야 한다. 통일은 해도 좋고 안 해도 좋은 것이 아니라 하나님의 계명이요, 그리스도의 명령이기 때문에 꼭 평화를 만들어 가는 피스메이커가 되는 일이다. 예수님은 "평화를 만드는 자들"(peacemakers)이 되라고 하셨다.(마 5:9)

본회퍼가 평화를 위해 나서라고 한 것처럼 한국교회는 평화를 위해 통일을 앞장서야 한다. 평화통일을 위하여 한국교회는 무엇을 할 것인가.

한국교회는 평화통일을 위해 분단으로 인한 분단 체제 속에서 증오와 적개심을 품고 대결해 왔던 잘못을 반성하고, 화해하고, 협력하며 불신의 장벽을 무너뜨리고 신뢰구축을 통하여 통일환경을 조성하도록 노력해야 한다. 로마서 12장 18절 말씀 "할 수 있거든 너희로서는 모든 사람과 더불어 화목하라"는 말씀을 실천해야 할 것이다.

동아시아 3국은 평화와 공존을 위해 본회퍼로부터 무엇을 배울 수 있으며 어떤 교훈을 얻을 수 있겠는가? 역사적 잘못을 바르게 인식하고 참회하여야 한다. 본회퍼가 죄의 인식(Schulderkenntnis)과 죄의 고백(Schuldbekenntnis)을 강조하였듯이 과거의 역사적 과오를 바르게 인식하고 철저하게 반성하고 참회하여야 한다. 잘못을 참회하려면 먼저 잘못을 바르게 인식하고 깨달아야 반성과 참회를 바로할 수 있다. 지나간 역사에 대한 정리가 되어야 평화공존이 가능하다. 지나간 역사에 대한 반성과 사죄가 동아시아의 선린과 평화공존을 위한 선결 사항이다

통일의 필요성과 당위성을 인식시키고 분단을 극복하기 위한 평화통일에 대한 통일교육과 평화교육을 실시하여야 한다. 최근 들어 기독교계에서는 통일을 위한 관심을 가지고 여러 가지 활동을 하고 있는 것은 교회의 시대적 사명을 잘 반영하고 있다고 생각한다. 대학에서도 통일에 대한 과목을 필수로 이수하게 하고 있다. 통일세대를 위한 인재양성을 하는 것이다. 숭실대학교에서도 통일과목을 필수로 이수하게 하고 있다. 서울신학대학교에서는 해방 70년, 분단 70년을 맞아 '평화통일을 위한 피스메이커(peacemaker) 만드는 교육'을 실시하고 있다. 전체 학생에게 「평화와 통일」 과목을 교양필수로 수강하도록 하고 있다.
평화통일의 목표는 정의로운 평화공동체이므로 남한의 사회를 정의롭고 민주적인 사회가 될 수 있게 제도적으로 정착되어야 한다. 그뿐 아니라 교회 자체에서도 민주화되어야 한다.

통일이 되었을 때 북한지역의 선교전략을 세워야 한다. 각 교파의 교회들이 점령군처럼 들어가 북한의 교회들을 재건하여 남한의

분열상을 그대로 재현할 것이 아니라 일치된 교회의 형태를 지닌 교회가 되도록 하여야 할 것이다.

독일통일에 큰 기여를 한 독일교회처럼 한국교회도 통일을 위한 구체적 노력을 하여야 한다. 동서독 분단 이후 동서독교회들은 동서독의 화해를 위한 노력과 통일을 위한 운동을 하였다. 라이프치히의 성 니콜라이교회와 동베를린의 겟세마네교회가 민주화와 변혁을 위한 전초기지 역할을 하였다. 서독교회는 동독교회에게 재정적 지원을 하였다. 동서독교회는 분단된 사회와 국가를 연결하여주는 교량역할을 하였다. 한국기독교는 분단된 한반도의 남과 북을 화해시키는 교량역할을 하여야 할 것이다.

백범 김구(白凡 金九) 선생이 "나는 통일된 조국을 건설하려다가 38선을 베고 쓰러질지언정 일신에 구차한 안일을 취하여 단독정부를 세우는 데는 협력하지 아니하겠다"라고 갈파한 말속에 민족주의적인 이상이 담겨있다. 통일은 주어진 상태가 아니라 만들어가는 과정이다. 통일은 그 자체가 목적이 아니라 민족공동체 회복을 위한 한 과정이자 수단이다. 기독교는 민족적 과제이며 미완의 해방을 완성시키는 일인 평화통일을 위한 일에 그 민족적 책임을 다하여야 할 것이다.

(기독교 사상 2015)

제10장
A Study on the Pacifism of Dietrich Bonhoeffer

A Study on the Pacifism of Dietrich Bonhoeffer

Prof. Suk Sung Yu
(Seoul Thological University / Christian Ethics)

Introduction

A half century has passed since Dietrich Bonhoeffer (1906-1945), a witness to Christ uniting faith and action, was executed by Hitler's Nazis. April 9, 2000, marked the 55th anniversary of Bonhoeffer's martyrdom. Remembered as a paragon by the faithful in action, Bonhoeffer becomes courage, comfort and hope to the force of conscience fighting against injustice and repressive dictatorial regimes. Bonhoeffer bids Christians to live a politically and socially responsible life as he upholds the Christian faith with concern for this world. In his life and theology, faith and action, personal piety and political responsibility, freedom and obedience, martyrdom and sacredness, the church and the world, and the holy and the secular, Bonhoeffer showes that they are interconnected.

Bonhoeffer was a pacifist. In the modern ecumenical peace movement, he served a prophetic role. In August 1934, Bonhoeffer proposed to open a world church conference for peace. His blueprint for the peace conference did not come true in his time, but it was realized 50 years later. On March 5 to 11, 1990, a world conference on peace with the theme of 'Justice, Peace and Integrity of Creation' was held in Seoul, South Korea. A German representative first proposed the idea at the 1983 General Assembly of the World Council of Churches in Vancouver, Canada. After a few planning meetings, the executive committee, at the Hanover Meeting on August 10-20, 1988, decided to hold the conference in Seoul.[1]

Bonhoeffer's blueprint and thoughts on peace became the point of departure in dealing with the problem of peace in the nuclear age after World War II. A cataclysm of humanity brought on by the atom bomb explosions at Hiroshima and Nagasaki and the Auschwitz Holocaust during World War II provided the necessity for peace. More academic research on peace is being done now than at any other period in history. This has to do with the development of nuclear weap-

---

1) Cf. Christian Institute for Social Justice Development ed., Justice, Peace and Integrity of Creation World Conference Resource Book, Seoul, 1990. Also see Martin Bogdahn, (Hrsg.) Konzil des Friedens Aufruf und Echo, München, 1986: Frieden in Gerechtigkeit, Die offiziellen Dokumente der europäischen ökumenischen Versammlung, 1989 in Basel, Basel/Zürich, 1989.

ons threatening the future of humanity and the ecological crisis from the pollution of the environment.[2] Bonhoeffer's thoughts on peace carry significant meaning as we move past the era of changes in the 60's and think about today's problems of peace.

When we discuss Bonhoeffer and peace, the following problems arise.

Was Bonhoeffer a pacifist at all? If he was, how could a pacifist pastor and theologian be involved in an assassination plot to kill Hitler? With these questions in mind, this paper will examine Bonhoeffer's thoughts on peace and his political resistance.

1 . The Political Situation and Early Signs of Pacifism

Bonhoeffer's interest in peace sprouted during his study in the US. Bonhoeffer realized the authenticity of his pacifism through his ecumenical activities and began to develop his thoughts on peace.

In 1930-31 Bonhoeffer studied at Union Theological Seminary in New York. While researching at Union Theological Seminary, he met the French pacifist Jean Lasserre. From him, Bonhoeffer was introduced to the concept of Christian pacifism (Christlicher Pazifismus). Through Jean Lasserre, Bonhoeffer recognized the importance of

---

2) Suk Sung Yu, "Concept of Peace and Peace Ethics", Kyo Soo Non Chong, Seoul Theological University, Bucheon, 1992, 71.

obedience to Christ's commandment of peace. Moreover, Bonhoeffer found a new way of understanding the Sermon on the Mount.[3]

Bonhoeffer's assertions on peace are closely related to the situation of the period. Bonhoeffer's statements on peace were made during the end of the Weimar Republic (1918-1933) and after 1933 when Hitler's Nazi regime seized power. Hitler became Prime Minister of Germany on January 30, 1933. When the burning of the Parliament House occurred on February 27, 1933, Hitler castigated it as "the conspiracy of communists to overthrow the power", and used the opportunity to oppress the freedom of the Communist Party, violently attack his enemies, and obtain emergency power. In Hitler's early stages of power, the biggest obstacle was the tension between the military and the Nazi Storm troops. The head of the Nazi Storm troops, Ernst Röhm, was arrested and executed on June 29, 1934. After the death of President Hindenburg on August 2, 1934, Hitler abolished the Presidency and appointed himself as the chancellor (Führer). Hitler, then, went on to implement German nationalistic and anti-Semitic policies based on racism, emphasizing the superiority of Aryans. All Jews were banned from public office and interracial marriage with Jews was prohibited by law. Jews had all their rights taken away and were systematically executed. Under Hitler's rule, 6,000,000 people were sacrificed. After Hitler seized power, the German church confronted two battles. The first one was an external

---

3) E. Bethge, Dietrich Bonhoeffer. Eine Biographie, 5 Aufl. München, 1983, 190. (DB below)

fight and a struggle of principle against totalitarian national socialism which was trying to rob and completely destroy Christianity's freedom. This was a fight of principle on the limitation of state power. The second fight was an internal one between 'German Christians' (Deutsche Christen) and the 'Confessing Church'(Bekennende Kirche). [4]

Hitler tried to use the church once he took power. The church split into two groups. The first group was 'German Christians'. This group was a compromise between the Christian Church and National Socialism. In other words, this group wanted to Germanize Christianity. This group was a product of a chauvinistic and nationalistic Christian movement which rose out of the totalitarianism of Hitler. This movement wanted to subvert the church to its rule with the slogan "One Nation, One God, One Faith." Hitler then appointed Ludwig Müller as the head of the Church and had all pastors sign the statement of allegiance: "I, as a pastor of the German Church, swear my allegiance to Adolf Hitler who is the Chancellor (Führer) of the German Nation and State and to sacrifice and give service to the German people in the name of all mighty and holy God." [5] The second group was the 'Confessing Church.' On May 9, 1933, the 'Young Reformation Movement' was started by people like H. Lilji. Headed

4) Karl Heussi, Kompendium der Kirchengeschichte, 13 Aufl. Tübingen, 1971, 524f.
5) See: K. Scholder, Die Kirchen und das Dritten Reich, Berlin, 1977; W. Niemöller, Kampf und Zeugnis der Bekennende Kirche, 1949; ders., Die Evangelische Kirche im Dritten Reich, Bielefeld, 1956.

by M. Niemöller, the Pastors Emergency League (Pfarrernotbund) was formed, which later developed into the 'Confessing Church' movement. The 'Confessing Church' held its general assembly at Barmen on May 29-31, 1934, and announced the famous "Barmen Declaration." [6] Bonhoeffer belonged to the 'Confessing Church.' Some members of this church were martyrs who witnessed with their blood under Hitler's rule during the period of church confrontation. F. Weishler and P. Schneider faced execution for helping Jews, and so did Bonhoeffer for political resistance. After the war, by the initiation of the members of the 'Confessing Church', the German Church announced the "Stuttgart Confession" on October 19, 1945. [7]

On January 30, 1933, Hitler became the chancellor of the 3rd Reich. Two days later, on February 1, Bonhoeffer delivered a radio broadcast speech entitled "Change in the younger generation's concept of leadership."[8] In this speech, he warned against the danger of the new concept of leadership in which the 'person' is emphasized more than the 'position'. This could lead to idolatry, he said. This broadcast was terminated before its completion by the state authority. Bonhoeffer wanted to say "self-deifying leaders and positions are

---

6) For more reference on the Barmen Declaration, see: A. Burgsmüller und R. Weth. (Hg.), Die Barmer Theologische Erklärung, Einfürung und Dokumentation, Neukirchen-Vluyn, 1984; E. Wolf, Barmen, Kirche zwischen Versuchung und Gnade, München, 1984.

7) For more reference on the Stuttgart Statement of Confession see; Martin Greschat (Hg.) Im Zeichen der Schuld 40 Jahre Stuttgarter Schuldbekenntnis, Neukirchen-Vluyn, 1985. Gerhard Besier / Gerhard Sauter, Wie Christen ihre Schuld bekennen, Die Stuttgarter Erklärung, 1945, Göttingen, 1985.

8) Dietrich Bonhooffer, Gesammelte Schriften I, 19-38. (GS below)

an abomination to God," but unfortunately this part was not aired.[9] With this incident, Bonhoeffer was labeled as an anti-Nazi from the beginning and from this point on, he was closely watched by the Nazi regime. This also was the beginning of Bonhoeffer's involvement in the anti-Nazi movement. In the 1930's Bonhoeffer presented his thoughts about peace on two occasions. The first occasion was at the Youth Peace Conference in Cernohorske Kupele, Czechoslovakia in July, 1932, when he gave a presentation entitled "Theological Basis of the World Alliance."[10] The second was a presentation and a sermon on peace given at the ecumenical conference at Fanö, Denmark, in August, 1934.[11]

2. Peace Presentation and Peace Sermon

1) Presentation at Cernohorske Kupele

Bonhoeffer gave a presentation at the Youth Peace Conference in Cernohorske Kupele, Czechoslovakia, titled "Theological Basis of the World Alliance" on July 26, 1932.[12] At the time of this presen-

---

9) GS II, 37. Also see: E. Bethge, DB, 306-309; John D. Godsey, The Theology of Dietrich Bonhoeffer, Philadelphia, 84.
10) GS I, 140-161.
11) GS I, 212-219.
12) GS I, 140, 158; Theses 159-161.

tation, Germany's Wiemar Republic was at the verge of collapse, with world- wide depression bringing economic crises and a period of confusion due to political confrontations between left and right extremists. Bonhoeffer understood that such internal political crises were closely related to international structures. In light of this, he thought that the church's concern for peace and the methods of carrying out its movement should be approached not at the individual church level but internationally.

The main points of this presentation are found in the following three aspects. First, Bonhoeffer, in this presentation, emphasized that the theological basis of the peace movement must be ecclesiastical and christological. Saying that the ecumenical movement did not have an adequate theology, he emphasized the church's need for a new theology to understand its new identity in the ecumenical movement.[13] With a theological understanding of the ecumenical movement, Bonhoeffer criticized the leaders of the movement for turning the ecumenical institution into a purposeful organization (Zweckorganisation), thereby subordinating the movement to political fluctuations. For example, in the case of Germany, nationalism, which created a political tide as it overwhelmingly attracted the attention of youths, is the reason why the ecumenical movement became weak and meaningless.[14] Bonhoeffer, who understood the

---

13) GS I, 140.
14) GS II, 141.

ecumenical movement as the new image for the church, stated that the World Alliance's sphere of activities is the 'entire world.' Since the entire world belongs to Christ, it is not bound by special limitations. The church as the community of Jesus Christ, who is the Lord of the world, is entrusted with the telling of Christ's message to the world. The church is the living Christ. Therefore, with supreme power, it declares the gospel and the commandments. Moreover, the commandments should be concrete. That is because God is the God of 'always', that is, 'today' to us. Here and now (hier und jetzt), the realization of God's commandments is an act of God's revelation. This means the following: the Sermon on the Mount is not a biblical law nor an absolute rule for our actions. We must simply accept the Sermon on the Mount and live it. This is obedience to the divine commandment. The Sermon on the Mount is an illustration (Voranschaulichung) of God's commandment which could be God's commandment for us today. [15]

Second, when understanding order, Bonhoeffer rejects orders of creation (Schöpfungsordnungen) and uses the expression of orders of preservation (Erhaltungsordnungen). Every given order is not the creation order since it is simply a part of the fallen world. The order of the fallen world cannot be understood without looking toward the direction of Christ, toward the new creation and toward the future. [16]

---

15) GS I, 148..
16) GS I, 149ff.

"We cannot understand the whole world without seeing it as the fallen world from Christ's point of view."[17] The expression of preservation which Bonhoeffer used in 1932 implies that God guarantees new possibility. Preservation is an act of God who is with the fallen world.[18] Anything that does not become inclusive for the revelation in Christ must be destroyed.[19] From 1932, Bonhoeffer used the term 'Order of Preservation' for a few years, but after the misuse of the term by the new Lutheran Church, he stopped using it. From the order of preservation , Bonhoeffer renewed the understanding of the World Alliance's peace. "The order of international peace is God's commandment for us today."[20]

Third, how should peace be understood? Bonhoeffer criticized misunderstandings of pacifism. Bonhoeffer, heavily influenced by Anglo-Saxon theological thinking in the World League, understood peace as the reality of the gospel to be "a part of the Kingdom of God on earth." From here on, the 'ideal of peace' was absolutized. Instead of understanding international peace as the order of preservation, peace itself was the ultimate end of a meaningful order. In other words, it was misunderstood to be the infiltration of the order of the other world into the fallen world. Such an understanding of peace is pacifist humanitarianism which is fanaticism; therefore, it must be

---

17) GS I, 160.
18) GS I, 151.
19) GS I, 131.
20) GS I, 152.

rejected since it is anti-gospel.[21] Bonhoeffer asserted that we should not fear the word 'pacifism.' At the end, peacemaking must be left to God's discretion and we must carry out the realization of peace in 'overcoming war.'[22] International peace as an order of preservation is built in a place where truth and justice prevail. Peace cannot be established in places where truth and justice are infringed upon.[23]

2) Fanö Presentation and Peace Sermon

(1) Fanö Presentation

We do not have the full text of the Fanö Presentation titled "World of Churches and Nations" except for 7 theses.[24] In this presentation, Bonhoeffer discussed the theological and ecclesiastical meaning of the World Alliance (Weltbund) and the direction of the World Alliance for peace (Theses 1,2), characteristics of war (thesis 3), justification of war (thesis 4), secular pacifism and the rejection of war (thesis 5), Christian criticism of the worldly evaluation of war and peace (thesis 6) and the response of the Christian church (thesis 7).

Bonhoeffer clearly outlined the characteristics of the World Alliance ecclesiastically. The destiny of the World Alliance would be decided by its self-understanding as either a church or a purposeful

---

21) GS I, 152f.
22) GS I, 155f.
23) GS I, 160.
24) GS I, 212–215.

organization (Zweckverband). He said the World Alliance must understand itself not as a purposeful organization but as a church, and in listening and in obedience to God declaring the Word, it would obtain legitimacy. Only if it was understood as a church would it have supreme power over the churches and nations to speak of Christ's Word. The activities of the World Alliance implied the work of the church for peace amongst the nations and to endeavor to overcome and end war. Bonhoeffer presumed that the enemy of peace was war, and insisted that humanity's peace welfare would not be achieved through the methods of war.[25]

Bonhoeffer distinguished secular pacifism (säkularer Pazifismus) from Christian peace. In secular pacifism, the criterion for human action is the welfare of humanity; however, for the church, it is obedience to God's commandment. The commandment for the Christian church for peace is "Thou shall not kill," Jesus' words in the Sermon on the Mount. Bonhoeffer rejected national security and the creation of peace through war. War does not create peace, it only drives humanity to extinction. He said that the ecumenical movement of the World Alliance for peace must throw away the illusion of realizing peace through the organization. Forces of evil cannot be destroyed by an organization but through prayer and fasting (Mark 9:29). Evil spirits of hell can only be driven out by Christ himself. Therefore, what is important is not fatalism nor an organization but prayer. He asserted

---

25) GS I, 212.

that prayer is stronger than an organization.[26] As we can see, in the urgent and threatening situation of 1934, Bonhoeffer passionately argued for peace as a simple act of obedience to Jesus Christ in the spirit of the Sermon on the Mount.

(2) Peace Sermon

In August of 1934, an ecumenical conference was held at a small island called Fanö, Denmark, on the eastern coast of Jutland. The youth conference was in session from August 22 to 23, 1934, followed by the main conference August 24-29. Bonhoeffer had been serving a church in London, England, since October 17, 1933. On August 28, for the morning service, Bonhoeffer delivered a sermon on peace titled "The Church and Peoples of the World." This sermon is referred to as the Peace Sermon (Freidenspredigt). This sermon made a great impression on the audience.[27] This sermon, delivered by the 28-year-old Bonhoeffer, became the starting point of the World Church Council for peace later on. Like the previous presentation, this sermon proclaims Christ's commandment of peace for the people. The Peace Sermon was inspired by Psalm 85:8. " Let me hear what God the Lord will speak, for he will speak peace to his people, to his saints to those who turn to him in their hearts." Bonhoeffer's

---

26) GS I, 214.

27) According to notes by a member of the audience, "In the morning, there was a striking speech by Bonhoeffer," E. Bethge, DB, 449.

concept of peace in the peace sermon was elaborated as follows.

First, peace was understood as God's commandment (Gebot Gottes). Bonhoeffer approached the problem of peace theologically. Peace was not a political necessity or possibility spoken from nationalism or internationalism, but it was God's commandment.[28] God's calling for peace was not a discussion but an austere commandment, and this commandment implied the manifestation of Christ himself. This was Christ's call to peace and obedience to God's commandment of peace. Without hesitation, the commandment called people into the center of the world.[29] Therefore, peacemaking was the responsibility of Christians and the church and the task of theology. For Bonhoeffer, God's commandment existed fundamentally in faith and obedience.[30]

Second, he said that peace is possible in this world because of Christ's presence. The responsibility of the church and Christians for peace is grounded in Christ's presence . This is because peace on earth is a commandment given by the self-manifestation of Jesus Christ. Here, Bonhoeffer reiterated the ecclesiastical and christological basis of peace. Peace is not based on idealism nor humanism but instead it is based on christological ecclesiasticism. Peace exists only because Christ and Christ's church exist in the world. Christ's church

---

28) GS I, 216.

29) GS I, 216.

30) Suk Sung Yu, "Christologische Grundentscheidungen" bei Dietrich Bonhoeffer. Tübingen, 1990, Diss., 183.

exists beyond the limitations of nationalistic, political; social and racial boundaries.[31] In this world, not only do the holy and sacred spheres belong to Christ, but the entire world itself is under Christ's domain.

Third, how could peace be realized? From the tradition of the social gospel, Bonhoeffer rejected secular pacifism which suggests that the Kingdom of God will be realized in another world. According to Bonhoeffer, peace cannot be realized through political means like political treaties or systems not through economical means like the investment of international capital, not through militaristic means like arms build up. These will only confuse peace with security (Sicherheit). Along the road to security, the path to peace does not exist. Peace is the opposite of security. Security demands distrust, and such distrust will induce wars. Security implies protecting oneself and peace implies entrusting everything to God's commandment in faith and obedience.[32] In October, 1933, Hitler's Nazi regime withdrew from the World League and began to rebuild its armament. Bonhoeffer indirectly criticized Hitler's rebuilding of German armament. Bonhoeffer insisted that peace be realized not through political, economical, nation-centric and ideological methods, but through theological and spiritual methods. Bonhoeffer emphasized that peace is one great venture (das eine große Wagnis), thus, it must

---

31) GS I, 217.
32) GS I, 218.

be boldly carried out.[33] He appealed for peace to be made through prayer and non-violence, not through arms expansion and safeguarding of security. Since war brings destruction, it must be rejected by the church. The struggle for peace is not won by using weapons, but through being with God. The struggle for peace is won at a junction leading to the path of the cross.[34] Bonhoeffer insisted on one great Ecumenical Council (das eine große ökumenische Konzil) of holy churches of Christ for peace. In a loud voice, almost to the point of screaming, Bonhoeffer proclaimed, "The hour is late" (Die Stunde eilt). He said that the world was eyeing each other with weapons, and every one was watching with fearful distrustful eyes. The trumpet sound of war tomorrow morning could be heard.[35] The words which Bonhoeffer spoke at this time were not found in the Protestant or Catholic Churches. However, his prophesy was right on the mark. Seven months later, Hitler declared a universal conscription system in Germany. Of course, there was no military threat from the USSR nor resistance from the church to justify Germany's rearmament.[36] Five years later, on September 1, 1939, World War II (1939-1945) began with Germany's invasion of Poland, killing tens of millions of people, leading to misery, suffering, political chaos, and destruction

---

33) GS I, 218.

34) GS I, 218.

35) GS I, 219.

36) H.E. Tödt, "Dietrich Bonhoeffer Ökumenische Friedensethik", in:Frieden–das unumgängliche Wagnis, München, 1982, 106.

of economic order and property.

Fourth, Bonhoeffer was very impressed with Gandhi's non-violent resistance and tried to apply it in his situation. In the Peace Sermon, Bonhoeffer wondered, "Must we be put to shame by non-Christian Peoples in the East?"[37] Perhaps, he was referring to Gandhi. After October, 1933, during his ministry in London, England, Bonhoeffer planned to visit India to meet with Gandhi and to learn about the non-violent methods used in Gandhi's pacifism. He sent a letter to Gandhi showing his desire to meet with him, and received a letter of welcome from Gandhi on November 11, 1934. However, he had to give up the trip to India when he was called by the Confessing Church to serve as the director of the pastoral training center of Finkenwalde Seminary.[38]

3. Faith Commitment and Practicing Peace through Political Actions

To this point, we have been examining Bonhoeffer's thoughts on peace in the 1930s through the presentation given at Cernohorske Kupele and the presentation and sermon given at Fanö. Bonhoeffer

---

37) GS I, 449.

38) For comparison between Bonhoeffer's and Gandhi's pacifism see: W. Huber / H.R. Reuter, Friedensethik, Stuttgart, 123ff.

rejected secular pacifism, and realized peace as God's command-
ment and Christ's presence, thereby, clearly showing that the prob-
lem of peace is the problem of spiritual obedience to Christ. In this
section, I would like to review Bonhoeffer's thoughts on peace from
his writings from the end of the 1930s to April, 1945 when he was
executed: The Cost of Discipleship (Nachfolge), Ethics (Ethik), and Let-
ters and Papers from Prison (Widerstand und Ergebung). After the presen-
tation at Fanö, Bonhoeffer returned to Germany in 1935 to teach at a
theological school ministrial candidates founded by the Confessing
Church. During this period, his lectures given to the seminarians
were published as a book entitled The Cost of Discipleship (Nachfolge).
In this book, Bonhoeffer dealt with the concept of peace centering
on non-violence and the problem of loving the enemy. In addition,
in The Cost of Discipleship, Bonhoeffer related peace with disciple-
ship (Nachfolge). Bonhoeffer discussed the problem of peace through
an image of faith, accepting the call of Christ and creating peace
by participating in Christ's suffering. By bearing one's own cross.
Bonhoeffer's teachings on peace in The Cost of Discipleship can be
summarized in two elements.

First, it was about the peace of discipleship based on the theolo-
gy of the cross (theologia crucis). Bonhoeffer interprets a verse in the
Sermon on the Mount, "Blessed are the peacemakers : for they shall
be called the children of God." The followers of Jesus were called
to peace. When Christ called them, they found their peace, for He
was their peace. But now they are told that they must not only have

peace but also make it. To that end they should renounce all violence and tumult. In the cause of Christ, nothing is to be gained by using such methods. His kingdom is one of peace, and the mutual greeting of his flock is a greeting of peace. His disciples keep the peace by choosing to endure suffering themselves rather than inflict it on others. They maintain fellowship where others would break it off. They renounce all self-assertion, and quietly suffer in the face of hatred and wrong. In so doing they overcome evil with good, and establish the peace of God in the midst of a world of war and hate. But nowhere will that peace be more manifest than where they meet the wicked in peace and are ready to suffer at their hands. The peacemakers will carry the cross with their Lord, for it was on the cross that peace was made. Now that they are partners in Christ's work of reconciliation, they are called the sons of God as he is the Son of God.[39]

Bonhoeffer contributed to raising the theme of discipleship as the central theme. The discipleship of following Jesus Christ comes from following the Crucified Christ. Bonhoeffer explained that the call to discipleship is closely related to Jesus' prophecy of suffering.[40] The overall expression of Jesus' cross implies suffering and rejection. Discipleship is becoming one with Jesus Christ and represents the Cross. The expression of discipleship for suffering implies

---

39) D. Bonhoeffer, The Cost of Discipleship, SCM Press 1959, 102.
40) D. Bonhoeffer, Nachfolge, 11 Aufl. München, 1976, 61.(N below)

Christ's cross, and this cross represents complete participation in Jesus Christ's suffering. In the following of Jesus Christ, Bonhoeffer found the origin of peace that is realized at the Cross.[41]

Second, it was about pacifism through absolute non-violence. Bonhoeffer stressed that the use of "violence or riot" in order to create peace must be forsaken and that the methods of violence and rebellion will never help Christ's work.[42] However, he said, "Jesus bluntly calls the evil person evil"[43], and if non-resistance becomes the principle of worldly life, it will result in the destruction of the world order preserved by God's grace. Therefore, in The Cost of Discipleship, Bonhoeffer's pacifism is not non-violent non-resistance but non-violent resistance. However, this resistance is passive resistance. Afterward, we can see from Ethics, Letters from Prison, and other works. how Bonhoeffer's thoughts progressed. Peace as Christ's presence and God's commandment is seen in relation to the concepts of responsibility, reality, and context, and the specificity of the commandment in Ethics. After 1938, a political situation prevails where murderous anti-Semitism, militarism, and nationalism rose to popularity. Bonhoeffer no longer insisted on the principle of pacifism, but chose a contextual pacifism grounded in the situation.

---

41) Suk Sung Yu, "Christologische Grundentscheidungen bei Dietrich Bonhoeffer", 174; Suk Sung Yu, "Theology of Christ's Reality" ed. by Cho Sung-noh, Hyun Dae Shin Hak Gae Kwan, Seoul: Modern Theological Institute, 1994, 305ff.
42) N 87f.
43) N, 117.

Here, the criterion of pacifism (die pazifistische Maxime) could no longer be non-violence or non-resistance. Peace which is God's commandment must be realized concretely in a political and responsible form fitting to the reality.[44] Peace is realized 'among us', 'now', 'here',in the 'present reality where God's reality has entered in Christ'[45] and participating in this reality of Christ. He said "Reality of Christ in itself includes the present reality."[46] Bonhoeffer's 'direct and political action' led to a plot to assassinate Hitler. This act of resistance was an act of political responsibility coming from his commitment to Christian faith. His commitment made in a concrete situation was a responsible act for neighbors trying to bring peace for the next generation.[47]

4. Development of Bonhoeffer's Pacifism and its Problems

In this section, I would like to point out some problems. How did Bonhoeffer's thoughts on peace develop and was there any fundamental change? In other words, was it a separation from or continuation of his theology? The question is, "How could a pacifist who

---

44) E. Bethge, "Dietrich Bonhoeffers Weg von 'Pazifismus' zur Verschwörung", in: Hans Pfeifer (Hg.), Frieden–das unumgängliche Wagnis, München, 1982, 126.

45) D. Bonhoeffer, Ethik, 9Aufl. München, 1981, 207.(E below)

46) E 210.

47) WE

stressed political and social responsibility for peace in the 1930s and the use of non-violent methods be involved in a plot to kill Hitler?" Did Bonhoeffer stop being a pacifist? Or was there a conceptual change in Bonhoeffer's pacifism? Was there a difference between Bonhoeffer's theological thoughts and his political actions? Bonhoeffer did not move from theology to action, from church to the world, or from self-reflection to the path to action. Instead, for Bonhoeffer, faith and action and self-reflection and action became one. The fact that, at the same time when he was involved in the plot to kill Hitler, he wrote what was to become his life work Ethics, is the very proof. As he related more and more to the political reality, he got deeper and deeper into his theological discernment. When his involvement in political action became more dangerous, his self-reflection on ethics became more disciplined.[48]

When Bonhoeffer argued for pacifism in the beginning of the 1930s, and when he enlisted in a plot to assassinate Hitler, which did not mean he had given up on pacifism, Bonhoeffer was being obedient to God's commandment. "Commandment must be concrete", if not, it is not a commandment. He said that God's commandment demands some very special action from us at this moment. And, the church must pass it on to the congregation.[49]

---

48) W. Huber, Protestantismus und Protest, Hamburg, 1987, 40.
49) GS I, 149.

Bonhoeffer once said, "Hitler means war."[50] If the Christian church's work for peace means ending and overcoming war, the act of Bonhoeffer's commitment can be understood as a concrete act of obeying the divine commandment. Bonhoeffer's theology and his thoughts on peace are not separated into earlier and later stages in his life, but are revealed through "different forms of commitment in unity."

5. The Problem of Right of Resistance and Responsible Ethics in Bonhoeffer's Thoughts on Peace

How should we understand Bonhoeffer, who was a pacifist but joined a plot to kill Hitler? This problem can be understood in two ways. First, it must be understood, not from the view of violence and non-violence, but in the perspective of the right of resistance. The problem in peace research, or in the process of peacemaking, is the problem of violence. When speaking of the problem of violence, two central issues surface. One is the question of whether it is the violent method or non-violence in principle. Second is the problem of violence and the right of resistance.[51] When discussing this problem, the question arises as to whether it is forsaking violence in

---

50) E. Bethge, DB, 446.
51) Suk Sung Yu, Christologische Grundentscheidungen bei Dietrich Bonhoeffer, 88.

principle, or allowing the use of violence as the last resort (ultima ratio). Peace ultimately eliminates violence, a structural violence. Peace is liberation from violence; in other words, it is a place free from violence. This freedom from violence does not mean apoliticizing (Entpolitisierung) or forfeiting power. Linguistically, the terms violence (Gewalt) and power (Macht) are clearly distinguished. The force of power implies just use while the force of violence implies unjust use.[52] The problem of violence is not choosing between violence and non-violence but the problem of standards in judging what is the use of just power or unjust power.[53] The opposite of violence is not non-violence but justice . The criterion of violence is justice.

How can violence be overcome? On this problem, western theologians are in dialogue seeking a solution from Jesus' Sermon on the Mount (Mark 5:38-48). The essence of Jesus' Sermon on the Mount is overcoming violence through non-violence, liberation and freedom from violence. It is about overcoming hatred through loving the enemy. It is about overcoming hate relations by creating peace. Jesus' words not to take revenge (Mark 5:38-42) have been understood to be forfeiting violence (Gewaltverzicht) in the past; however, it does not mean giving up violence, but instead it implies freedom from violence (Gewaltfreiheit).[54] Therefore, the realization of peace is with the

---

52) J. Moltmann, Der Weg Jesu Christi, Christologie in messianischen Dimensionen, München, 1989, 150.

53) J. Moltmann, Das Experiment Hoffnung, München, 1974, 153.

54) Ibid.

use of non-violent methods, but these non-violent methods do not suggest non-violent non-resistance.

Bonhoeffer's decision and action to join the assassination team to kill Hitler must be looked at from the perspective of the right of resistance.[55] What is the right of resistance (Widerstandsrecht)? Generally, the right of resistance refers to "a last right or a constitutional system to resist the authority which threatens the basic order of a democratic and constitutional state or basic rights to defend such basic rights and the restoration of the basic order of a democratic and constitutional state by its citizens as sovereigns."[56] In the Middle Ages, the church recognized the right of resistance on the basis of Christian Natural Law. Thomas Aquinas approved killing of a tyrant on special occasions. Luther, too, called people to resist in extreme situations and talked about God's commandment for resistance.[57] As article 14 of the Scottish Confession, which was drafted in 1560, called people to "protect the innocent, resist tyranny and help the oppressed,"[58] the church has the responsibility to protest against injustice, tyranny, or a tyrant who sheds the blood of the innocent. Karl Barth also in his interpretation of article 14, to "resist tyranny"

---

55) Suk Sung Yu, Christologische Grundentscheidungen bei Dietrich Bonhoeffer, 88ff.

56) C. Creigelds, Rechtswörterbuch, 3.Aufl., München, 1973, 1315; see also , Young-Sung Kwon, Constitutional Law. Revised Edition, Seoul, 1995, requoted from page 76. On the right of resistance, see: E. Wolf, "Wirderstandsrecht", in: RGG. Bd.6, 3 Aufl., 1681-1691. E. Wolf. Sozialethik. Theologische Grundfrangen. 2 Aufl. Göttingen,1982, 304-319. Young-Sung Kwon, Constitutional Law, 76-83.

57) J. Moltmann, Das Experiment Hoffnung, München, 1974, 154f.

58) K Barth, Gotteserkenntnis und Gottesdienst nach reformatorischer Lehre, Zürich, 1938, 21.

(tyrannidem opprimere), said that preventing the bloodshed of the inno-
cent falls under accomplishing the observation of the "Thou shall
not kill" commandment.[59] Faith in Jesus Christ who practiced love
makes our active (political) resistance inevitable.[60] Use of violence in
time of need when resisting the misuse of political power becomes
a commandment in the frame of responsibility for neighbors and the
state.[61] Against unmistaken tyranny and tyrants, the responsibility
and right of resistance are justified on the theological basis of Chris-
tian tradition.

Bonhoeffer's resistance and the use of violence are not carried out
in a normal situation from the beginning, but they are used only as
the last resort in an emergency.[62] It is not the first resource (prima ra-
tio) but the last resource (ultima ratio).

Second, Bonhoeffer's act of joining the resistance movement
must be understood in the view of responsible ethics. The concept
of responsibility becomes the key to understanding Bonhoeffer's act
of treason in joining the resistance movement to kill Hitler. [63] Bon-
hoeffer was the first one to address the problem of responsible ethics
in theological circles. In Ethics, written between the summer of 1941

---

59) Ibid., 213.

60) Ibid., 214.

61) J. Moltmann, Das Experiment Hoffnung, München, 1974, 156.

62) W. Maechler, "Vom Pazifisten zum Widerstandskämpfer. Bonhoeffer Kampf für die En-
trechteten", in: Die Mündige Welt, I, 92.

63) W. Huber, Protestantismus und Protest, 40.

and the beginning of 1942, he deals with the problem of responsible ethics in "the structure of responsible life."[64] At this time, Bonhoeffer was in the planning process of Hitler's assassination, and wrote about the problem of responsibility and responsible ethics when he was fully immersed in the act of treason.[65] Bonhoeffer explained his responsible ethics theologically and chronologically, and here, the central concepts are; deputyship (Stellvertretung), correspondence with reality (Wirklicheitsgemäβheit), the acceptance of guilt (Schuldübernahme), and freedom (Freiheit).[66] Bonhoeffer rejects abstract theoretical ethics, casuistical ethics, and deontological ethics, and argues for responsible ethics. His responsible ethics implies a responsible life for the world in the reality where Christ came into the world in the flesh. This is because "The 'world' is thus the sphere of concrete responsibility which is given to us in and through Jesus Christ"[67] His concept of responsibility is thoroughly theological and christological, and is the responding structure lived out by responding to God's Word revealed to us through Jesus Christ.

According to Bonhoeffer, the structure of responsible life is prescribed dualistically in the fact that it is bound (Bindung) between

---

64) For more information on Responsible Ethics of Bonhoeffer see Suk Sung Yu, Christologische Grundentscheidungen bei Dietrich Bonhoeffer, 131-136.

65) See also E. Bethge, "Bonhoeffers Weg von 'Pazifismus' zur Verschwörung", in: H. Pfeifer (hg.),Frieden-unumgängliche Wagnis, Die Aktualität der Freidensethik Dietrich Bonhoeffers,München, 1982, 119ff.

66) Cf. E 238-278.

67) E 247.

humanity and God, and that one's life is free (Freiheit).[68] Responsibility exists when bonds and freedom are closely linked.[69] Bonds take the form of deputyship and correspondence with reality, while freedom is experienced in self-examination through life and action and the risk of concrete commitment. Responsibility is based on an act of deputyship. "Responsibility, as life and action in deputyship, is esentially a relation of man to man. Christ became man, and He thereby bore responsibility and deputyship for men."[70] The life of Jesus Christ is a responsible life where the origin of deputyship and essential purpose lie. Responsibility is life and action for others. To go one step further, responsibility is the acceptance of guilt. For Jesus Christ who is without sin, taking the yoke of his brother's sin is a responsible act of unselfish love toward his brother and concern for others. This responsible act, according to Bonhoeffer, is an act corresponding with reality. There must be correspondence with reality to the historical and real situation in Jesus Christ, through Jesus Christ, in a given concrete sphere of responsibility. The responsible ethics of Bonhoeffer is not an individual ethics, but communal ethics and social ethics. Bonhoeffer expresses most explicitly the political responsibility of the church in the following sentence: "We must not only bind the wounds of a victim caught under a wheel but we must

---

68) Cf. Suk Sung Yu, Christologische Grundentscheidungen bei Dietrich Bonhoeffer, 127-136.
69) E 238.
70) E 240. Ethics(SCM Press),196.

stop the wheel itself."[71] Therefore, Bonhoeffer's act of joining the plot to kill Hitler must be understood in the perspective of the right of resistance and his responsible ethics.[72]

Conclusion

We have been examining Bonhoeffer's thoughts on peace and how they developed. Bonhoeffer understood peace as God's commandment and Christ's presence. Peace as God's commandment is concrete, and as the problem of faith commitment, it is a responsible and political act. Bonhoeffer was a pacifist, and at the same time, a resistance fighter. He was a pacifist as a resistance fighter, and a resistance fighter as a pacifist.[73] The task today, which Bonhoeffer has left to Christians and the church, is to realize the duty and responsibility of peace, the witness of peace and creating peace. Peace is not a given moment but a process to be realized. As Bonhoeffer said that peace is one great venture, Christians and the church today must courageously take part in it. Most of all, Korean Christians and the Korean church must fully commit themselves to overcoming the structural origins of unrest, and division, and to bringing about peace and reunification of the Korean peninsula, which is the nation's trag-

---

71) GS II, 48.

72) Suk Sung Yu, a.a.O. 185.

73) R. Mayer, Friede durch Gewalt? Zur Frage des politischen Widerstandsrechts, Stuttgart, 1973, 18.

ic yearning. In addition, they must work for the realization of just peace. Peace is realized where social justice is present. Peace becomes concrete in the church which aims for the guarantee of human rights, political democratization where human beings live as human beings, realization of economic social injustice, overcoming cultural alienation, reconciliation and harmony with nature, and the Kingdom of God.[74]

As Bonhoeffer found the true image of the church must be a church for others (Kirche für andere), today's church must be the church creating peace for others. Bonhoeffer pronounced "Only those who cry out for the Jews can sing the Gregorian chants", when the church was silent and ignored the Jews being persecuted under the Nazis. Bonhoeffer taught us the true image of the church and the responsible life of Christians. Today's church must find its role in the image of the church discerning the "option for the poor" and "political orientation toward the poor." Today's world, with over-population, exploitation of natural resources, and environmental destruction, presents the tasks of creating a system of disarmament, solving the economic disparity between the north and south, and earth's envi-

---

74) See also Weizsäcker's famous statement, "Kein Friede ohne Gerechtigkeit, keine Gerechtigkeit ohne Frieden. Keine Gerechtigkeit ohne Freikeit, keine Freiheit ohne Gerechtigkeit. Kein Friede unter den Menschen ohne Frieden mit der Natur. Kein Friede mit der Natur ohne Frieden unter den Menschen." C.F. von Weizsäcker, Die Zeit drängt. Eine Weltversammlung der Christen für Gerechtigkeit, Frieden und die Bewahrung der Schöpfung, München, 1986, 115f.

ronmental preservation. All these problems are directly related to the problem of peace. Only peace can make human life possible in today's reality where nuclear threats, ecological crises, exploitation of the third world by the first world exist, human rights infringements are committed all over the world, economic inequality, sexism, and religious conflicts exist. Bonhoeffer taught Christians and the church the duty and the responsibility of peace.

The task which Bonhoeffer has left to us is the work of discipleship through peacemaking in an act of obeying Christ as his disciples. This discipleship is realized in the act of carrying one's own cross in responsibility, and the mission of peace in bringing about just peace.

Today's world is at the pivotal point of a great historical transformation into a new international order. The new international order represents the polarization of ideology which has existed since World War II and the declaration of post cold-war ideology which will support such a polarization. As for those of us who have to live in the Korean peninsula, it is the last divided state in the world to remain in the cold war in a post-cold war era. The world is now seeing regional conflicts under the banners of nationalism and ethnicity. Furthermore, every state is conspiring in individualism to seek its own economic interests. [75] In times like these, creating peace is the responsibility given to the world, the Korean nation and the church of this period, and, at the same time, it is an absolute command and a categorical imperative (kategorischer Imperativ). [76]

Korea Journal of Theology, Vol. 2. KAATS, 2000. pp.172-197.

---

75) Suk Sung Yu, "Division Mentality and Peace and Reunification Oriented Value System", Christian Thought, June 1995. 31.

76) Suk Sung Yu, Christologische Grundentscheidungen bei Dietrich Bonhoeffer, 185.

제11장
Bonhoeffer's Thought on Peace and Peace in East Asia

Bonhoeffer's Thought on Peace and Peace in East Asia

Suk Sung Yu
(President Seoul Theological University, President Korea Bonhoeffer Society)

1. Introduction

In the post cold war period, currently the Korean peninsula is the only remaining divided nation. North Korea, one of the "axis of evil," as pointed out by the United States, is threatening peace not only in East Asia but the rest of the world. The division of the Korean peninsula is the origin of the threat to peace. As long as it is divided there will be no lasting peace and if there is no peace on the Korean peninsula there will be no peace in East Asia.

Dietrich Bonhoeffer is a pioneer in the Christian peace movement. Bonhoeffer died as a martyr trying his utmost to practice peace in society, as taught by Jesus Christ.

Reinhold Niebuhr, the American theologian, two months after

Bonhoeffer's execution, referring to him as a martyr stated, "His life is like the book of Acts."[1] Bonhoeffer's greatest contribution was his emphasis on the Christian's duty and responsibility for the sake of justice and peace.

In Korea, Japan is referred to as a close and a far-away nation. Geographically it is a nearby country but historically instead of a relationship of amity and neighborliness there has been much hatred and resentment. The issue of a nuclear North Korea, as well as the expansionism of China and the new militarism of Japan are threatening peace in East Asia.

Christianity has been negligent in its responsibility for justice and peace in society and is moving only towards a "prosperity gospel." In this context Bonhoeffer's question of "What are we speaking of and meaning for the sake of justice and concrete peace?" is of deep significance.

At such a time as this, through this presentation in light of Bonhoeffer's thoughts of peace, we seek an opportunity for the churches and Christians of Korea and Japan for the sake of practicing peace in East Asia.

2. Bonhoeffer's Thought on Peace

Bonhoeffer lived a consistent life of faith and action, personal

---

1) Reinhold Niebuhr, "The Death of a Martyr," *Christianity and Crisis*, 25(June 1945), p.6.

piety and political responsibility. Bonhoeffer was a pioneer in the Christian peace movement.[2]

He believed that in order to practice peace Hitler needed to be removed and he was executed as a martyr resisting the Nazi regime. Justice, Peace and the Integrity of Creation(JPIC) conference, which was held in Seoul in March 1990, was the realization of the "Ecumenical conference for Peace" held on August 28, 1934 at Fanoe advocated by Bonhoeffer.[3]

Bonhoeffer discovered the meaning of peace concerning non-violence in Jesus' teaching as it appears in the Sermon on the Mount.[4] He discovered the heart of the Christian gospel and the command of peace to love one's enemies without retaliating and to pray for those who persecuted.(Matthew 5:38-48) At that time the Lutheran church in Germany had no interest in pacifism, rather it considered peace as naturally taking part in military action when necessary for the sake of the nation. However Bonhoeffer thought that this kind of attitude on the part of the church had problems.

Bonhoeffer considered peace as following Christ in a crucified discipleship(Nachfolge) responsible for the world. Here he discovered peace in Jesus' concrete command, costly living for others, personal discipline and the community of faith. For him peace was the deci-

---

2) Suk Sung Yu, "Dietrich Bonhoeffer," 28 *Theologians for Understanding Modern Theology*, Christian Literature Crusade, 2001, p. 200.

3) Dietrich Bonhoeffer, *Gesammelte Schriften. Band 1, Munchen*, 1978, p. 219.

4) Dietrich Bonhoeffer, *Nachfolge* (DBW 4), Munchen, 1989, p. 134ff.

sion for faith and politically responsible action. Bonhoeffer declared peace as the command of God and the presence of Christ.[5] He viewed the practice of peace as obeying God's command and enacting the costly discipleship of the incarnate Christ who came into this world as the Prince of peace. The construction of peace is the duty and responsibility of Christians and the church, and the task of theology.

3. Bonhoeffer's Thought on Peace and the Three Nations of Korea, China and Japan

With the beginning of the fall of the Berlin Wall on November 9, 1989, and the ensuing collapse of East European socialism, the reunification of Germany and the fall of the Soviet Union transformed the world into a post-cold war, post-ideological new world order. With the disintegration of the Soviet empire the world order, formerly dominated by the United States and the Soviet Union, left America as the sole hegemonic super-power in the world. After the events of 9/11 the world is in a state of terror, invasion and war. Despite criticism from the other nations, the US attacked Afghanistan and followed up by invading Iraq with the justification of finding weapons of mass destruction(WMD). With the intention of eradicating

---

5) *GS*I, 216.

terror it committed a greater national terror. The North Korean nuclear problem is becoming a focus of the issue of world peace. There have been several six party talks on the North Korean nuclear issue but they have come to a stand still.

The issue of peace in East Asia is a matter of survival for East Asians as well as being linked to world peace. As for Korea, China and Japan the issue of North Korea's nuclear program, the confrontation between Korea and Japan over the island of DokDo, deliberate false writings of Japanese history textbooks, an attempt at a new militarism as evidenced by Prime Minister Koizumi's visits to the Shinto shrines, and China's attempt to integrate the history of Kogurye as part of Chinese history in the North East are some of the issues facing the three nations.

If East Asia is to co-exist the historical issues concerning Northeast Asia need to be presented correctly along with non-nuclearization and the realization of peace. The northeastern nations of Korea, China and Japan, due to their geographical alignment, have had a good neighbor relationship as well as a relationship of war, invasions and looting. The twentieth century, especially the first half, was a period of imperialistic invasions and wars. In the second half it was a history of tragic Cold War division based on the differences in the ideologies of East and West.

The Korean peninsula was liberated from Japanese occupation followed by the division of north and south. The history of liberation immediately became a history of division. More than anything, if there was no annexation of Korea for thirty-five years by Japan then there would have been no division. Of course the causes of division lay in the interests of the United States, the Soviet Union and other powers and the lack of capacity to establish a united country but the heart of the matter is that without the annexation by the Japanese there would have been no division.[6] The division of the Korean peninsula was an irrational division. If Germany was justly divided as being the instigator of the Second World War, then Japan should have been divided, not the Korean peninsula. It can be stated that the Korean peninsula was divided instead of Japan. The division of the Korean peninsula is irrational and unjust. In addition, through the wars in Korea and another divided nation Vietnam, Japan benefitted by becoming an economic power. With this in view it is impossible not to question the justice of God.

Japan committed horrible crimes with its invasion, war, slaughter and looting of Korea and China, along with other nations. Including the invasion in 1592 and the annexation,(1910-1945) Japan committed horrible acts of slaughter and looting. These kinds of factual events are evidenced by the atrocious incident at Jaeamri church(1919) located in the city of Hwasung in Kyunggi province. Just consider how

---

6) Concerning the cause of division see: Maan Kil Kang, *The Rewritten Korean Modern History*, Creativity and Criticism Press, 1994, 2002(21st printing), p. 201. Jung Goo Kang, "America's Strategy on the Korean Peninsula and the Division of Chosun," ed. Cheju 4.3 Institute, Peace and Human Rights in East Asia, *Report on the 2nd International Conference on Peace and Human Rights in East Asia commemorating the 50th anniversary of Cheju 4.3*, Criticism of History Press, 1999, pp. 79-117.

many Chinese people were slaughtered at Nanking from December 1937 to January 1938. One report states that from 1937 to 1945 the Japanese army slaughtered at least 300,000 Chinese people.[7]

What can the three nations of East Asia learn from Bonhoeffer and what are the lessons?

First, the faults of history must be understood correctly and repented for. Just as Bonhoeffer emphasized the need for the recognition of sin and the confession of sin, so the past errors of history need to be correctly understood followed by a genuine repentance.[8] In order to repent there must be a correct recognition of the fault for a genuine penitence to take place. There must be an orderly account of past history for peaceful co-existence to occur. Repenting and making amends for past history is a prerequisite for being good neighbors and having a peaceful co-existence.

The Japanese government, instead of repenting and making amends for their acts of invasion and slaughter is hiding, distorting and even embellishing their evil actions.[9] The Japanese government has issued only a superficial apology, and whenever there is an opportunity there are attempts at a new militarism and imperialism. They claim that DokDo, which belongs to Korea, is their land. Even the history textbooks which educate the future generations are dis-

---

7) *Chosun Ilbo*, July 11, 2011, p. 4.
8) Dietrich Bonhoeffer, *Ethik(DBW6)*, München, 1992, 127.
9) Dakahasi Deacheya, *Questioning Japan's Responsibility after the War*, Kyu Soo Lee trans., Criticism of History, 1999.

torted.[10] The 1982 distortion of Japanese history textbooks aroused the anger of the people of Korea and became an impetus for the construction of the Independence Memorial Hall.

These distorted history textbooks became the basis of justification for the 1905 Ulsa Treaty and the 1910 annexation of Korea as a "policy necessary for the security of East Asia."[11] The events of the war sex slaves were addressed as voluntary prostitution and were ordered to be deleted. These distorted history textbooks justified the Japanese acts of invasion and concealment of historical facts and embellished the errors. These acts were criticized even by Japanese citizens. The fiction writer, Shiba Ryotaro put it this way, "A nation which writes false history textbooks, especially concerning its neighboring nation, will fall."

In contrast, how are the actions of Germany which slaughtered six million Jews? The German government truthfully repented and made amends for the evil committed under the Nazi regime. One photo not only makes us solemn but moves us deeply, that of Chancellor Willie Brandt kneeling with his two hands clasped and begging pardon before the steps of the Jewish ghetto memorial in Warsaw in 1970.[12] Is this a picture which is even imaginable for the Japanese

---

10) Komori Yoeooichi and Dakahasi Tetsya eds., *Beyond National History*, Kyu Soo Lee trans., SamIn, 2000.

11) Tae Jin Lee ed., *The Non-Negotiation of the Annexation of Korea*, TaeKakSa, 2000, p. 30ff.

12) Seoul Theological University German Language Institute, *The Story of Germany, the Land of Poets and Thinkers I, History and Culture of German-speaking Europe*, Gaweruem 2000., p. 277.

emperor or prime minister? As a means to overcome its past, Germany condemned the war crimes and opened the Jewish concentration camps to the public as a memorial to preserve the past. Of course the churches in Germany, Japan and Korea have made confessions of sins. However Korea and China still do not recognize that the Japanese government is repenting of its past crimes.

The second is to oppose war and to realize peace through non-violent methods. Bonhoeffer stated that weapons and the increase in military hardware cannot bring about security.[13] Security demands lack of trust and lack of trust brings about war. Bonhoeffer was opposed to war. Bonhoeffer declared that Hitler meant war. That is why Bonhoeffer attempted to eradicate Hitler. How do we view the US invasion of Iraq with Japan sending an expeditionary force and Korea sending additional non-combat forces from Bonhoeffer's perspective? The opposition to send more troops overseas is self-evident.

Today the world is in the midst of a war of retaliation. The cutting off of terror and violence cannot be solved through a war of retaliation. Violence and war bring about another form of violence. Violence gives birth to violence, retaliation brings about the vicious cycle of retaliation, and blood draws blood. The way to peace cannot be realized by force or retaliation, and a just war is not possible. The way of peace is the way of non-violence. The way of non-violence is

---

13) *GS* I, 218.

the way of suffering, sacrifice and the cross. The method of non-violence is great but the person going in that way must be prepared for the path of death. Those who emphasized non-violence all-alike died by violent means. Jesus was executed by an oppressive government, Mahatma Gandhi and Martin Luther King were assassinated. However the teaching of the realization of peace through non-violence has dominated the world and become a beacon of light for humanity. The non-violent method may appear to be weak but it is a strong method; it may seem to fail but is the way of victory. The violent method may appear to overcome temporarily but in the end it loses. Violence is the method implemented by the forces of darkness; non-violence is the method practiced by the children of light. Violence leaves the survivors in tragedy, the destroyers in bestiality, and in the end is itself destroyed. American President Kennedy stated it like this, "Man must put an end to war, or else war will put an end to man."

The way to overcome terror is not through terror and peace cannot be achieved through violent means. Peace scholar Johan Galtung emphasized the need for peace by peaceful means.[14] Just as Bonhoeffer declared that peace is the great venture which must be dared, the way of peace is perilous.

Third, as Bonhoeffer stated that peace is built where justice and truth are established, the realization of justice is the way of realizing

---

14) Johan Galtung, *Peace By Peaceful Means*, Jong Il Kang et al., trans., DyuelNyek, 2000.,

peace. Peace takes shape through the realization of justice. The realization of social justice is the realization of peace. The issues which the world faces, those of terror and the need to overcome war, cannot be ended without solving the issues of poverty and social justice. The words of Kofi Annan, the former secretary-general of the UN, at his Nobel Peace Prize acceptance speech are to be deeply heeded for the sake of peace. "Peace for humanity cannot be achieved without the removal of poverty, the prevention of conflict, and the progress of democracy." The first step in the realization of peace is to solve the problem between the haves and the have nots structurally, beginning with the US and other nations who have so much starting to practice sharing and thereby reducing the disparity. Today's terror issue can only be overcome when the problem of poverty is resolved. It is reported that over two-and-a-half million people have died in North Korea in the past ten years due to lack of food. There must be support for North Korea even from a humanitarian point of view.

Fourth, Bonhoeffer stated that in order for peace to be realized the responsible action of Christians and a sense of community were needed. In this he is speaking of the responsibility for peace and solidarity with one's neighbor. Bonhoeffer displayed the necessity of a decision of faith and action on the part of the responsible Christian in order to practice peace. Bonhoeffer resisted violence from a personal interest and when a nation invades another nation, but in order not to be a accomplice in the context when countless people were being slaughtered, he could not retain his stance on non-violence and thereby joined the conspiracy to overthrow Hitler. Bonhoeffer's resistance and the resort to force did not originate from a normal situation but was the culmination of a state of emergency. It was not prima ratio but ultima ratio. Bonhoeffer's decision to join the conspiracy must be understood from the point of responsible ethics and resistance.[15]

In order for peace to be realized, Bonhoeffer emphasized the aspect of the community. He referred to Christ as "Christ existing as community.(church)[16] This communal aspect is a concept which overcomes nationalism or racial supremacy. The three nations of East Asia need to ponder deeply Bonhoeffer's communal aspects and see the need for constructing a "house of community for Northeast Asia" as put forth by Sang Joong Kang, the Korean-Japanese professor at Tokyo University and professor Wada Haruki.[17] Peace in East Asia depends on the attitude of the United States. The US must not use the North Korean nuclear issue as a target to reduce peaceful coexistence and the reduction of tensions. Until now the United States has used policies for the sake of its hegemony and interests. President Bush's policy since his inauguration was that of strengthening missile defense,(MD) a one-way foreign policy in favor of Israel, backing out of the Kyoto Protocol, walking out of the UN

---

15) Suk Sung Yu, "Bonhoeffer's Pacifism and the Political Right of Resistance," *Theological Thought* Vol. 91, p. 42ff.

16) Dietrich Bonhoeffer, *Sanctorum Communio* (*DBW*1), München, 1986, 126.

17) Sang Joong Kang, *Towards a House of Community in East Asia,* Kyung Duk Lee trans., Roots and Leaves, 2001.

conference on the removal of racial discrimination, among others, in favor of its interests. However the United States, as the world's sole super-power, has a moral responsibility for the sake of world peace. The US must quickly solve the Iraqi problem and the North Korean nuclear issue, remove the fundamental causes of terror, and from there create a new world order in which all humanity can co-exist peacefully.

The fifth is to honor the tradition of peace and claim the realization of peace. The three nations of Korea, Japan and China have lived within the influence of Confucianism, Buddhism, Taoism, Mohism, Legalism among others and they each have their own ideas of peace. In Confucianism it is found in ritualized rules and relationships and being governed by virtue, in Daoism it is in natural inaction, reducing the size and population of the state and no war, in Mohism it is found in opposition to war, in Legalism it is found in force of law and being governed by law. Confucius, from the standpoint of governing by virtue stressed the importance of benevolence and courtesy, along with harmony denoting balance and harmony and spoke of the thought of fulfilling one's role.[18] Mencius, who saw the importance of benevolent politics, royal politics and overthrowing tyranny has a thread of connection with the thought of Bonhoeffer. Bonhoeffer's attempt to eradicate Hitler is similar in thought to that

---

18) 『論語』,「顏淵」,君君 臣臣 父父 子子.

of Mencius' allowance of killing a tyrant.[19]

In Korea there is the thought of Wonhyo's theory of harmonization in Shilla.[20]

Harmonization is based on Buddha's foundational teaching and denotes reconciling points of view and bringing about mutual under-standing. In other words, this includes harmonization in the Buddhist faith of the diverse canons of orientation or various mutually con-flicting teachings of the sects in the midst of reconciling and amal-gamating struggles and conflicts, and speaks of Wonhyo's distinctive interpretive method.[21] Today in the sects and in the effort to make peace between religions there is great significance in Wonhyo's thought.

Ahn Jung Geun, who killed Ito Hirobumi at Harbin on October 26, 1909, wrote his Peace in the Eastern World while in prison at Lushun.(Port Arthur)[22] Though it was never completed, Ahn Jung Guen's hypothetical basis for killing Ito Hirobumi may be in his Peace in the Eastern World. This has similarities to Bonhoeffer. The three nations of Korea, China and Japan need to learn from Bon-hoeffer concerning responsibility and solidarity in order to enact the

---

19) 『孟子』,「梁惠王章句下」,臣弑其君 可乎,曰賊仁者 謂之賊 賊義者 謂之殘 殘賊之人 謂之一夫 聞誅一夫紂矣 未聞弑君也.

20) *Collection of Korean Buddhism* I, 1979. Yu Jin Choi, *Study of WonHyo's Thought-Focusing on the Theory of Harmonization*, KyungNam University Press, 1998.

21) Ok Hee Shin, *One Mind and Existence, the Philosophical Dialogue of WonHyo and Jaspers*, Ehwa Woman's University Press, 2000, p. 240.

22) Yong Ha Shin ed., *Memoirs of Ahn Jung Geun*, YoekMinSa, 1995, pp. 169-180.

way of peace.

Peace on the Korean peninsula is important for the sake of peace in East Asia. There must no longer be war on the Korean peninsula, but a peaceful unification must be achieved through peaceful means. The unification of the Korean peninsula is a national issue as well as an international issue. Interests by other powerful nations are involved. For the sake of peace on the Korean peninsula and in East Asia, the Christians and churches in Korea and Japan must be jointly responsible. Today, in light of Bonhoeffer's thought on peace, as we consider the issue of peace, the time is short for this task(Die Stunde eilt).[23]

Conclusion

Self-centered nationalism threatens peace in East Asia. This is evidenced in Japan's rightist self-centered nationalism and tendency to militarism, China's expansionism and the North Korean nuclear issue.

Japan's deliberate distortion of its history textbooks, its false claims upon the Korean island of DokDo, the continuing acts of reverence at the Shinto shrines, attempts to revise the constitution concerning peace, and the on-going absurd remarks by ministers and

---

23) *GS* I, 219.

the mayor of Osaka to distort history are heading in the direction of a rightist, nationalistic imperialism. Japan, through its war of invasion and colonial rule heaped much suffering and pain upon Korea, China, as well as other East Asian nations. Japan must examine the past and make amends for its evil actions. The former president of Germany, Weizaecker, on May 8, 1985, in his 40th anniversary speech commemorating the end of the Second World War in Europe declared, "Those who close their eyes before the past will have their eyes blinded concerning the present." Not only is Japan closing its eyes to the past, it is distorting its history. This must be corrected, not only for Japan's sake but for the sake of peace in East Asia. There is no future for contribution to peace for the citizens of Japan who are taught by distorted textbooks.

China also needs a correct recognition of history. The attempts to include Koguryo as part of Chinese history is the result of Chinese expansionism.

Korea, China and Japan for the sake of a peaceful Asia must have a correct view of history and need to pursue the universal values of peace, human rights, liberty, fairness, justice and democracy. This will help to overcome the past history of invasions and wars and lead to the way of peaceful co-existence.

There is a great lesson to be learned for the three nations of Korea, China and Japan from Bonhoeffer (who pursued peace) and his peace thoughts.

Bonhoeffer's Contribution

Bonhoeffer's combination of life and thought is attractive not only to Christians but to non-Christians as well. Christians are especially moved deeply by his martyred life as seen in the unity of his faith and actions centered on Christ. There is a consistent unity in his life and theology, faith and actions, personal piety and political responsibility, freedom and obedience, justification and sanctification, the church and the world, and no separation between the holy and the secular.

In summary, Bonhoeffer's contribution is a Christ-centered thought and theology, the utmost importance of discipleship, and the awakening of the Christian's life through an emphasis on worldliness in the Christian's faith. Bonhoeffer, as a witness of Christ taught the form of life of a responsible Christian and the real form of the church, and as a pioneer of theology participating in society displayed the way of practicing justice, peace and love.

제12장
Bonhoeffers Friedensgedanke und Frieden in Ostasien

Interkultureller Koreanisch-Deutscher Vortragabend

„Die Bedeutung von Bonhoeffers Friedens-und Versöhnungsdenken für Ostasien und Europa"

Dienstag, 27.1.2015
Rosensäle der Friedrich-Schiller-Universität Jena

Bonhoeffers Friedensgedanke und Frieden in Ostasien

Yu, Suk-Sung
(Präsident der Seoul Theologischen Universtität)

I. Bonhoeffer als ein christlicher Pazifist

Dietrich Bonhoeffer ist ein Bahnbrecher der christlichen Friedens-
bewegung. Bonhoeffer starb als Märtyrer. Bis zur Selbstaufgabe hat
er versucht, Frieden in der Gesellschaft zu praktizieren, wie Jesus
Christus es gelehrt hatte. Der amerikanische Theologe Reinhold
Niebuhr verkündete zwei Monate nach Bonhoeffers Hinrichtung,
er sei ein Märtyrer gewesen: „Sein Leben entspricht der Apostelge-
schichte". Bonhoeffers wichtigster Beitrag war seine Betonung der
Pflichten und der Verantwortlichkeit der Christen für Gerechtigkeit
und Frieden.

Bonhoeffer wurde am 4. Februar 1904 als Kind eines Proffesor
für Psychiatrie und Neurogie in Breslau geboren und am 9. April

1945 unter Verdacht seiner Teilnahme am Attentat auf Hitler in Flossenbürg hingerichtet. Bonhoeffer fragte: „Wer ist Christus heute für uns eigentlich?" Diese Frage ist gerade das Thema seines Lebens und seiner Theologie. Da Bonhoeffer diese Frage bekannt und versucht hat, dieses Bekenntnis zu zeugen, wurde er vom Naziregime hingerichtet. Heute müssen wir auch wie Bonhoeffer fragen: „Wer ist Christus heute für uns eigentlich?" Jesus Christus fordert uns als Friedensmacher (peace maker) die Botschaft des Friedens zu werden. Was bedeutet Bonhoeffer uns heute als ein Bahnbrecher der christlichen Friedensbewegung, wer ist er und was bedeutet seine christliche Friedenslehre heute für uns?

Der Frieden ist die ewige Hoffnung und Aufgabe der Menschheit. Heute wird die Welt von Krieg, Terror, Gewalt, Hungersnot, Armut und ökologischer Krise bedroht. Der ungerechte Krieg, der im Namen der Gottesgerechtigkeit, Freiheit und Demokratie Irak zerstört hat, der innere Krieg Syriens, der Angriff Nordkoreas auf die Yuenpyung-do-Insel usw.: Alle Welt hofft auf Frieden, aber sie sieht ganz anders aus. Sowohl die nukleare Rüstung Nordkoreas als auch der Expansionimus Chinas und die neue Militarisierung Japans bedrohen den Frieden in Ostasien. Das Christentum vernachlässigt soziale Verantwortung für die Gerechtigkeit und den Frieden, und es richtet sich sogar nur auf die Suche nach dem irdischen Glück. Was sagt Bonhoeffer in dieser Situation heute zu uns, über die christliche Aufgabe für die Gerechtigkeit und den Frieden konkret?

Seit dem Fall der Mauer in Berlin lebt auf der koreanische Halbinsel die einzige gespaltene Nation. Nordkorea - der „Achse des Bösen" zugehörig, wie es die Vereinigten Staaten festgelegt haben- bedroht den Frieden nicht nur in Ostasien, sondern auch im Rest der Welt. Die Spaltung der Koreanischen Halbinsel ist der Ursprung der Bedrohung für den Frieden. Solange sie gespalten ist, wird es dort keinen andauernden Frieden geben. Und wenn es auf der koreani- schen Halbinsel keinen Frieden gibt, wird es auch keinen Frieden in Ostasien geben.

II. Die Entstehung und Entwicklung des Friedensgedank ens von Bonhoeffer

Bonhoeffer hat von 1930 bis 1931 für die Forschung das „Union Theologische Seminar" in den USA besucht und in dieser Zeit Jean Lasserre getroffen, der als Friedensforscher aus Frankreich kam. Bonhoeffers Interesse am Frieden wurde von ihm erweckt, vor allem von seinem christlichen Pazifismus. Bis dahin war der christliche Pazifismus für die Lutheraner in Deutschland ein fremdes Thema gewesen. Bonhoeffer begriff unter dem Einfluss von Jean Lasserre die Wichtigkeit des Friedens durch die Bergpredigt.

Bonhoeffer hat vom Geist des Vergeltungsverbots, der Gewalt- losigkeit, der Feindesliebe u.a. in der Bergpredigt Jesu den wahren Geist des Friedens gelernt. Bis dahin hat er gedacht, dass die Be- waffnung für das Vaterland nicht nur die Pflicht des Volkes, sondern auch der Christen ist. Bonhoeffer hat die Notwendigkeit erkannt, dass der christliche Frieden die nationale Grenzen und Umstände überwinden soll. Im Wort Jesu über den Frieden und die Gerechtigkeit fand er die Basis des christlichen Friedens. Danach hat sein Leben sich dahin orientiert, den erkannten Frieden und die Gerechtigkeit zu verwirklichen.

Es gibt noch einen anderen Einfluss auf Bonhoeffer: Gandhi in Indien. Er hat durch Gandhi die Bedeutung der Gewaltlosigkeit erkannt. Bonhoeffer wurde von der Widerstandsform Gandhis beeindruckt, die nicht notwendig gewalttätig ist. Er hat schon mit Gandhi über eine Reise nach Indien korrespondiert, aber aus diesen Plänen wurde nichts, weil die Führung der Bekennenden Kirche ihn als Leiter eines Predigerseminars zur Weiterbildung für Pastoren ausersehen hatte. Bonhoeffer hat gedacht, von Gandhi eine Widerstandsmethode erlernen zu können, die ganz konkret gegen Hitler einsetzbar wäre. Er hat die gewaltlose Methode Gandhis hoch geschätzt und in seiner Friedenspredigt die Frage gestellt: „Müssen wir uns von den Heiden im Osten beschämen lassen?" Damit war Gandhi gemeint. Es sei eine Schande, dass die Praxis der Bergpredigt Jesu am ehesten durch den Andersgläubigen Gandhi konkret aufgenommen wurde.

Die Entwicklung des Friedensgedankens von Bonhoeffer ist zu finden in zwei Vorträgen und Predigten aus den 1930er Jahren, in seinen Schriften „Nachfolge", „Ethik", „Widerstand und Ergebung" sowie in weiteren Schriften. Sein erster Vortrag wurde im Juli 1932 in Ciernohorske Kupele in der Tschechoslowakei gehalten. Im Rahmen dieser Versammlung gibt es eine Jugend-Friedenskonferenz. Dort hat er einen Vortrag gehalten zum Thema die theologischen Grundlage für den Völkerbund. Der zweite Vortag wurde auf einer Jugendkonferenz vom 24. bis zum 29. August 1934 in Fanø in Dänemark gehalten, die von ,Life and Work' organisiert worden war. Dort hat er seine Friedenspredigt im Rahmen einer Morgenandacht am 28. August vorgetragen. Der Text dieser Friedenspredigt ist zwar noch greifbar. Allerdings sind vom eigentlichen Vortragsmanuskript nur noch sieben Thesen zu finden. Seine Predigt, der er an diesem Tag gehalten hat, ist Ausgangspunkt der ökumenischen Friedensbewegung geworden.

In dieser Predigt hat Bonhoeffer vorgeschlagen, für den Frieden ein großes ökumenisches Konzil einzuberufen. Bonhoeffer hat geahnt, was die Zukunft bringen würde, weil die Gegenwart von Mißtrauen und gegenseitiger Rüstung erfüllt war. Er hat diese bedrängende Situation mit dem Ruf „Die Stunde eilt" klar zum Ausdruck gebracht. Bonhoeffer sagte: „Die Kriegsfanfare kann morgen geblasen werden". Um das Interesse der Weltkirche für den Frieden zu wecken, hat er seinen Vorschlag eines ökumenischen Konzil vorgetragen. Unglücklicherweise ist seine Vorahnung Realität geworden. Sieben Monate später hat Hitler die allgemeine Wehrpflicht in Deutschland verkündet und fünf Jahre später, am 1. September 1939, Polen angegriffen. So hat er den Zweiten Weltkrieg begonnen. Der Vorschlag Bonhoeffers wurde 56 Jahre später mit einer Veranstaltung „Gerechtigkeit, Frieden und Bewahrung der Schöpfung" in Seoul wiederaufgenommen.

III. Bonhoeffers Friedensgedanke

1) Der Friedensgedanke Bonhoeffers ist ein Gedanke, der auf der Bibel gegründet ist. Es handelt sich um einen christologischen und ekklesiologischen Friedensgedanken, der vor allem in der Bergpredigt Jesu seine Basis hat. Der Friedensgedanke Bonhoeffers ist als evangelischer Friedensgedanke verschieden vom säkularen Friedensgedanken.

In dem damaligen säkularen Pazifismus hat man gedacht, durch politische Methoden, wie z.B. Verträge bzw. Systeme und ökonomische Mittel wie internationale Kapitalinvestitionen, den wahren Frieden zu verwirklichen. Bonhoeffer hat diese Methode mit dem Wort „Sicherheit" bezeichnet und er sagte, dass mit dem Begriff „Sicherheit" der Frieden nicht verwirklicht werden kann. Bonhoeffer erklärt, dass es auf dem Wege der Sicherheit keinen Weg zum Frieden gibt und dass die Sicherheit ein Gegensatz zum Frieden ist, weil Sicherheit Mißtrauen verursacht. Die Sicherheit bedeutet Selbstbewahrung. Der Frieden bedeutet aber, dass alles in Glauben und Vergebung dem Gebote Gottes folgen muss. Im Oktober 1933 ist das Nazi-Regime Hitlers aus dem Völkerbund ausgetreten und hat begonnen, militärisch aufzurüsten. Bonhoeffer hat auf diese Weise implizit die Wiederbewaffnung Hitlers kritisiert. Bonhoeffer fordert, dass der

Frieden nicht mit nationalistischen, politischen und ökonomischen Methoden, sondern mit theologischen und christlichen Methoden aufgebaut werden soll. Er appellierte, dass der Frieden nicht durch Waffen, Wettrüsten und Bewahrung der nationalen Sicherheit realisiert werde, sondern durch Gebet und Gewaltlosigkeit. Auch lehnt Bonhoeffer, den säkularen Frieden gemäß der social gospel Tradition in der damaligen Kirchenwelt ab, die glaubte, dass Gottes Reich in dieser Welt verwirklicht werden kann.

2) Bonhoeffer sieht, dass der Begriff des Friedens bedeutet, Wahrheit und Gerechtigkeit zu praktizieren.

In der modernen Friedensforschung wird auch allgemein der Begriff des aktiven und passiven Friedens unterschieden. In dem passiven Begriff ist der Frieden die Abwesenheit von Krieg. Der Frieden, der keine kollektive Gewalttätigkeit aufweist, ist definiert als ein Zustand ohne Gewalt, Armut, Abhängigkeit und Unruhe. Der christliche Friedensgedanke nimmt den passiven und den aktiven Friedensbegriff auf, beläßt aber den Vorrang dem aktiven Friedensbegriff, der die Gerechtigkeit betont. Daher ist der christliche Frieden als gerechter Frieden definiert. So hat auch Bonhoeffer bereits den Begriff des Friedens als gerechten Frieden aufgefaßt. In der Bibel steht „daß Güte und Treue einander begegnen, Gerechtigkeit und Friede sich küssen" (Psalm 85, 11). Auch Gerechtigkeit bringt den Frieden(Jesaja 32:17). So sind Gerechtigkeit und Frieden eng verklammert. Bonhoeffer sagte, dass Frieden nicht bestehen kann, wenn Wahrheit und Gerechtigkeit missbraucht werden.

3) Bonhoeffer ist durchaus ein Pazifist, der unbedingt gegen den Krieg ist. Bonhoeffer definierte den Krieg als Feind des Friedens, und sagte dass man durch kriegerische Mittel auf keinen Fall die Wohlfahrt der Menschheit realisieren können wird. 1934 wurde Bonhoeffer während der Friedenskonferenz in Fanø eine Frage gestellt, als er sich am Strand ausruhte. „Was würden Sie in einem Kriegsfalle tun, Herr Pastor?" Er antwortete: „Ich bitte darum, dass Gott mir dazu die Kraft geben wird, nicht zu den Waffen zu greifen". Bonhoeffer hat sich schon von Anfang an gegen die Gewaltpolitik Hitlers heftig widersetzt. Anfang 1933 hat er unter den evangelischen Theologen fast als einziger in der Verfolgung der Juden eine Herausforderung der Kirche gesehen. Es gibt drei Richtungen in den modernen Friedenslehren. Erstens die Lehre vom Heiligen Krieg (Holy War Theory). Zweitens der Pazifismus (Pacifism). Drittens die Theorie vom gerechten Krieg (Just War Theory). Bonhoeffer wird zum Pazifismus gerechnet.

4) Bonhoeffer versteht den Frieden als Gottes Gebot und Präsenz Jesu. Das heißt, dass er versucht, den Krieg abzulehnen und den Frieden zu praktizieren. Christen sind für die Friedensaktion und den Gehorsam unter Gottes Gebot aufgerufen. Der Frieden ist Gebot, das Jesus Christus als König des Friedens durch seine Fleischwerdung in die Welt gesetzt hat. Wie es in der Bergpredigt des Matthäus-Evangeliums heißt, ist die Arbeit für den Frieden eine Pflicht und Verantwortung der Gotteskinder: „Selig, die Frieden stiften, denn sie werden Söhne Gottes genannt werden" (Matthäus 5,9). Der Frieden ist

Gottes Gebot, das in und durch Christus erschienen ist.

5) Die Friedenslehre Bonhoeffers ist eine Friedenslehre der Nachfolge, die auf der ‚theologia crucis' begründet ist. Nachfolge Jesu heißt: das eigene Kreuz aufnehmen. Kreuz bedeutet Leiden. Daher ist die Nachfolge Jesu ein Weg des Leidens ebenso wie die Verwirklichung des Friedens. Die Aufgabe der Nachfolge besteht in der Nachfolge des gekreuzigten Christus. Bonhoeffer betont, dass der Weg der Nachfolge eng mit dem Leiden Jesu zusammenhängt.

6) Der Friedensgedanke Bonhoeffers basiert auf seinem Gedanken der Stellvertretung und der Verantwortungsethik. Stellvertretung und Verantwortung sind Kernbegriffe in Bonhoeffers theologischen Gedanken, gleichsam die Schlüsselworte, um seinen Friedensgedanken verstehen zu können Bonhoeffer sagt einmal, dass Jesus Christus für andere ist, daher „Kirche für andere". Jesus wurde der Erlöser, weil er Stellvertreter für andere war. Das Leben der Christen ist verantwortliches Handeln vor Gott, für Gott, vor dem Mitmenschen und für den Mitmenschen. Friedensaktion besteht auch in verantwortlichem Handeln.

Bonhoeffer hat im Jahre 1934 in seiner Friedenspredigt in Fanø den Frieden als das Gebot Gottes und die Präsenz Jesu im Frieden herausgestellt und im Jahr 1937 in seiner Schrift „Nachfolge" den gewaltlosen Protest betont. In den Vierziger Jahren ist in der „Ethik" und in „Widerstand und Ergebung" eine gedankliche Entwicklung zu finden. In der „Ethik" findet man, wie diese Entwicklung mit der Konkretheit und Kontextualität des Gebots und mit dem Begriff der

Wirklichkeit und Verantwortung zusammenhängt. Seit 1938 entwickelt sich eine politische Situation, in der im Namen aller Deutschen mörderischer Antisemitismus, Militarismus und Nationalismus sich verschärften. Daher konnte Bonhoeffer seinen idealen Pazifismus nicht länger durchhalten, und er mußte einen wirklichkeitsgemäßen Pazifismus entwickeln. Dabei konnte die pazifistische Maxime nicht mehr gewaltlos oder widerstandslos sein. Der Frieden als Gottes Gebot ist konkret und kontextangepaßt in politischer und verantwortlicher Form zu verwirklichen. Der Frieden besteht hier, heute, unter uns, durch die Teilnahme an der Wirklichkeit Gottes, die in Jesus Christus in die Welt eingegangen ist. Bonhoeffer hat seine direkte und politische Aktion bis hin zum Mordplan gegen Hitler vorangetrieben. Dieser Protest ist eine politisch verantwortliche, vom christlichen Glauben motivierte Tat. Seine Entscheidung, die aus der konkreten Situation getroffen wurde, war Praxis des Friedens für die Mitwelt und verantwortliche Tat für die kommende Generation.

Zu Beginn des Jahres 1930 hat der Pazifismus überwogen, aber Anfang 1940 hat Bonhoeffer an einem Mordplan gegen Hitler teilgenommen. Das heißt nicht, dass er seinen Pazifismus aufgegeben hat, sondern ganz konkret Gottes Gebot gehorcht. Bonhoeffer war davon überzeugt, dass ein Gebot ganz konkret sein soll. Wenn es das nicht ist, dann ist es kein Gebot. Gottes Gebot verlangt jetzt von uns ein ganz besonderes Handeln. Und Kirchen müssen dies den Gemeindemitgliedern verkünden.

Bonhoeffer hat einmal gesagt: „Hitler bedeutet Krieg". Wenn das

Handeln der Kirche Ende und Überwindung des Krieges bedeutet, dann kann Bonhoeffers Entscheidung als konkrete und dem Gebot Gottes gehorsame Tat verstanden werden. Bonhoeffers Theologie und Friedensgedanke der früheren und späteren Zeit in seinem Leben sind nicht voneinander getrennt, sondern Entscheidung für Mannigfaltigkeit in Einheit. Bonhoeffer hat die politisch verantwortliche Wirkung der Kirche klar wie folgt zum Ausdruck gebracht: Kirche und Christen haben „nicht nur die Opfer unter dem Rad zu verbinden, sondern dem Rad selbst in die Speichen zu fallen". Nach der Überzeugung Bonhoeffers gilt: um das Blutvergießen zu stoppen muss der verrückte Führer Hitler beseitigt werden. Daher soll seine Teilnahme am Attentat auf Hitler aus seiner verantwortungsethischen Perspektive verstanden werden.

Der Widerstand und die gewaltsame Aktion Bonhoeffers fanden nicht in einer normalen, sondern in einer kritischen Situation statt. Es handelte sich nicht um das Mittel der ersten Wahl (prima ratio), sondern um das letzte Mittel (ultima ratio). Der Grund für die Teilnahme Bonhoeffers am Attentatsplan muß in der Perspektive der Verantwortungsethik und des Widerstandsrechtes verstanden werden.

IV. Heutige Bedeutung von Bonhoeffers Friedenslehre für den Frieden Ostasiens

Was sagt uns die christliche Friedenslehre Bonhoeffers heute?

1) Für den Frieden ist die Verwirklichung der Gerechtigkeit notwendig. Der christliche Frieden ist ein gerechter Frieden. Bonhoeffers Sicht ist: Wer sich dem Frieden hingibt, nimmt die wahre Haltung eines Christen ein. Heute müssen Kirchen die Gerechtigkeit und den Frieden ausüben. Wie Bonhoeffer gesagt hat: der Friede wird dort geschaffen, wo Gerechtigkeit und Wahrheit bestehen, so sind auch Verwirklichung der Gerechtigkeit und des Friedens in eins. Der Frieden wird durch Gerechtigkeit konkretisiert. Soziale Gerechtigkeit und die Verwirklichung des Friedens sind nach Bonhoeffer in eins. Die in der heutigen Welt bestehenden Probleme von Terror und Krieg können nur gelöst werden durch Lösung des Armutsproblems und der sozialen Gerechtigkeit. Eine Inspiration auf dem Weg zum Frieden kann dieses Zitat des ehemaligen UN Generalsekretärs Kofi Annan bei der Annahme seines Nobelpreises liefern. „Peace for humanity cannot be achieved without the removal of poverty, the prevention of conflict, and the progress of democracy." (Frieden für die Menschheit kann nicht ohne die Beseitigung der Armut, Konfliktprävention und den Fortschritt der Demokratie erreicht werden.“). Der erste Schritt auf dem Weg zum Frieden muss über die Bewältigung der Probleme zwischen den Wohlhabenden und den Armen führen. Dieser Prozess muss in den USA und anderen Staaten beginnen, die so viel zum Teilen haben und so Verzweiflung reduzieren können. Auch das Problem des Terrors kann nur überwunden werden, wenn das Problem der Armut gelöst ist. Es muss Unterstützung für Nordkorea geben, sogar von

einem humanitären Gesichtspunkt aus.

2) Dem Krieg widerstehen und den Frieden mit Methoden der Gewaltlosigkeit verwirklichen. Wer den Frieden gewaltlos herbeiführen will, der muss bereit sein, sich zu opfern und sein Kreuz aufnehmen. Die Welt heute befindet sich mitten in einem Vergeltungskrieg. Ein Ende des Terrors und der Gewalt kann nicht durch einen Vergeltungskrieg erreicht werden. Gewalt und Krieg bringen eine weitere Form der Gewalt mit sich. Gewalt schafft immer neue Gewalt; Vergeltung bringt einen Teufelskreis von Vergeltung mit sich und vergossenes Blut zieht neues Blut an. Der Weg zum Frieden kann nicht über Gewalt und Vergeltung gehen. Ein gerechter Krieg ist unmöglich.

Der Weg des Friedens ist der Weg der Gewaltlosigkeit. Der Weg der Gewaltlosigkeit ist der des Leidens, des Opferbringens und des Kreuzes. Das Mittel der Gewaltlosigkeit ist gut, aber die Person, die diesen Weg gehen will, muss auch auf den Weg des Todes vorbereitet sein. Denn alle diejenigen, die sich für die Gewaltlosigkeit einsetzten, starben durch gewaltsame Mittel. Jesus wurde durch eine unterdrückerische Regierung exekutiert, Mahatma Gandhi und Martin Luther King wurden durch ein Attentat getötet. Trotzdem dominiert die Lehre der Gewaltlosigkeit die Welt und ist für die Menschheit zu einer Quelle der Hoffnung geworden. Die gewaltlose Methode mag auf den ersten Blick schwach erscheinen, aber sie ist ein starkes Mittel. Es mag zu scheitern scheinen und doch ist es der Weg zum Sieg. Die gewaltsame Lehre mag die gewaltlose zeitweise zu besiegen scheinen und doch verliert sie am Ende. Gewalt ist die Methode der Kräfte der Dunkelheit, Gewaltlosigkeit die der Kinder des Lichts. Gewalt hinterlässt die Tragik der Überlebenden und die Bestialität der Zerstörer und ist am Ende selber zerstört. US Präsident Kennedy drückte es einmal so aus: „Mankind must put an end to war, before war will put an end to mankind." (Die Menschheit muss dem Krieg ein Ende setzen, sonst wird der Krieg der Menschheit ein Ende setzen.")

Terror lässt sich nicht durch Terror vernichten und Frieden kann nicht durch gewaltsame Mittel geschaffen werden. Auch der Friedenswissenschaftler Johan Galtung unterstreicht die Notwendigkeit des Friedens durch friedliche Mittel. Bonhoeffer erklärte es genauso, denn Frieden ist ein großes Wagnis, das untenommen werden muss. Auch, wenn sich der Weg zum Frieden nicht sichern lässt.

3) Bonhoeffer erklärte, dass wenn Frieden realisiert werden soll, Christen eine verantwortungsvolle Rolle in der Gemeinschaft einnehmen müssen. Hier spricht er klar über die Verantwortung für Frieden und die Solidarität mit dem Nachbarn. Um Frieden zu schaffen, unterstrich Bonhoeffer den Aspekt der Gemeinschaft. Er bezog sich auf Christus als Gemeinschaft (Kirche) existierend. Die drei Nationen Ost-Asiens müssen sich mit Bonhoeffers Thesen bezüglich der Gemeinschaft auseinander setzen und die Notwendigkeit für die Konstruktion eines „Hauses der Gemeinschaft für Nord-Ost-Asien" erkennen, wie es bereits Joong-Kang, der Koreanisch-Japanisch Professor an der Universität von Tokio ist, und Prof. Wada Haruki vorgeschlagen haben. Der Frieden in Ost-Asien ist abhängig von der

Haltung der USA. Deshalb dürfen die USA in Nordkorea die atomare Frage nicht für die Gefährdung des Friedens in der Region und zum Spannungsaufbau verwenden. Bis jetzt lag der Fokus der Politik der Vereinigten Staaten einzig auf ihren eigenen Interessen und dem Erhalt ihres hegemonialen Status.

4) Für den Frieden und die gemeinsame Existenz der drei Länder Korea, China und Japan müssen wir von Bonhoeffer lernen. Die Friedensfrage in Ostasien ist nicht nur für die Existenz der Ostasiaten wichtig, sondern steht in engem Zusammenhang mit dem Weltfrieden. Die Geschichtsauffassung des japanischen Premierministers Abe ist sehr fragwürdig. Er erkennt nicht Gewalttätigkeiten an, die früher während der Zeit der Kolonialherrschaft von Japan ausgeübt wurden. Dazu gehören zum Beispiel die Zwangsprostitution sowie der Anspruch auf die Insel Dok-do. Japan versucht sogar zur Zeit, die sogenannte „Friedensverfassung" zu ändern, um die rechtlichen Grundlagen für die Rüstung zum neuen Kriegen zu schaffen. Sollen die Ostasiatischen Staaten koexistieren, müssen die historischen Probleme Nordostasiens gemeinsam mit der Entnuklearisierung und der Realisation des Friedens behandelt werden.

Die nordostasiatischen Nationen Korea, China und Japan hatten aufgrund ihrer geographischen Lage sowohl gute nachbarschaftliche Beziehungen als auch Beziehungen des Krieges, der Invasionen und der Plünderungen. Das zwanzigste Jahrhundert - speziell die erste Hälfte - war eine Periode von imperialistischen Invasionen und Kriegen. In der zweiten Hälfte herrschte die tragische Trennung des

Kalten Kriegs, basierend auf den Unterschieden der Ideologien des Ostens und des Westens.

Die koreanische Halbinsel wurde von der japanischen Besatzung befreit, worauf die Spaltung in Nord und Süd folgte. Die Geschichte der Befreiung wurde augenblicklich zu einer Geschichte der Trennung. Ohne Zweifel hätte es keine Trennung gegeben, wenn es keine 36-jährige Besetzung in Korea durch Japan gegeben hätte. Selbstverständlich liegen die Gründe für die Trennung in den Interessen der Vereinigten Staaten, der Sowjetunion und anderer Mächte sowie dem Mangel an Kapazitäten, eine geeinte Nation zu etablieren; aber der Kern des Problems liegt darin, dass es ohne die Annexion durch die Japaner keine Trennung gegeben hätte. Die Teilung der koreanischen Halbinsel war eine irrationale Teilung. Wenn Deutschland, als Impulsgeber für den Zweiten Weltkrieg aus Gerechtigkeit geteilt wurde, hätte Japan geteilt werden müssen, nicht die koreanische Halbinsel. Festgestellt werden kann, dass die koreanische Halbinsel gespalten wurde anstatt Japan. Also ist die Spaltung der koreanischen Halbinsel irrational und ungerecht. Zusätzlich hat Japan von dem Krieg in Korea und Vietnam profitiert und wurde eine Industriemacht. Aus diesem Blickwinkel ist es unmöglich, die Gerechtigkeit Gottes nicht in Frage zu stellen.

Japan hat schreckliche Verbrechen bei seinen Invasionen, Kriegen, Massakern und Plünderungen in Korea und China sowie anderen Nationen begangen. Die Invasion 1592 und die Annexion 1910-1945 eingeschlossen, hat Japan schreckliche Taten des Mordens und

Plünderns vollzogen. Dass dies tatsächlich geschehen ist, ist bewiesen durch den grässlichen Vorfall an der Jeamri Kirche in der Stadt Hwasung in der Provinz Kyunggi. Man stelle sich vor, wie viele chinesische Menschen in Nanjing von Dezember 1937 bis Januar 1938 abgeschlachtet wurden! Ein Bericht sagt, dass die japanische Armee in dieser Zeit rund 300.000 Chinesen ermordet hat.

Was können die drei Nationen Ostasiens von Bonhoeffer lernen und was ist die Lehre daraus? Zuerst müssen die Fehler der Geschichte korrekt verstanden werden und es muss gebüßt werden. Genau wie Bonhoeffer die Notwendigkeit betonte, die Sünde zu erkennen und die Sünde zu bekennen, so müssen die Fehler der vergangenen Geschichte richtig verstanden werden und es muss wahre Reue stattfinden. Um zu bereuen, muss die wahre Erkenntnis eines Fehlers kommen, damit wahrhaft gebüßt werden kann. Es muss eine ordentliche Verarbeitung der Vergangenheit geschehen, um eine friedliche Koexistenz zu ermöglichen. Zu büßen und Wiedergutmachungen für die Vergangenheit zu leisten, ist die Voraussetzung, um ein guter Nachbar zu sein und für eine friedliche Koexistenz.

Die japanische Regierung, anstatt zu bereuen und Wiedergutmachung für ihre Invasionen und Massaker zu leisten, versteckt, verdreht und beschönigt sogar ihre bösartigen Taten. Die japanische Regierung hat nur eine schwache Entschuldigung geliefert und sobald sich eine Möglichkeit bietet, gibt es Versuche in Richtung einer neuen Militarisierung und Imperialismus. Sie behauptet, dass die DokDo Insel, die zu Korea gehört, zu ihrem Land gehöre. Sogar die

Geschichtsbücher, welche die zukünftigen Generationen unterrichten, sind verdreht. Die Verzerrung in Japans Geschichtslehrbüchern von 1982 verursachten den Zorn der koreanischen Menschen und wurden der Antrieb für die Errichtung der Unabhängigkeits-Gedächtnis-Halle.

Diese verzerrten Geschichtslehrbücher bilden die Grundlage der Rechtfertigung für das Ulsa-Abkommen von 1905 und der Annexion Koreas 1910 als „politisch notwendig für die Sicherheit Ostasiens." Die Geschehnisse um die Sexsklaven des Kriegs wurden als freiwillige Prostitution bezeichnet und ihr Löschen befohlen. Diese verzerrten Geschichtslehrbücher rechtfertigten die japanischen Invasionen, die Vertuschung von historischen Fakten und beschönigten die Fehler. Diese Tatsachen wurden sogar von japanischen Bürgern kritisiert. Der Schriftsteller Shiba Ryotaro führte es folgendermaßen aus:

„Eine Nation, die falsche Geschichtsbücher schreibt, speziell die benachbarte Nation betreffend, wird scheitern." Wie verhält sich im Kontrast dazu Deutschland, das sechs Millionen Juden ermordet hat? Die deutsche Regierung hat wahrhaft bereut und Wiedergutmachung für das Böse geleistet, das unter dem Naziregime herrschte. Ein bestimmtes Foto löst in uns nicht nur Respekt aus, sondern es bewegt uns auch im tiefsten Innern. Das Foto von Bundeskanzler Willy Brandt, kniend, die Hände gefaltet und um Vergebung bittend vor den Stufen des Denkmals des jüdischen Ghettos in Warschau 1970. Ist dies ein Bild, das auch vorstellbar wäre mit dem Japanischen Regenten oder Premierminister? Um seine Vergangenheit zu überwinden, hat Deutschland seine Kriegsverbrechen verdammt und die jüdischen Konzentrationslager der Öffentlichkeit als Denkmal geöffnet, um die Vergangenheit zu bewahren. Selbstverständlich haben die Kirchen in Deutschland, Japan und Korea Beichten ihrer Sünden abgelegt. Dennoch erkennen Korea und China immer noch keine Reue bei der japanischen Regierung für ihre Verbrechen der Vergangenheit.

Chauvinistischer Nationalismus ist das, was den Frieden in Ost-asien gefährdet. Diese Politik zeigt sich in Japans rechtem selbst-zentrierten Nationalismus und der Tendenz zum Militarismus, in Chinas Expansionsbestreben und der atomaren Frage in Nordkorea. Die mutwillige und wissentliche Zerstörung von Geschichtsbüchern in Japan sowie die fälschlichen Ansprüche auf die koreanische Insel DokDo, die anhaltenden schändlichen Besuche von Shinto-Schreinen, Versuche die Verfassung bezügliche des Friedens zu ändern und die anhaltenden geschichtsrevisionistischen Bemerkungen des Bürgermeisters von Osaka und von Ministern zeigen, wie sich Japan in die Richtung eines rechten, nationalistischen Imperialismus entwickelt. Japan hat in der Vergangenheit durch seinen Invasionskrieg und eine kolonialistische Herrschaft viel Leiden und Schmerz auf Korea und China sowie andere ostasiatische Länder geladen. Japan muss sich mit der eigenen Vergangenheit auseinander setzen und Wiedergutmachung für seine bösen Taten leisten. Wie der ehemalige Bundespräsident von Weizsäcker in seiner Rede zum 40. Jahrestag des Endes des Zweiten Weltkriegs 1985 erklärte: „Wer aber vor der Vergangenheit die Augen verschließt, wird blind für die Gegenwart". Japan verschließt nicht nur die Augen vor der eigenen Vergangenheit, es verändert auch seine Geschichtsschreibung. Dies muss korrigiert werden, nicht um Japans willen, sondern auch um des Friedens in Ostasien willen. Die Bürger Japans, die aus den veränderten Geschichtsbüchern lernen, können keinen Beitrag zum Frieden in der Region leisten. Auch China muss die eigene Wahrnehmung der Geschichte ändern. Der Versuch, Koguryo (37 v.Chr. - 668 n.Chr.) in die chinesische Geschichte einzubinden, ist das Resultat von Expansionsdrang.

Die drei Nationen müssen einen Überblick über die richtige Geschichtsschreibung haben und die universellen Werte des Friedens verfolgen: Menschenrechte, Freiheit, Fairness, Gerechtigkeit und Demokratie. Dies wird dabei helfen die Vergangenheit zu überwinden und auf den Weg der friedlichen Koexistenz führen. Korea, Japan und China können viel von Bonhoeffer lernen. Heute müssen Korea, China und Japan von Bonhoeffer den Geist der Verantwortung und Solidarität lernen. Das wird ein Weg für die Verwirklichung des Friedens sein.

Für den Frieden Ostasiens ist der Frieden Koreas wichtig. Korea sollte ohne Krieg friedlich wiedervereinigt werden. Die Frage der Wiedervereinigung Koreas ist nicht nur eine nationale, sondern auch eine internationale Frage. Das Interesse der Supermächte ist mit der Wiedervereinigung Koreas verknüpft. Für den Frieden Koreas und

Ostasiens müssen Christen und Kirche in Korea und Japan zusammenarbeiten und für den Frieden die Verantwortung übernehmen. Das ist gerade heute unsere Aufgabe im Hinblick auf Bonhoeffers Satz: „Die Stunde eilt". Es ist nämlich die Stunde des Nachdenkens über den Frieden und über seinen Aufbau.

5) Es gibt auch Traditionen der Friedensphilosophie in Ostasien. Wir Christen sollen sie annehmen und unterstützen. Die drei Nationen Korea, Japan und China leben seit langem unter dem Einfluss von Konfuzianismus, Buddhismus, Taoismus, Mohismus, Legalismus und anderen. So haben sie jeweils ihre eigenen Friedensphilosophien.

Chung-gun An, der den ehemaligen Generalresidenten Ito Hirobumi, Generalresident Koreas am 26. Oktober 1909 tötete, schrieb seine „Theory of Asian Peace" in Haft. Obwohl das Traktat nie beendet wurde, ist die theoretische Basis für die Tötung von Ito Hirobumi vielleicht in „Theory of Asian Peace" zu finden. Sie weist Ähnlichkeiten zu Bonhoeffer auf.

Die Kluft zwischen Arm und Reich wird immer breiter. Diese Realität ist dem Prozess der Globalisierung geschuldet. Die Aufspaltung der Gesellschaften in 20:80 Anteile zeigt, dass die Globalisierung nur die Weltmächte begünstigt. Korea ist geteilt und befindet sich immer noch in einem Waffenstillstand. Korea soll das Waffenstillstandsabkommen in einen Friedensvertrag umwandeln und sich endlich wiedervereinigen. In diesem wichtigen Moment sollen die koreanischen Kirchen und Christen wahrnehmen, dass die Schaffung des Friedens bedeutet, das Kreuz anzunehmen und Jesus Christus nachzufolgen. Die großen Konflikte der Menschen erwachsen nicht aus ideologischen Gründen, sondern aus ethnischen und religiösen Konflikten. Für den Frieden der Menschheit soll die Religionen miteinander kooperieren und eine Kultur des Friedens schaffen.

Wie Bonhoeffer sagte, gibt es keinen Weg zum Frieden auf dem Weg der Sicherheit. „Denn Friede muß gewagt werden, ist das eine große Wagnis". Wir müssen auch im Geiste Jesu Leiden und Sterben in Kauf nehmen, um den Frieden zu schaffen, dann ist wahrer Frieden möglich. Der Friedensgedanke Bonhoeffers betont im Kern die christliche Verantwortung für Gerechtigkeit und Frieden. Und die Bedeutung des Friedensgedanken Bonhoeffers heute besteht darin, dass Kirche und Christen Gerechtigkeit und Frieden im Leben verwirklichen.

第13章
ボンヘッファーの平和思想と東アジアの平和

柳 錫 成 (ユ・スクスン)
ソウル神学大学校　総長
韓国ボンヘッファー学会　会長

はじめに

今日、韓半島はポスト冷戦時代においても、なお冷戦の地として、世界で唯一残っている分断国家である。

その上、米国が「悪の軸(axis of evil)」の一つとして名指した北朝鮮が核兵器を造り東アジアのみならず世界の平和を脅している。

韓半島の南北分断は、平和を脅す根源であり、分断のままでは韓半島に真なる平和が訪れることはない。また、韓半島に平和のない限り、東アジアに平和が訪れることは難しいのではないかと思われる。

ボンヘッファーはキリスト教の平和運動の先駆者である。

ボンヘッファーはイエスキリストの教えである平和を今日の社会の中で実践しようと戦っていくなかで処刑されて殉教者となった。

米国の神学者であるラインホルド・ニーバーは、ボンヘッファーが処刑されてから2ヶ月後に彼を殉教者であると称えつつ、「彼の人生は現代の使徒行伝に属する」と述べた。

ボンヘッファーが成した貢献の中で最も偉大なのは、正義と平和のためのクリスチャンの義務と責任について教えてくれ

たことである。

韓国では日本のことを「近くて遠い国」という。

地理的に近い隣国であるが、両国の近代歴史が、善隣友好の時期より、難しい時期が多かったからである。

韓国を取り巻く東北アジアの状況を見ても、北朝鮮の核問題をはじめ中国の膨張主義、日本の新国家主義の動きなど、平和を脅かす要素が多い。

韓国のキリスト教は、正義と平和とを実現する社会的な責任を忘れてひたすら祈福的な信仰に走っている。

このような状況においで、「ボンヘッファーは、今、ここで、正義と平和を実現するために、私たちに何を語っており、その意味は何であるか」について考えてみることは大切である。

今日、この講演では、ボンヘッファーの平和思想に照らして韓国と日本の教会、或いはキリスト者たちが、東アジアの平和のために何をどうすべきかについてお話をさせて頂きたいと思う。

２．ボンヘッファーの平和思想

ボンヘッファーは、正に信仰と行為、個人的敬虔と政治的責任とが一致した生を生きたのである。

ボンヘッファーはキリスト教の平和運動の先駆者であった。

彼は平和を実現していく道がヒトラーを除去することであると考え、ナチス政権に抗したために、処刑された殉教者である。

1990年3月にソウルにて開催された「正義、平和、創造の秩序の保全」(JPIC)のための会議は、ボンヘッファーが、1934年8月28日、デンマークのパヌェ(Fanö)の会議で提案した「平和のためのエキュメニカル会議」が実現されたものであると言える。

ボンヘッファーは、イエスの山上の説教に表れる非暴力に関する教えの中で平和の意味を見いだした。

すなわち、報復するな、敵を愛し、迫害する人のために祈りなさいと促す御言葉(マタイ5：38-48)の中で、キリスト教における福音の核心と平和の戒めとを見いだしたのである。

当時、ドイツのルーテル教会は、平和主義には関心がなく、むしろ平和とは軍事行動が必要とした時、祖国のためにそれに積極的に参加することが自然的であると考えていた。

しかし、ボンヘッファーは、このような教会の態度に異議を
申し立てようとしたのである。

ボンヘッファーは、キリストに従い、十字架を負う弟子職(服
従；Nachfolge)と世界に対する責任と共に、平和の意味を捉えた
のである。

ここで、イエス・キリストの命令の具体性と高価な他者のた
めの生き様、個人的な訓練および信仰の共同体において平和
の意味を発見した。

彼にとって、平和とは、信仰の決断と政治的責任に関わる行
為であった。

ボンヘッファーは、平和とは、神の戒めとキリストの現臨で
あると悟った。

平和の実現とは、神の戒めに従うことであり、平和の主とし
てこの世に受肉(incarnation)されたキリストに従う高価な弟子職
を成し遂げることであると捉えた。

平和を構築するのがキリスト者と教会との義務であり責任で
あり、また神学の課題である。

 ３．ボンヘッファーの平和思想と日·韓·中の三国

1989年11月9日、ベルリンの壁の崩壊から始まった東欧の社会主義の没落、ドイツの統一、ソ連の崩壊などは、世界を変え、脱冷戦、脱イデオロギー、新国際秩序へと進めた。

ソ連の解体によって、国際秩序において米国とソ連との両軸のバラスが崩れ、米国が世界唯一の超強大国となり世界の覇権国となった。

9・11テロ以来、世界はテロや侵略による戦争の真只中にある。

米国がアフガニスタンを侵攻して以来、世界的な非難にもかかわらず、また見つからぬ大量破壊兵器(WMD)の製造を理由にイラクを侵略した。

テロを無くすと言いながら、もっと大きな国家的なテロを欲しいままに行ったのである。

今、北朝鮮の核問題は、世界における平和の問題の焦点となっている。

北朝鮮の核問題をめぐり、6カ国協議が数回開かれたが、途切れた状態である。

東北アジアの平和の問題は、東アジア人の生存の問題と同時に、世界の平和と直結する課題でもある。

日·韓·中では、北朝鮮の核問題、韓日間の領土問題、日本の歴史教科書の歪曲問題、日本の政治家の靖国神社参拝に現れた新国家主義の企て、中国の高句麗歴史を自分の歴史に編入しようとする企みなどが日·韓·中の三国間の懸案問題として提起されている。

東アジアが、互いに共存しようとするならば、東北アジアの歴史を正し、非核平和を実現しなければならない。

東アジアの日·韓·中の三国は、地理的に隣接しており、時には善隣関係を、時には戦争と侵略、略奪の関係を持って時代を過ごしてきた。

過ぎ去った20世紀においても、前半は帝国主義の侵略と戦争の時期であり、後半期には東西イデオロギーの対立による冷戦体制の中で悲劇的な分断の歴史を作ってきたのである。

韓半島は、日本の植民地統治から解放されると同時に、悲しくも国土が南北に分断された。

解放の歴史は、間もない内に分断の歴史と代わったのである。

韓国が分断されたのは、何よりも３５年間にわたる日本帝国の植民地統治の所以である。

もちろん、韓国の分断の原因は、米国とソ連などの強大国の

利害関係や韓国民族に統一国家を樹立するほどの力がなかったことも言えるが、そもそも日本による植民地支配がなかったとすれば分断もなかったと思われる。

従って、韓半島の分断は理不尽な分断だったのである。

ドイツが第2次世界大戦を起こした戦争犯罪の国家として、その罪科に処して分断されたと言うならば、韓半島が分断されるのではなく、日本こそが分断されるべきではないだろうか。

韓半島の分断が日本の代わりのものであるとすれば、それはあまり理不尽で悔しい分断であると言える。

その上に、日本は朝鮮戦争とベトナム戦争とによって経済的な基盤を固め、経済大国へと入ることができたのではなかろうか。

このような歴史の流れを見ながら、神の義はどこにあるのかと、私たちは問わざるをえない。

過去、日本は、韓国と中国などに対する侵略と戦争、虐殺と略奪をほしいままにしたのである。

日本は、韓国にて1592年の「壬辰倭乱」(文禄の役) をはじめ、植民地時代(1910-1945)を通じて、虐殺と略奪などの蛮行を犯

した。

このような事実は、京畿道華城市の堤岩里教会の虐殺事件
(1919)を振り返って見れば、明らかになる。

中国でも南京大虐殺事件(1937.12-1938.1)で数多くの中国人が虐
殺されたと言われている。

東アジアの三国は、平和と共存のためにボンヘッファーから
何を学ぶことができ、どのような教訓を得ることができるだ
ろうか。

まず、近代における歴史の過ちを正しく認識した上、懺悔し
なければならない。

ボンヘッファーが、罪の認識(Schulderkenntnis)と罪の告白(Schud-
bekenntnis)とを強調したように、歴史の過ちを正しく捉え、徹
底に反省し、また懺悔しなければならない。

過ちを告解するには、過ちを認めなければならない。そうで
なければ、反省と告解とは有り得ないだろう。

過去の間違った歴史がきちんと清算できなければ、平和的な
共存は到底不可能である。

過去の歴史に対する反省と謝罪こそが東アジアの善隣と平和的な共存のための先決の課題である。

日本の中には、自ら犯した侵略と虐殺とに対して反省と謝罪をするどころか、むしろ犯した過ちを隠蔽·歪曲·美化しようとする人さえいる。

彼らは歴史の過ちに対して、形式的な謝罪のみで、忘れた頃に再び妄言をして新国家主義と覇権主義の企てを表し、また韓国の領土である独島を日本領土であると主張したり、歴史教科書をも歪曲したりしている。

1982年に起きた歴史教科書の歪曲問題は、韓国の国民を激怒させ、ついに独立記念館を建設するきっかけを作ったこともある。

歪曲された歴史教科書は、1905年の乙巳条約(第二次日韓協約)と1910年日韓併合を「東アジアの安定のために必要な政策であった」と正当化し、太平洋戦争を侵略戦争ではなく、西欧列強の支配下にあるアジアのための解放戦争であったと言いながら、それを「大東亜戦争」と規定した。

従軍慰安婦の事件も、自発的な売春であったと言い、削除したのである。

このように歪曲かつ捏造された歴史教科書は、日本の侵略行

為を正当化し、歴史的な事実を隠蔽し、過ちを美化したのである。

もちろん、良心的な日本人たちは、それを強く批判している。

小説家の司馬遼太郎はこう言った。

「教科書に嘘を言う国、特に近隣諸国に対して嘘をつく国は滅びる」と。

それでは、日本とは違って、600万人のユダヤ人を虐殺したドイツの場合はどのようにしたのだろうか。

ドイツ政府はナチスの下で犯した過ちを真摯に謝罪して補償を行っている。

ある一枚の写真が、私たちを粛然とさせ、また大きな感動を覚えさせている。

それは、1970年にドイツのヴィリー・ブラント首相がワルシャワ・ゲットー記念広場にあるユダヤ人の記念碑の前に跪いて、両手を合わせて謝罪している姿の写真である。

はたして日本の天皇や首相にそれが可能であろうか。

ドイツは過去を克服する方法として戦争犯罪を断罪し、過去

の過ちを教えるための場所としてユダヤ人収容所を保存して、歴史の教訓の学び場として一般人に公開している。

もちろん、日本の教会がドイツの教会のように過去の戦争に対して罪責告白をしたことはあるが、韓国と中国は、なお日本政府が過去の過ちを真摯に謝罪し、また反省したとは認めていないのである。

第二に、戦争の反対を明確にして、非暴力的な方法を用いて平和を実現することである。

ボンヘッファーは、武器と軍備の拡張を意味する安全保障(Sicherheit)では、平和を構築することができないと言った。

というのは、安保は不信感を呼び起こすが、不信感は戦争をもたらすからである。

それ故、ボンヘッファーは、戦争に反対している。

ボンヘッファーは、ヒトラーは戦争であるとも言った。

そこで彼はヒトラーを除去しようとしたのである。

米国のイラク侵略戦争への日本の自衛隊の派兵、韓国の追加派兵の問題を、ボンヘッファーの立場から見れば、どのように理解すべきなのか。

きっと、派兵反対は明らかであろう。

今日の世界は、報復戦争のただ中であると言えるのではないだろうか。

テロと暴力の根絶が報復戦争を介して成し遂げられることはまずない。

なぜなら、暴力と戦争とは別の暴力をもたらすからである。

暴力は暴力を呼び、報復は報復の悪循環をもたらし、血は血を呼ぶのである。

平和に至る道は、武力や報復では成し遂げられず、正義の戦争といえるものはあり得ない。

平和の道とは非暴力の道である。

非暴力の道とは苦痛と犠牲、十字架の道である。

非暴力は偉大な方法でありながら、その道を歩んで生きる人々は死の道を行くということも覚悟しなければならない。

非暴力を主張した人々は一様に暴力的な方法によって苦しめられ、殺されたのである。

イエス様は、暴圧的な政治権力によって処刑され、マハトマ・ガンディーやマーティン・ルーサー・キングは暗殺された。

しかし、非暴力による平和の実現の教えは、世界に広がり、人類に光を与えた。

非暴力的な方法は弱そうで強く、負けるようで勝つ道である。

暴力的な方法は、一時的には勝つように見えるが結局のところ敗れる方法である。

暴力は闇の勢力の使い手であり、非暴力は、光の子たちの使い手である。

暴力は、生存者には悲惨さを残して、破壊者には野獣性を残し、ついには自らを破壊するのである。

米国の大統領であったケネディはこう述べている。「人類は戦争を終息させる必要がる。そうでなければ戦争が人類を終わらせることになる。」

テロの克服はテロを以ては成し得ないし、平和も暴力的な手段では実現できない。

平和学者のヨハン・ガルトゥング(Johan Galtung)は「平和的な手段による平和」を主張したことがある。

ボンヘッファーが「平和は偉大なる冒険である」と言ったように、平和の道は険しい道である。

第三に、ボンヘッファーは、平和とは正義と真理とが確立されているところに創られると言ったように、正義を実現することが平和を実現する道である。

平和は正義の実現を通じて具体化できる。

それ故、社会正義を実現することが平和を実現することである。

今日、世界が直面しているテロとの戦争を克服するためには、貧困の問題と社会正義の問題とを解決しなければならないのである。

コフィー・アナン前国連事務総長がノーベル平和賞受賞の演説で述べた言葉は、今の時代、平和の実現のために全く必要なことである。「人類の平和とは、貧困の撲滅、紛争の予防、民主主義の発展なくして達成することができない。」

平和の実現の第一歩は、富める者と貧しき者との問題を構造

的に解決し、米国をはじめとする富める者が分かち合いを実践し、貧富の格差を縮めなければならない。

今日のテロの問題は、貧困の問題の解決なくして克服することができない。

北朝鮮では過去10年間の食糧難で250万以上の人が飢え死になったという。

人道的な見方からしでも、北朝鮮を助けなければならないのである。

第四に、ボンヘッファーは、平和の実現は、クリスチャンの責任ある行為と共同体的な実現を通じて可能であると言ったのである。

これは、平和のための責任と近隣諸国との連帯を意味するのである。

ボンヘッファーは、平和を実現するために責任あるクリスチャンの信仰的な決断と行為が必要であると主張した。

ボンヘッファーがヒトラー除去の計画を立てたのは、個人の関心や利害関係、国家の侵略行為の関わりのなかでは、暴力の拒否が可能であったが、しかし、多くの人々の虐殺が続く状況では、罪の共犯者にならないため非暴力の純潔さを守る

ことが出来なかったからである。

ボンヘッファーの抵抗と暴力の使用は、そもそも平常的な状況で行ったのではなく、最後に非常的な時に行ったものである。

つまり、最初の手段(prima ratio)ではなく、最後の手段（ultima ratio）として使ったものである。

平和主義者のボンヘッファーが人を殺す暗殺計画に加わった行為は、責任倫理と抵抗権の観点から理解しなければならないのである。

ボンヘッファーは、平和を実現するために、共に生きる共同体性を強調したのである。

彼はキリストを「共同体(教会)として存在しているキリスト」と言う。

このような共同体性は、国家主義や人種主義を越える概念である。

東アジアの三国は、平和のために、ボンヘッファーの共同体性を深く考え、在日韓国人の東京大学の姜尚中教授や日本人の和田春樹教授が語ったように「東北アジア共同の家」を創るのが必要であるだろう。

東アジアの平和は、米国の態度次第である。

米国は北朝鮮の核問題のために北朝鮮を攻撃の目標と見なし、韓半島の平和共存と緊張緩和を妨げないようにしなければならない。

これまで、米国は覇権主義と自分の国益のための政策を展開してきた。

ブッシュ前大統領は就任後、ミサイル防衛体制(MD)強行、一方的な親イスラエルの外交政策、京都気候条約の脱退、国連人種差別撤廃会議での退場など、国益重視の政策を展開してきた。

しかし、米国は超大国として、世界平和のための道徳的な責任のある国家である。

米国は、イラク問題、北朝鮮の核問題を早く解決し、テロの根本的な原因を排除し、ひいては人類が共存し、共生することができ、平和に暮らすことができる国際秩序を創るために貢献しなければならないのである。

第五に、東アジアの伝統的な平和思想を尊重し、平和の実現のために援用することである。

日·韓·中の三国は、儒家、仏教、道家と墨家、法家などの影響を受けながら生きていて、彼らにはそれぞれの平和思想が伝われている。

儒家は、礼治や徳治の中で平和思想を表し、道家は、無為自然、小国寡民、非戦論によって、墨家は、尚賢、反戦論によって、法家は、強制規範と法治によって、兵家は、強力な軍事力に基づいた力の統治によって平和を追い求めているのである。

孔子は、徳治主義の観点より、仁と礼によって、バランスと調和を意味する和を重視し、また正名思想について語った。

仁政や王道政治、暴君放伐論を重視した孟子の思想は、ボンヘッファーの考えと通じるところがある。

ボンヘッファーがヒトラーを除去しようとしたのは、孟子が専制君主を殺しても良いと言ったことと似ている。

韓国には、新羅の元暁の和諍思想が伝われている。

和諍とは、仏の根本的な教えに基づき、様々な主張(異諍)を和会させ、また会通させることを意味する。

すなわち「和諍とは、仏教の信仰において様々な傾向のある

経典や、多くの宗派の相互に対立している教えの間に生じる争いと葛藤を和解かつ融合させる元暁の特々な解釈学的な方法を言う。」

今日、宗派の内あるいは宗教間の平和を実現するために、元暁の思想は示唆に富んでいる。

1909年10月26日、中国のハルビン駅で伊藤博文を殺した安重根(1879-1910)は、旅順監獄の中で東洋平和論を書いたのである。たとえ未完成ではあるが、安重根が伊藤博文を殺した根拠が東洋平和論にあると言う。

これは、ボンヘッファーと類似している点がある。

今日、日・韓・中の東洋三国はボンヘッファーから責任(Verant-wortung)と連帯(Solidarität)の精神を学ぶことが、平和を実現する道になるだろう。

東アジアの平和のためには、韓半島の平和が最も重要である。

韓半島において戦争は二度と起こらず、平和的に和解且つ統一を成し遂げなければならない。

韓半島の平和統一の課題は、民族的な問題であると同時に国際的な問題である。

強大国の利害関係がかみ合っていることである。

韓半島の平和と東アジアの平和のためには、韓国と日本のクリスチャンと教会が連帯して平和実現の責任を果たさなければならない。

これが今日、ボンヘッファーの平和思想に照らして平和の問題を考える私たちが平和を作るべき「時間的に緊急な」(Die Stunde eilt)課題であると思われる。

おわりに

東アジアの平和を脅かすのは、自国中心的な国家主義的民族主義である。

それは日本の右傾化した自国中心的な国家主義(nationalism)と軍国主義的傾向、中国の膨張主義、そして北朝鮮の核兵器の問題である。

日本は、教科書の歴史歪曲、韓国領土である独島の領有権の主張、政治家の靖国神社参拝、平和憲法改正の推進、首相や東京都知事の継続的な妄言を通して、歴史を歪曲して極右化され、国家主義傾向に進んでいるように思われる。

過去、日本が植民地支配と侵略戦争を通して韓国と中国をはじめ東アジアの人々に多大な苦痛と深い傷を与えたのは否定

できないはずである。

それ故、日本は過去を反省し謝罪しなければならない。

ドイツのヴァイツゼッカー大統領は1985年5月8日、終戦40周年を迎え、記念式での演説の中で次のように語った。

「過去の前に目を閉ざす者は現在に対しても目が暗くなる。」

日本は過去のことに目を閉じるだけでなく、過去の歴史を歪曲している。

これは日本のためにも東アジアの平和のためにも是正されなければならない。

歪曲された教科書をもって教育を受ける日本の若者に未来の人類の平和を託すのは難しいのである。

また中国においても正しい歴史認識が必要であると思われる。

高句麗の歴史を中国の歴史に含ませようとするのは、中国の膨張主義の結果である。

韓国と中国、そして日本は、平和なアジアを創るために正しい歴史認識を持たなければならないし、普遍的な価値である平和と人権、自由、平等、正義、そして民主主義を共に追求

していかなければならないだろう。

これからは、侵略と戦争の過去の歴史を乗り越えて、平和共生の道を共に進まなければならない。

平和を追求したボンヘッファーより、東アジアの平和のために韓・日・中の三国は、大きな教訓を得ることができると思う。

ボンヘッファーの貢献

ボンヘッファーは、クリスチャンのみならず一般の人たちにも彼の人生と思想の一致する生き方に注目を集め、魅了を与えたのである。

特に、クリスチャンにとっては、信仰と行為の一致を見出してキリストの証人として生きた彼の殉教者としての姿が大きな感銘を受けざるを得ない。

彼の人生と神学において、信仰と行為、個人的な信仰と政治的な責任、自由と服従、義人と聖化、教会と世界、神聖と世俗が分離されずに一致を見出すのである。

要するに、ボンヘッファーの貢献は、キリスト中心的な思考と神学、弟子職の高価さ、キリスト教の信仰における世界の強調を通してクリスチャンの責任ある生活を悟らせてくれた

ことにある。

ボンヘッファーは、キリストの証人として、責任あるクリスチャンの生活の様子と、教会の真の姿を教え、社会参与の神学の先駆者として、正義と平和、愛を実現する方法を提示したのである。

제14장
潘霍华的和平思想与东亚的和平

柳 锡 成

（首尔神学大学总长，韩国潘霍华学会会长）

1. 引题

在脱冷战时期，韩半岛是如今地球上唯一的一个分裂国家。由于核武器的问题，北韩被美国指认为"邪恶轴心"，它不仅威胁着东亚地区的和平，还威胁着全世界的和平。韩半岛的南北分裂是威胁和平的根源，以分裂的韩半岛不会有真正的和平，韩半岛没有和平东亚地区也不会有真正的和平。

迪特里希·潘霍华是基督教和平运动的先驱者。潘霍华为了在社会上实践耶稣基督的和平而殉教。美国的莱茵霍尔德·尼布尔在潘霍华被处刑两个月后，称潘霍华为"殉教者"，并指出"他的人生如同现代版的使徒行传"。潘霍华最伟大的贡献是他强调为了正义与和平的基督教人的义务与责任。在韩国，日本被称为"即邻近而又遥远的国家"。在地理位置上是邻近的，但在历史上多了些憎恶与怨恨。

在东北亚，不仅有北韩核问题，还有中国的膨胀主义和日本的新军国主义也在威胁着和平。基督教疏忽了其为正义与和平的社会职责，而正在向祈福主义的方向发展。在这种形势下，我们应该探索一下"潘霍华所指的为了正义与和平的基督教的课题是什么，它意味着什么？"。通过这次讲演，让我们依据潘霍华的和平思想来探寻一下韩国和日本的教会与基督教人为东亚的和平应该做些什么。

2. 潘霍华的和平思想

潘霍华的一生信仰，行动，个人的虔诚与政治责任相互一致。潘霍华是基督教和平运动的先驱者。他坚信要实践和平就

得除去希特勒，他是在抵抗纳粹政权时而被处死的殉教者。[1]

1990年3月在首尔召开的"正义、和平和创造的完整性（JPIC）"会议是潘霍华1934年8月28日在丹麦提出的"和平大公会议"的实现。[2]潘霍华从耶稣山上说教时所教的非暴力中发现了和平的意义。在马太福音的语句"爱上你的敌人，没有报复，为迫害别人的人而祈祷（马太福音5：38-48）"里发现了基督教福音的核心与和平的戒律。当时德国的路德会教对和平主义不感兴趣，反而提倡为了国家，在必要的时候，采取军事行动是很自然的事。但是，潘霍华认为这样的教会的态度是有问题的。潘霍华在跟随基督十字架的门徒和对世界的责任中领会了和平。这里在耶稣命令的具体体现中，在可贵的为别人的生活中，在个人的训练与信仰的团体中他找到了和平。对他来讲，和平是信仰的决定和政治责任的行动。潘霍华指出和平是主的命令和基督的存在。实现和平被看为顺从主的命令的事，跟随世界上的和平王肉体神父的可贵的弟子做的事。建造和平是基督教人和教会的义务与责任，是神学的课题。

3. 潘霍华的和平思想与韩.中.日三国

随着1989年11月9日柏林墙的倒塌、东欧社会主义的瓦解、德国的统一、苏联的崩溃，全世界自然就形成了脱冷战、脱思想的世界新秩序。本来由美国和苏联两国控制的国际秩序随着苏

---

1) 柳锡成，"迪特里希·潘霍华"，现代神学史上必知的28位神学者，大韩基督教书会，2001，p. 200.

2) Dietrich Bonhoeffer, Gesammelte Schriften. Band 1, Munchen, 1978, 219.（以下GS）韩国基督教社会问题研究院编，『正义，和平和创造的完整性世界大会资料集』，韩国基督教会问题研究院，1988，p. 22.

联的解体，变成由美国独一控制，美国成了世界上唯一的霸权国。9.11事件过后，世界沉浸在恐怖、侵略、战争的状态之中。美国进攻了阿富汗以后，不顾全世界的斥责，以寻找大规模杀伤性武器的理由，侵略了伊拉克。嘴上大呼消除恐怖事件，但却肆无忌惮地制造着恐惧事件。

现在北核问题成了世界和平问题的焦点。就北核问题几次召开了6国会谈，但现在进入了中止状态。东北亚的和平问题是东亚人的生存问题，也与世界和平密切相关。北核问题，韩.日间的独岛问题，日本教科书歪曲历史事实的问题，由日本小泉总理参拜靖国神社而引起的新军国主义倾向问题，中国要把高句丽史编入成中国历史的东北工程问题都是韩.中.日三国间的悬案问题。东亚地区要想共存，必须解决东北亚的历史问题，实现非核武器，实现和平。韩.中.日三国地理上邻近，有时以睦邻的关系，有时以战争，侵略，掠夺的关系发展到现在。

20世纪的前半叶是帝国主义的侵略与战争的时代，后半叶则由于东西观念对立而导致冷战对抗，直至酿成分裂的悲剧。韩半岛经历了日本的殖民统治，解放，同时又南北分裂。解放又是南北分裂的开始。如果没有日本三十六年的殖民统治，韩国也不会有南北分裂。当然南北分裂的原因还有因为美国和苏联等大国的利害关系，不具备国家统一的能力等。但在根源上，如果没有日本的殖民统治，就不会有南北分裂。[3]

韩半岛的分裂是不合理的分裂。如果说德国是因为诱发第二次

3) 有关分裂的原因：Kang-maankil，『重写韩国现代史』，创作与评论，1994. 2002(21次印刷)，201. Kang-junggoo，美国的韩半岛战略与朝鲜分裂"，济州4.3研究所编，『东亚的和平与人权. 济州4.3 第50周年纪念 第2次东亚和平与人权国际学术大会报告』，历史评论，1999, 79~117.

世界大战的罪过而分裂的话，那么韩半岛就不应该分裂，该分裂的应该是日本。可以说韩半岛是代替日本而分裂的，韩半岛的分裂是不合理的，是冤屈的。除此之外，日本是因为韩半岛6.25战争和又一个被分裂的国家越南的战争，而打下了经济基础，成为经济强国。

看到这样的事实，使我不得不问神的正义究竟在哪里。日本肆无忌惮地对韩国和中国进行侵略，屠杀，掠夺。日本早已在1592年就入侵韩国（壬辰倭乱），又在1910~1945年的日本殖民统治时代对韩国人进行屠杀，掠夺，暴行。这样的事实通过京畿道华城的提岩里教会的屠杀事件（1919）也可以得到证明。在中国南京大屠杀（1937. 12~1938. 1）的时候不知道有多少中国人被屠杀。有这样的一种说法，在1937年到1945年8年期间，日本军杀死了3500万中国人。[4]

东亚三国在和平与共存上，能够向潘霍华学习到什么，得到什么教训呢？

第一，要正确地认识历史，应为历史忏悔。如同潘霍华所强调的罪的认识与罪的告白，应该正确地认识历史的错误，彻底反省并忏悔。要想忏悔，首先应该正确地认识错误才能反省与忏悔。整顿好过去的历史，才能和平共存。对过去的历史的反省和认罪是与东亚地区睦邻并和平共存的先决条件。但日本人不但没有对自己的侵略，屠杀行为反省与认罪，反而还隐瞒，歪曲，美化自己的行为。[5]日本人对自己历史上的错误只是形式上地道歉几句，事件平息了，又重新妄言谋策新军国主义和霸

---

4) 朝鲜日报，2011. 7. 11, p. 4.

5) Dakahasi Deacheya, 『问日本的战后责任』，Lee-kyusoo译，历史评论社，1999.

第14장 潘霍华的和平思想与东亚的和平　　327

权主义，现在把韩国的领土独岛说成日本的领土，甚至还歪曲历史教科书。[6]1982年因日本歪曲历史教科书的问题，韩国人十分激愤，并建立了独立纪念馆。在被歪曲的历史教科书上，把1905年的乙巳条约和1910年的日帝并吞韩国说成"为了东亚的安定而必要的政策"。太平洋战争不是侵略战争，是在西欧列强的支配下，让亚洲生活得更好的解放战争，叫做"大东亚战争"。[7] 把挺身队从军慰安妇事件说成自愿卖春。捏造事实的日本教科书让日本的侵略行为正当化，隐瞒历史，美化错误。就连日本国民也曾斥责过这件事。小说家司马辽太郎曾这样说过。"在教科书上歪曲事实的国家，特别是针对邻国歪曲事实的国家应该灭亡。" 但相反，屠杀了600万犹太人的德国怎么样了呢？德国政府对在纳粹政权下所犯的罪行真心地谢罪，并给予了补偿。一张照片让我们沉思而又感动。那就是1970年德国的首相维利.勃兰特跪在华沙的犹太人区纪念馆的台阶上，双手紧握，谢罪的照片。[8] 日本的国王或首相能做到这一点吗？德国承认战争里所犯的罪过，并把犹太人收容所建造成纪念馆来回忆过去，同时也作为历史教训的场所为国民开放。当然德国，日本，韩国的教会都为罪行而忏悔过。但韩国和中国目前还没有承认日本政府的道歉和日本政府对过去的反省。

第二，反对战争，提倡使用非暴力手段，实现和平。潘霍华认

---

6) Komori Yoeoooichi and Dakahasi Tetsya编，『越过民族历史』，Lee-kyusoo译，Samin, 2000.

7) Lee-taejin，『吞并韩国并不成立』，泰学社，200，30ff. 参照

8) 首尔大学德国研究所，『诗人和思想家的国家德国的故事Ⅰ』，欧洲德语圈国家的历史与文化，夏天，2000.，p. 277.

为利用武器，扩大军备的安保方式是没有办法实现和平的。安保会导致互不信任，互不信任又会导致战争。潘霍华反对战争。潘霍华曾说过希特勒就意味着战争。所以，潘霍华想除掉希特勒。关于美国侵略伊拉克战争时日本自卫队的派兵和韩国的派兵问题，站在潘霍华的角度上看，应该怎么做呢？反对派兵是不言而喻的。今天的世界沉浸在报复与战争之中。根除恐怖事件和暴力事件，通过包袱与战争是解决不了的。因为暴力与战争只会引造其他暴力。暴力生暴力，报复带来报复，血带来血。和平通过武力和报复实现不了，世界上没有正义的战争。和平的道路是非暴力的道路。非暴力的道路是苦痛、牺牲、十字架的道路。非暴力的方式虽伟大，但这条路上的人必须做好献身的准备。主张非暴力的人都一致地被使用暴力的人所迫害。耶稣被暴力镇压的政权所迫害，圣雄甘地和马丁.路德.金遭遇暗杀。但是，通过非暴力实现的和平的观点却支配着世界，成为人类的光辉。非暴力看上去很薄弱，但却很强大；看上去会失败，但却会胜利。暴力只会带来一时的胜利，最终还是会失败。暴力是黑暗势力采取的方式，非暴力是明亮的人们采取的方式。暴力给幸存者带来了悲惨，暴力的行使者给其本身留下了兽性，使其本身毁败。美国总统肯尼迪曾说过这样一句话。"人类应该终结战争。否则，战争就会终结人类。"利用恐怖行动不能解决恐怖，和平不是用暴力解决的。和平学者约翰.加尔通曾主张"通过和平手段的和平"。[9] 如同潘霍华所说和平是伟大的冒险，和平的道路危险恶劣。

第三，如同潘霍华所讲和平建立在有正义和真理的地方，实现

---

9) 约翰.加尔通，『利用和平手段的和平』，Kang‐jongil 译，2000.

正义就是实现和平。和平通过正义的实现来实现。实现社会正义就是实现和平。要想解决目前世界上面临的恐怖事件和战争问题，必须解决贫困问题和社会正义问题。联合国秘书长科菲.安南在诺贝尔奖获奖演讲上有关这个时代和平问题所说的话让人刻骨铭心。"人类的和平如不清除贫困，预防纠纷，发展民主是不可能实现的。"实现和平的第一步是在结构上解决贫富问题，要以美国为首，实现富人分享财富，减小贫富差异。今天的恐怖问题只有解决贫富差异才能解决。北韩在过去的10年里，因粮食不足，有250万人被饿死。从人道的角度上也应该帮助北韩。

第四，潘霍华认为可以通过基督教人行使有责任感的行为，实现团体意识来实现和平。这是指和平的责任和与周围人的连带关系。潘霍华展现给我们为实现和平，具有基督教人责任感的决定，行为的必要性。潘霍华在个人的利害关系上，国家间的侵略行为上反对暴力；但很多人被屠杀的情况下，他却不坚持非暴力，因为他不想与罪恶同谋。所以他制定了除掉希特勒的计划。潘霍华所指的抵抗和暴力的使用不是一起初就在正常的情况下行使的，而是在最后非常时刻行使的。不是最初的手段，而是最后的手段。和平主义者潘霍华参与暗杀计划的行为应在责任伦理和抵抗权的角度上理解。[10]　潘霍华为实现和平强调了团体意识。潘霍华指出基督是"以团体形式（教会）存在的"。这种团体性超越国家，超越人种。东亚三国为了和平要深思潘霍华所说的团体性，需要建立在日侨胞东京大学的姜

---

10) 柳锡成，"潘霍华的和平主义和政治的抵抗权"，神学思想91，1995　冬.

尚中教授和日本和田春树教授所讲的"东北亚共同的家"。[11]
东亚的和平与美国的态度有密切关系。美国不应该因为北核问题而把北韩当成攻击的目标,妨碍韩半岛的和平共存,紧张缓和。过去美国一直以霸权主义和国家利益为主来制定国家政策。布什总统上任后,导弹防御体制的强行,单向的亲以色列外交政策,京都气候公约的退出,联合国废除人种差别会议上的退场等,都是以国家利益为主实行的政策。但是,美国作为超强大国,为世界和平,有道德上的义务。美国应尽快解决伊拉克问题和北核问题,除掉恐怖的根本原因,进而人类共存,相辅相生,建造一个和平的国际秩序。

第五,尊重东亚和平的传统,并将其利用在实现和平上。韩.中.日三国都受儒家、佛教、道家、墨家、法家思想的影响,这里分别都蕴藏着和平思想。儒家在礼治、德治中可以找到和平;道家在无为自然,小国寡民,非战论中,墨家在尚贤、尚同、反战论中,法家在强制规范,法治中追求和平;兵家则在以强大的军事力量为基础的统治里追求和平。孔子在德治主义的观点上重视仁和礼,重视意味着均衡和调和的"和",他讲正名思想。[12] 重视仁政,王道政治,暴君放伐论的孟子思想也有和潘霍华一脉相通的地方。潘霍华想除掉希特勒与孟子的"杀死暴君也无妨"相似。[13] 韩国有新罗元晓的"和诤"思想。[14] 所谓"和诤"意味着根据佛的根本教诲,把所有的

---

11) Kang-sangjoong,『走向东北亚共同的家』,Lee-kyungduk译,根与叶,2001.

12)『论语』,「颜渊」,君君臣臣父父子子。

13)『孟子』,「梁惠王章句下」,臣杀其君可乎,曰 贼仁者,谓之贼,贼义者,谓之残,残贼之人,谓之一夫,闻诛一夫纣矣,未闻杀君也。

14) 元晓撰,十门和诤论,『韩国佛教全书』1, 1979. Choi-yujin,『元晓思想研究-以和诤为中心』,庆南大学出版部,1998.

意见分歧会和，会通。就是说"和诤是元晓在佛教信仰里能够和解各种不同的佛教经典之间的，各种教派之间相互对立的分歧与矛盾的特有的解说方法。"15)　如今在教派内部和宗教之间，元晓的思想为实现和平被广泛利用。安重根（1879~1910）1909年10月26日在哈尔滨火车站杀死了伊藤博文，在旅顺监狱写下了《东洋和平论》。虽然并没有完成，但安重根杀死伊藤博文的理论根据在东洋和平论里有所体现。16)　虽然并没有完成，但安重根杀死伊藤博文的理论上的根据在《东洋和平论》里有所体现。这一点与潘霍华很相似。今天韩.中.日东洋三国向潘霍华学习其责任和连带精神，这是为实现和平的道路。为了实现东亚和平，韩半岛的和平很重要。韩半岛不能再有战争，应和平地进行和平统一。韩半岛的统一问题是民族的问题，同时也是国际的问题。与强国大国的利害关系相连。为了韩半岛和东亚的和平，韩国和日本的基督教人和教会应连带起来，为和平担负起责任。这是目前我们透过潘霍华的和平思想，实现和平的紧急课题。

4．结论

威胁东亚和平的是以自国为中心的民族主义。这正体现在日本的朝右派，朝民族主义，朝帝国主义的方向的发展，中国的膨胀主义，北韩的核问题。日本歪曲历史教科书，主张韩国的独岛为自己的领土，在神道神社崇拜的行为仍继续，试图修改关

---

15) Shin-okhee, 『一心与实存. 元晓和雅斯帕斯的哲学对话』，梨花女子大学出版部，2000，240.

16) Shin-yongha, 『安重根遗稿集』，역민사，1995，169-180.

于和平的宪法，长官和东京市长以荒谬的言论来歪曲历史，正朝右派、民族主义、帝国主义的方向发展。日本通过殖民支配，侵略战争的方式给韩国，中国等东亚国家带来了很多痛苦和伤痕。日本应对过去的所作所为反省并谢罪。德国的魏察克总统在1985年5月8日终战40周年纪念讲演上曾说过。"在历史面前闭上眼睛的人在现在面前也会蒙上眼睛。"日本不仅在历史面前把眼睛闭上了，还歪曲历史。为了日本、东亚的和平，日本必须改正。日本的国民学习了被歪曲的教科书，对人类的和平也不会有什么未来可贡献。中国也要正确地对待历史。想要把高句丽史编入到中国历史的行为也是膨胀主义的产物。为了有一个和平的亚洲，韩国、中国和日本必须正确对待历史，应该追求普遍价值观的和平、人权、自由、平等、正义和民主主义。要克服侵略和战争的历史，进而走上相辅相生，和平共存的道路。为了有一个和平的东亚，韩.中.日可以从潘霍华的和平思想上得到很多鉴戒。潘霍华的贡献不仅是基督教人，非基督教人也对潘霍华的人生与思想的结合很感兴趣。特别是他的信仰和行动一致，作为基督的证人，他的殉教行为给基督教人带来了很多震撼与感动。在他的人生与神学里，信仰与行动、个人的虔诚与政治上的责任、自由与服从、义认与圣火、教会与社会、神圣与世俗不脱节，一致。总的来说，潘霍华的贡献是通过以基督为中心的思考和神学理论，门徒的重要性，强调具有基督教人特点的人情世故，来提醒基督教人的人生应具有基督教人的责任感。潘霍华作为基督的证人告诉我们基督教人的生活，教会的面貌应该如何，作为社会参与神学的先驱者给我们指出了实现正义、和平、大爱的道路。

aus für den Personbegriff resultierenden Konsequenzen. Dabei wird den Entwürfen besondere Beachtung geschenkt, die im Anschluß an K. Rahner von der „Identität" von „immanenter" und „ökonomischer" Trinität ausgehen (Pannenberg, Jüngel, Moltmann).

Das Verständnis der trinitarischen Personen als „Subjekte" muß sich in seiner Tragfähigkeit daran erweisen lassen, ob es die neutestamentlichen Aussagen vom Heiligen Geist aufzunehmen vermag. Deshalb geht ein exegetischer Abschnitt kritisch der Begründung der Subjektivität des Geistes bei J. Moltmann und W. Pannenberg nach.

In Auseinandersetzung mit Aussagen D. Henrichs zum philosophischen Personbegriff wird dann verdeutlicht, daß in diesem Bereich das Gespräch zwischen Philosophie und Theologie unerläßlich ist. Die Theologie darf nicht den modernen Personbegriff mit einzelnen seiner Momente verwechseln. Sie muß vielmehr prüfen, welche dieser Momente sich mit ihren Anliegen treffen und welche für die trinitätstheologische Begriffsbildung unangemessen sind.

Im Blick auf die Bestreitung des Verständnisses Gottes als eines „Subjektes" in der gegenwärtigen Debatte (Moltmann, Pannenberg) wird gezeigt, daß die dieser Bestreitung zugrundeliegende Annahme der Konvergenz zwischen dem Personbegriff des klassischen trinitätstheologischen Dogmas und dem modernen Personbegriff kritisch hinterfragt werden muß. Solche Bestreitung geht mit einer Kritik an dem Personverständnis der „westlichen" Trinitätslehre einher, die wesentlich Kritik am Gedanken der Ursprungsrelationen ist. Die Arbeit versucht diese Problemstellung zu differenzieren, indem sie zwischen der Berechtigung des Gedankens der Ursprungsrelationen und dem Theologumenon von der „simplicitas Dei" unterscheidet. Es zeigt sich, daß konsequent relationales Denken in der Trinitätslehre das Verständnis Gottes als eines trinitarischen „Subjektes" nicht ausschließt.

Diese Einsicht bestätigt sich bei genauer Untersuchung des Verhältnisses zwischen den Begriffen der „Person" und der „Relation". Die Arbeit plädiert für die Identifikation der trinitarischen Personen mit ihren Relationen. Dieses Verständnis muß die Identifikation von Gottes Wesen und Existenz nach sich ziehen, mit der Gottes Sein als Liebe gedacht wird (E. Jüngel).

Abschließend folgen Erörterungen zum relationalen Verständnis Gottes als des einen trinitarischen „Subjektes". Die Bezeichnung der trinitarischen Personen als „Subjekte" wird als mißverständlich erkannt, weil sie nichts über die im Personbegriff mitzudenkende spezifische Einheit Gottes aussagt und somit der Entpersönlichung des Begriffes des Wesens Gottes nicht hinreichend wehrt.

Als Charakteristika des trinitätstheologischen Personbegriffes können die Liebe, Freiheit, Sprachlichkeit und Erkenntnis der trinitarischen Personen bestimmt werden. Mit der Kennzeichnung dieser Charakteristika sind zugleich Anliegen aufgenommen, denen die abgewiesene Bezeichnung der trinitarischen Personen als „Subjekte" Rechnung tragen möchte.

Die Arbeit zeigt, daß besonders im Bereich der Trinitätslehre Möglichkeiten zur Intensivierung des Dialogs zwischen britischer und deutschsprachiger Theologie gegeben sind, da hier ein großes Maß an Gemeinsamkeit in der Fragestellung konstatiert werden kann.

Yu, Suk-Sung: Christologische Grundentscheidungen bei Dietrich Bonhoeffer. Diss. Tübingen 1990. 270 S.

Die vorliegende Arbeit hat sich als Ziel gesteckt, die Entwicklung des christologischen Grundgedankens in der Theologie Bonhoeffers zu untersuchen. Darüber hinaus untersucht diese Arbeit den christologischen Ansatz als Grundmotiv der Theologie Bonhoeffers. Christus ist das Zentrum in Bonhoeffers Leben und Werk. Die Theologie Bonhoeffers ist also von Anfang bis Ende durch und durch christozentrisch und christokratisch.

Die Christologie ist bei Bonhoeffer der Leitfaden und das durchgängige zentrale Thema seiner Theologie. Im Zusammenhang mit der Christologie lauten die wichtigsten Begriffe: Stellvertretung Christi, theologia crucis, Nachfolge und Kreuz. Christuswirklichkeit, Dasein-für-andere.

Bonhoeffers theologisches Schaffen ist in drei Perioden einzuteilen. 1. Akademische Zeit von 1927 bis 1931/32, 2. Kirchenkampf von 1932/33 bis 1939/40 und 3. Widerstand und Haft von 1939/40 bis 1945.

Die erste Periode versteht Christus als Offenbarungsrealität der Kirche. In dieser Periode versucht Bonhoeffer durch Untersuchung der Kirchensoziologie das Verhältnis von Christus und Kirche zu bestimmen. Bonhoeffer verfaßt in dieser Zeit die berühmte Formel: „Christus als Gemeinde existierend". In dieser Zeit sind bei Bonhoeffer Christus und Kirche eng miteinander verbunden. Aus dieser engen Verknüpfung von Christus und Kirche ergibt sich die Gefahr, daß eine Identifikation von Christus und Kirche erfolgen könnte.

In der zweiten Periode wird Christus als Herr der Kirche verstanden. Hier hängen Kirche und Christus noch zusammen, aber nicht wie in der ersten Periode, wo Christus mit der Kirche identifiziert wird, sondern Kirche ist der Ort, der Ruf, die Nachfolge Christi, Gehorsam des Glaubens, Kreuz Christi. Kirche ist in Christus „die einzige Vermittlung zu Gott, zum Nächsten und zur Welt, die allein durch ihn und auf ihn hin erschaffen und um seinetwillen erhalten ist". Ausgangspunkt ist der gekreuzigte Christus. Die Welt ist nachfolgende Kirche, sofern sie den Weg des Leidens Christi mitgeht.

In der dritten Periode wird Christus nicht nur als der Herr der Kirche, sondern auch als der Herr der Welt verstanden. Bonhoeffer hat während dieser Zeit durch Inkarnation und Kreuz Christi die Wirklichkeit und die Weltlichkeit entdeckt. Bonhoeffer macht deutlich, daß Christus und Welt untrennbar miteinander verbunden sind. Christuswirklichkeit ist Gotteswirklichkeit in der Weltwirklichkeit. In Christus ist es möglich, „Gott und Welt mit demselben Blick" ins Auge zu fassen. In Jesus Christus versöhnt Gott die Welt und begegnen sich Gotteswirklichkeit und Weltwirklichkeit.

Christliches Leben ist weltliches Leben, „das Leiden Gottes an der gottlosen Welt mitzuleiden". Glaube bezeichnet „das Teilnehmen am Leiden Gottes im weltlichen Leben". Zusammengefaßt: In der ersten Periode ist Christus Offenbarungsrealität der Kirche, in der zweiten ist Christus Herr der Kirche und in der dritten Periode ist Chrsitus nicht nur Herr der Kirche, sondern auch Herr der Welt.

Was hat sich in Bonhoeffers Christologie durchgehalten, und was hat sich geändert?
1. Durchgehalten hat sich der Gedanke der inklusiven Stellvertretung Christi und ihre soziale Dimension. Weil Christus „für andere da ist" sind andere schon „in ihm". Damit wird die Ekklesiologie zu einem integrierten Teil der Christologie, bzw. Christologie ist für Bonhoeffer immer schon ekklesiologische Christologie.
2. In der „Ethik" und in „Widerstand und Ergebung" wird diese Christologie zu einer kosmologischen Christologie und zu einer kulturkritischen, auf der säkulare Neuzeit angewendeten Christologie ausgeweitet. Dabei steht in der „Ethik" die Inkarnation Gottes und in „Widerstand und Ergebung" das Leiden Gottes im Zentrum. Bei diesen Universalisierungen gehen die eschatologischen und apokalyptischen Horizonte der Christologie verloren und mit ihnen die polemischen Widersprüche zwischen der Christuswirklichkeit und der säkularen Weltwirklichkeit.

저자의 튀빙겐대학 박사학위논문 요약이 하르낙이 창간한 116년 된 독일의 권위 있는 「Theologische Literaturzeitung」 1991년 제6호 477-478에 게재되었다.

본회퍼 신학사상

유석성

2016년 8월 30일 초판발행

발행처: 서울신학대학교 출판부
발행인: 유석성

등 록 : 1988년 5월 9일 제388-2003-00049호
주 소 : 경기도 부천시 소사구 호현로 489번길 52(소사본동)서울신학대학교
전 화 : (032)340-9106
팩 스 : (032)349-9634
홈페이지 : http://www.stu.ac.kr
인쇄·홍보 : 종문화사 (02)735-6893
정 가 : 20,000원
©2016, Seoul theological university press printed in korea
 ISBN : 978-89-92934-80-0 93230

「이 도서의 국립중앙도서관 출판예정도서목록(CIP)은 서지정보유통지원시스템 홈페이지
(http://seoji.nl.go.kr)와 국가자료공동목록시스템(http://www.nl.go.kr/kolisnet)에서
이용하실 수 있습니다.(CIP제어번호 : CIP 2016021152」